Stundenblätter
Der Nationalsozialismus:
Die große Täuschung

Hartmut Müller

Stundenblätter
Der Nationalsozialismus: Die große Täuschung

Sekundarstufe I

Beilagen:
46 Seiten Stundenblätter
+ 6 Arbeitsblätter zum Kopieren

Ernst Klett Verlag

Die Stundenblätter Geschichte/Gemeinschaftskunde
werden herausgegeben von
Gerhart Maier und Hans Georg Müller

CIP-Titelaufnahme der Deutschen Bibliothek

Müller, Hartmut:
Stundenblätter Der Nationalsozialismus: die große Täuschung:
Sekundarstufe I / Hartmut Müller. –
2. Aufl. – Stuttgart: Klett, 1988 & Beil.
(Stundenblätter Geschichte, Gemeinschaftskunde)
ISBN 3-12-927531-2

ISBN 3-12-927531-2

2. Auflage 1988

Satz: G. Müller, Heilbronn
Druck: Wilhelm Röck, Weinsberg
Einbandgestaltung: Zembsch' Werkstatt, München

Inhalt

I. Zur Einführung

1. Die Bedeutung des Themas für den Geschichtsunterricht

In den Lehrplänen für alle Schularten spielt die Behandlung des Nationalsozialismus eine wichtige Rolle. So heißt es z.B. in den Richtlinien für den Unterricht an den Gymnasien des Landes Niedersachsen: „Die fortwirkende Kraft ehemals herrschender Tendenzen im politischen, sozialen und ideologischen Bereich ist jedoch häufig größer als vermutet, denn jede Gegenwart wird von ihrer Vergangenheit mitbestimmt. Hier liegt die Rechtfertigung für die Behandlung des Themas im Unterricht." (Zit. nach: „Der Nationalsozialismus als didaktisches Problem. Beiträge zur Behandlung des NS-Systems und des deutschen Widerstands im Unterricht." Hrsg. von der Bundeszentrale für politische Bildung, Bd. 156, Bonn 1980, S. 36)
Zwei Argumente sprechen für die Notwendigkeit der Beschäftigung mit diesem Thema im Geschichtsunterricht:

- Der Geschichtsunterricht soll die Schüler befähigen, weiterwirkenden antidemokratischen Tendenzen in unserer Gesellschaft entgegenzutreten.
- Ohne eine genauere Kenntnis der nationalsozialistischen Vergangenheit sind wichtige Phänomene der Gegenwart nicht verständlich.

Zu den Folgen der nationalsozialistischen Herrschaft gehören die Teilung Deutschlands, die schwer belasteten Beziehungen der Bundesrepublik Deutschland zum Staat Israel und zu Polen, das Verhältnis zwischen Juden und Nichtjuden in unserem Land, die Verfolgung der NS-Verbrechen durch die Justiz, der Umgang mit Zeitgenossen von damals und mit neonazistischen Gruppen von heute.

2. Schwierigkeiten bei der Behandlung des Nationalsozialismus im Unterricht

Für einen Teil der Schüler ist die Zeit des Dritten Reiches nur noch entfernte Vergangenheit, an der sie genauso interessiert oder desinteressiert sind wie etwa an der Geschichte des Mittelalters oder an der Bismarckzeit. „Der andere Teil ist bereits – durch außerschulische, vorwiegend familiäre Einflüsse – über den Nationalsozialismus bzw. über das ‚Dritte Reich‘ bzw. über Hitler in irgendeiner mehr oder weniger zutreffenden Weise informiert." (G. van Norden, Das Dritte Reich im Unterricht, Frankfurt 1977, S. 8)
Der zweifelhafte Erfolg dieser in der Sache nicht selten divergierenden Einflüsse von Schule, Massenmedien und Elternhaus zeigte sich u.a. in D. Boßmanns Umfrageaktion: 3300 Schüler aller Schularten schrieben auf, was sie über die Geschichte des Nationalsozialismus erfahren hatten. (D. Boßmann [Hrsg.], Was ich über Adolf Hitler gehört habe..., Folgen eines Tabus: Auszüge aus Schüler-Aufsätzen von heute, Frankfurt, Ftb 1935)

3. „Holocaust" – Ein Film und seine Wirkung

Als in der Zeit vom 22.–27.1.1979 der Film „Holocaust" im Fernsehen gesendet wurde, meldeten sich 30000 Zuschauer telefonisch beim WDR; 14,38 Mill. Zuschauer wurden bei der 4. Folge registriert.

Die bewegende Geschichte einer jüdischen Familie, die von den Nationalsozialisten verfolgt wurde, fand vor allem auch bei Jugendlichen größtes Interesse. Ein neuer Anstoß zu einer intensiveren Beschäftigung mit der Geschichte des Nationalsozialismus wurde somit gegeben. Das wiedererwachte Interesse der Jugendlichen an der jüngsten deutschen Vergangenheit wurde auch von den Geschichtsdidaktikern aufmerksam zur Kenntnis genommen. Warum hatte gerade dieser Film eine solch starke Wirkung? War es richtig gewesen, so fragte man sich, bei der Behandlung des Nationalsozialismus im Geschichtsunterricht alle Anstrengungen auf die „Problemorientierung“ zu richten und in erster Linie Begriffe und Strukturen zu erarbeiten? „War es nicht doch ein Fehler, den erlebnisbetonten Unterricht so sehr zurückzudrängen und darauf zu vertrauen, daß Gesinnungen sich auf andere Weise bilden?“ (W. van Kampen, Holocaust – eine Herausforderung für die Geschichtsdidaktik? Vorläufige Bemerkungen zu einem „Medienereignis“, Geschichtsdidaktik 2/79, S. 115) „So wichtig und unverzichtbar geschichtliches Verständnis und damit individuelle und kollektive historische Reflexion auch sind: ‚Holocaust‘ hat deutlich gemacht, daß die Notwendigkeit des Mitfühlens, Mitleidens und Nacherlebens bislang zu wenig beachtet wurde. Um aus Geschichte zu lernen, muß man auch aus Geschichten lernen können – also umfangreiche Veranschaulichung akzeptieren und didaktisch instrumentalisieren...“ (H. Glaser, Aufarbeitung von Vergangenheit. Materialien zu wichtigen Aspekten zeitgeschichtlicher Bildungsarbeit. Aus Politik und Zeitgeschichte B 16/80, S. 4)

4. Forderungen an den Geschichtsunterricht in der Sekundarstufe I

Diese Erfahrungen führen zu folgenden Forderungen an den Geschichtsunterricht in der Mittelstufe:

- Der Geschichtsunterricht muß den Jugendlichen immer wieder Identifikationsmodelle anbieten, damit sie den nötigen Kontakt zum Geschehen finden. „Ohne Identifikationsmöglichkeiten reagieren sie – wie gehabt – als kognitives System.“ (A. Krink, Nationalsozialismus und Widerstand als erfahrbare Geschichte. In: Der Nationalsozialismus als didaktisches Problem, a. a. O., S. 119)
- Der Geschichtsunterricht muß den affektiven Bedürfnissen der Schüler entgegenkommen. „Es muß... gefragt werden, ob die distanzierte, auf Unterdrückung der bei Schülern spontan aufsteigenden Gefühle abzielende Beschäftigung mit Geschichte... nicht dafür verantwortlich ist, daß der Geschichtsunterricht den Schülern langweilig, ja lästig wird.“ (G. Schneider, Mehr Affektivität im Geschichtsunterricht? Die Darstellung des Zweiten Weltkriegs in der trivialen und populärwissenschaftlichen Literatur und ihre Verwendung im Unterricht. Aus Politik und Zeitgeschichte B 45/80, S. 21)

5. Konsequenzen für den vorliegenden Unterrichtsentwurf

Die Erfahrung zeigt, daß sich die Schüler der Mittelstufe in erster Linie mit den Jugendlichen im Dritten Reich identifizieren können, daß sie für die Schicksale und Erlebnisse junger Menschen besonderes Interesse zeigen.

Aus diesem Grund wird im vorliegenden Entwurf auf diesen Aspekt besonderes Gewicht gelegt.
Der Geschichte der Hitlerjugend ist eine eigene Stunde gewidmet (2. Stunde), und die Beschäftigung mit der Widerstandsbewegung konzentriert sich auf den Jugendwiderstand (15. Stunde). Aber auch in den anderen Stunden wird das Geschehen häufig aus dem Blickwinkel der Jugendlichen gesehen, erlebt und kommentiert. So berichtet die fünfzehnjährige M. Maschmann über den Tag der „Machtergreifung" in Berlin (3. Stunde), Inge Scholl schildert ihre und die Reaktion ihrer Geschwister auf die Leitvorstellungen des Nationalsozialismus (6. Stunde), eine BdM-Führerin schwärmt von ihrer Begegnung mit dem „Führer" auf dem Obersalzberg (9. Stunde); in einem „Test im Klassenzimmer" wird deutlich, daß auch heute noch junge Menschen anfällig sind für faschistische Manipulationsmethoden (10. Stunde), in der 11. Stunde wird über den NS-Terror gegen jugendliche Regime-Gegner berichtet, ein Hitlerjunge erlebt die Reichskristallnacht in Darmstadt (14. Stunde), und schließlich kommt die fünfzehnjährige Anne Frank mit einer Tagebuchnotiz über das Schicksal ihres Volkes zu Wort (14. Stunde).

Diesem jugendgemäßen Ansatz entspricht die Betonung der Schüleraktivität. Bei Quellenarbeiten, Unterrichtsgesprächen, Gruppenarbeiten und eigenen Lösungsversuchen sollen die Schüler möglichst oft ihre Meinung äußern, ihren Standpunkt vertreten und den Unterrichtsverlauf mitbestimmen.
In Übereinstimmung mit den gegenwärtigen Tendenzen der Forschung stehen nicht die Haupt- und Staatsaktionen, die diplomatiegeschichtlichen Aspekte im Vordergrund, sondern die Bedeutung der Sozialgeschichte des Dritten Reiches wird hervorgehoben. Der Darstellung des Alltags unter dem Nationalsozialismus, vor allem auch der Beschäftigung mit den Schicksalen der Durchschnittsmenschen und mit den Leiden der namenlosen Opfer der NS-Diktatur gilt das besondere Interesse.
Für die Verwirklichung dieses Ansatzes war es notwendig, neue, unverbrauchte Texte vorzuschlagen, die nicht in den Lehrbüchern stehen und die z. T. an schwer zugänglicher Stelle veröffentlicht sind. Es handelt sich dabei vor allem um Augenzeugenberichte, Briefe, Erlebnisschilderungen, Zeitungsartikel, Stimmungsberichte, Tagebuchnotizen, die die subjektive Betroffenheit ihrer Verfasser in anschaulicher Weise zum Ausdruck bringen.
Altersgemäße Anschaulichkeit und Affektivität sind nicht Selbstzweck, sie sollen Ausgangspunkte sein „für stärkere kognitive Auseinandersetzung mit der Geschichte". (G. Schneider, Mehr Affektivität im Geschichtsunterricht? a. a. O., S. 25)
Ein Mittel, das besonders geeignet ist, die Schüler vom Affekt zur Erkenntnis zu führen, ist die politische Karikatur, denn sie enthält immer „eine affektive Ladung, ein Urteil, eine Stellungnahme, eine Forderung". (H. Krüger und W. Krüger, Geschichte in Karikaturen. Von 1848 bis zur Gegenwart. Arbeitstexte für den Unterricht, Stuttgart 1981, S. 17) Karikaturisten arbeiten mit den Mitteln der Satire (Übertreibung, Paradoxie, Drastik, Individuation, Sarkasmus usw.). Die Grundfigur der Karikatur ist der Widerspruch. „Indem ein Widerspruch in seiner äußeren Erscheinung zugespitzt ein Lachen auslöst, wird dieser Widerspruch erfaßt, und der Verstand wird angeregt, in das Wesen dieser Erscheinung einzudringen. Darin liegt die erkenntnisfördernde Funktion begründet..." (A. Krause, Die politische Karikatur im Geschichtsunterricht, Berlin [Ost], 1978, S. 40)

6. Die Struktur der Unterrichtseinheit

In dieser Unterrichtseinheit wird nicht wie üblich mit der „Machtergreifung“ oder mit den Belastungen der Weimarer Demokratie begonnen, sondern mit einer Stunde über den Neonazismus in Deutschland. Das hat mehrere Gründe:

1. Durch einen aktuellen Bezug und durch die Beschäftigung mit den Reaktionen Jugendlicher sollen die Schüler für das Thema motiviert werden.
2. Gleichzeitig wird die Einsicht vermittelt, „daß wir in einer Zeit leben, die mit den unmittelbaren Nachwirkungen des Nationalsozialismus zu tun hat und zugleich auf dessen Überwindung aufgebaut ist...“ (F. Pingel, Nationalsozialismus im Geschichtsunterricht. Neue Perspektiven seit „Holocaust“, Geschichtsdidaktik 4/79, S. 308)

Auf die einleitenden Motivierungsstunden (Stunden 1 und 2) folgt die Darstellung der „Bewegungsphase“ des Nationalsozialismus (Programmresonanz, Maßnahmen zur Erlangung der Macht) in den Stunden 3–10; die „Regimephase“ (Herrschaftssicherung) umfaßt die Stunden 11–15; schließlich beschäftigen sich die Stunden 16–18 mit der Phase der Expansion (wobei eine genaue Abgrenzung der einzelnen Phasen nicht immer möglich ist). (Vgl. B. Martin, Zur Tauglichkeit eines übergeordneten Faschismusbegriffs, Vierteljahrshefte für Zeitgeschichte 1, 1981, S. 55.)

7. Die didaktische Grundkonzeption

Man spricht gern vom „Doppelgesicht“ oder von der „Janusköpfigkeit“ des Nationalsozialismus (J. Kocka, Ursachen des Nationalsozialismus, Aus Politik und Zeitgeschichte B 25/80, S. 10).
In einem Gespräch mit Rauschning sagte Hitler einmal: „Muß ich das Ihnen sagen, was es mit diesem Programm auf sich hat? Wer es wörtlich versteht und nicht als den großen Prospekt unserer Bühne, der mag bei den einfältigen Seelen bleiben... Äußerlich schließe ich die Revolution ab. Aber wir verlegen sie ins Innere. So wie wir allen unseren Haß auf Eis legen und an den Tag denken, an dem wir unsere Maske abwerfen werden, um ganz als die dazustehen, die wir sind und ewig bleiben.“ (H. Rauschning, Gespräche mit Hitler, Zürich, Wien, New York 1948, S. 164) Hitler verwendet die Metaphern von der Theaterbühne und der Maske, um seine politische Strategie zu charakterisieren. Genaugenommen handelt es sich also beim Gesicht des Nationalsozialismus weniger um ein Doppelgesicht, sondern vielmehr um ein immer gleichbleibendes Gesicht, das sich hinter verschiedenen Masken verbarg. Erst durch diese hochentwickelte Kunst der Maskierung war die große Täuschung, die Irreführung und Verführung eines ganzen Volkes möglich. „Die Diktatur arbeitet nur hilfsweise mit Unterdrückung. Sie arbeitet hauptsächlich mit den Mitteln der Verführung.“ (Manfred Rommel, in „Sonntag aktuell“ Nr. 23 vom 6. Juni 1982, S. 3)

Der vorliegende Unterrichtsentwurf macht die verschiedenen Maskierungen deutlich, deren sich Hitler und die Nationalsozialisten bedienten, um das deutsche Volk zu verführen (z.B. Anknüpfen an ehrwürdige Traditionen, Appelle an den Patriotismus, Legalitätskurs, Verwendung religiöser Formen und

Inhalte, Sprachregelungen, wirtschaftspolitische Maßnahmen, soziale Fürsorge, Friedensbeteuerungen, Verträge usw.).
Die Aufgabe der Schüler ist es, aufgrund von Informationen, die sie erhalten, und mit Hilfe von Dokumenten, die sie befragen, die wechselnden Maskierungen und deren Wirkungen zu durchschauen und das wahre Gesicht des Nationalsozialismus zu enthüllen.

8. Übergeordnete Lernziele

Die argumentative Auseinandersetzung mit der nationalsozialistischen Weltanschauung, die Erkenntnis, daß das deutsche Volk von einem verbrecherischen Regime getäuscht wurde, und die Einsicht in die Methoden der Täuschung sollen die Schüler immun machen gegen die Gefahren des Rechtsextremismus. Doch die Demaskierung und Entlarvung des Nationalsozialismus kann nur ein Teilziel sein, mindestens ebenso wichtig ist die Vorstellung einer Gegenwelt, die Mobilisierung der Gegenkräfte. Durch den Vergleich der NS-Diktatur mit der demokratischen Ordnung, vor allem auch durch die eingehende Beschäftigung mit den Motiven und Zielen der Widerstandsgruppen, sollen in unaufdringlicher Weise die Werte, auf denen unsere demokratische Ordnung aufgebaut ist, ins Bewußtsein gerückt werden: Respekt vor der Würde des Menschen, freiheitliche Gesinnung, Toleranz, Gerechtigkeitssinn, Verantwortungsbewußtsein, Kompromißbereitschaft und kritische Loyalität gegenüber dem demokratisch legitimierten Staat. „Zentrales Ziel der politischen Bildung muß der Abbau des antidemokratischen Potentials durch Veränderung der Einstellung der Jugendlichen sein. Dies aber ist durch Geschichtsunterricht allein nicht zu leisten." (P. Meyers, Vom „Antifaschismus" zur Tendenzwende. Ein Überblick über die Behandlung des Nationalsozialismus in der historisch-politischen Bildung seit 1945, Geschichtsdidaktik 2/79, S. 63).

9. Ergänzende Bemerkungen

Bei den Hinweisen zum Einsatz der verschiedenen Medien wurde eine exemplarische Auswahl getroffen. Die vorgeschlagenen Medien sind ohne Schwierigkeiten durch andere zu ersetzen. Eine ausführliche – wenn auch nicht vollständige – Liste soll dem Lehrer einen Überblick über die audio-visuellen Hilfsmittel geben, die für die Sekundarstufe I geeignet sind.
Im Interesse einer möglichst umfassenden Information des Lehrers sind die Texte zu den vorgeschlagenen Tafelbildern sehr ausführlich gehalten. In manchen Fällen empfiehlt es sich, aus den Formulierungen eine gezielte Auswahl zu treffen und gegebenenfalls die Darstellung in sachgerechter Weise zu vereinfachen.
Durch die Konzentration der Unterrichtssequenz auf das zentrale Thema „Die große Täuschung" war eine Reduktion des Stoffes unumgänglich, wenn man die geplante Zahl von 18 Stunden nicht überschreiten wollte. Folgende Themen konnten nicht berücksichtigt werden: die Kirchen im Dritten Reich, die nationalsozialistische Schule, die Entmachtung der SA.

Fachwissenschaftliche Informationen und Erläuterungen zu diesen Themen und zu den einzelnen Themen unserer Unterrichtseinheit finden sich bei: W.-R. Größl, H. Herrmann, Stundenblätter Das Dritte Reich – Beispiel eines faschistischen Staates, Sekundarstufe II, Stuttgart 1981.

II. Literaturverzeichnis

1. Quellensammlungen und Arbeitsmaterialien

I. Bayer (Hrsg.), Ehe alles Legende wird. Das 3. Reich in Erzählungen, Berichten, Dokumenten, Baden-Baden 1979

J. Beck u. a. (Hrsg.), Terror und Hoffnung in Deutschland 1933–1945, Reinbek 1980

Th. Berger, Lebenssituationen unter der Herrschaft des Nationalsozialismus, Frankfurt, Hirschgraben 59490

Comité International de Dachau (Hrsg.), Konzentrationslager Dachau 1933–1945, Brüssel, o. J.

W. Conze, Der Nationalsozialismus, Teil I, 1919–1934, Stuttgart, Klett 42421

ders., Der Nationalsozialismus, Teil II, 1934–1945, Stuttgart, Klett 42431

E. Deuerlein, Der Aufstieg der NSDAP in Augenzeugenberichten, München, dtv 2701

B. Engelmann, Im Gleichschritt marsch. Wie wir die Nazizeit erlebten 1933–1939, Köln 1982

H. Focke/U. Reimer (Hrsg.), Alltag unterm Hakenkreuz. Wie die Nazis das Leben der Deutschen veränderten, Reinbek 1979

H. Focke/U. Reimer (Hrsg.), Alltag der Entrechteten. Wie die Nazis mit ihren Gegnern umgingen, Reinbek 1980

H. Grosche, Der Nationalsozialismus und der Zweite Weltkrieg. Bilder aus der Weltgeschichte, Heft 15, Frankfurt, Diesterweg 7215

H.-G. Herrenleben (Hrsg.), Totalitäre Herrschaft. Faschismus-Nationalsozialismus-Stalinismus, Ploetz-Arbeitsmaterialien, Freiburg/Würzburg 1978

H. Heumann (Hrsg.), Demokratie und Diktatur 1919–1945. Quellentexte zur Zeitgeschichte, Frankfurt, Hirschgraben

B. Hey/J. Radkau, Nationalsozialismus und Faschismus. Politische Weltkunde II, Themen zur Geschichte, Geographie und Politik, Stuttgart 1976, Klett

A. Hitler, Mein Kampf, München 1933

W. Hofer (Hrsg.), Der Nationalsozialismus 1933–1945, Frankfurt, Ftb 6084

H.-A. Jacobsen/W. Jochmann (Hrsg.), Ausgewählte Dokumente zur Geschichte des Nationalsozialismus 1933–1945, Bielefeld 1960–1966

E. Jäckel (Hrsg.), Hitler – Sämtliche Aufzeichnungen 1905 bis 1924, Stuttgart 1980

G. Kiersch u. a. (Hrsg.), Berliner Alltag im Dritten Reich, Düsseldorf 1981

E. Kosthorst, Das nationalsozialistische Regime. Geschichte. Politik. Unterrichtseinheiten für ein Curriculum, Materialheft, Hannover, Schöningh 15324

H. v. Kotze und H. Krausnick (Hrsg.), Es spricht der Führer. 7 exemplarische Hitler-Reden, Gütersloh 1966

E. Krautkrämer (Hrsg.), Internationale Politik im 20. Jahrhundert, Bd. 1, 1919–1939, Frankfurt, Diesterweg 5181

H. Krieger, Handbuch des Geschichtsunterrichts, Bd. V. Die Neueste Zeit 1850–1945, Materialien für den Geschichtsunterricht, Frankfurt, Diesterweg 7334

A. Krink (Hrsg.), Die NS-Diktatur, Frankfurt 1975

H. Krüger/W. Krüger, Geschichte in Karikaturen. Von 1848 bis zur Gegenwart. Arbeitstexte für den Unterricht, Stuttgart 1981

R. Kühnl (Hrsg.), Der deutsche Faschismus in Quellen und Dokumenten, Frankfurt 1975

E. Meyer, Fünfundzwanzig Ereignisse deutscher Geschichte 1900 bis 1955. III. Aus

dem nationalsozialistischen Deutschland, Stuttgart, Klett 41813
H. Meyer/W. Langenbeck (Hrsg.), Grundzüge der Geschichte, Sekundarstufe II, Historisch-politisches Arbeitsbuch, Quellenband II, Vom Zeitalter der Aufklärung bis zur Gegenwart, Frankfurt, Diesterweg 7377
Mickel, Kampmann, Wiegand, Politik und Gesellschaft, Grundlagen und Probleme der modernen Welt. Lehr- und Arbeitsbuch für den historisch-politischen Lernbereich (Sekundarstufe II), Frankfurt, Hirschgraben
G. L. Mosse, Der nationalsozialistische Alltag. So lebte man unter Hitler, Königstein/Ts. 1978
G. van Norden, Menschen in der Zeit. Texte für die politische Bildung in der Schule. Dokumente und Berichte aus dem Dritten Reich, Frankfurt 1977, Hirschgraben
W. Ripper (Hrsg.), Weltgeschichte im Aufriß. Ausgabe in Themenheften. Der europäische Faschismus und das Dritte Reich, Frankfurt, Diesterweg 7404
ders., Die nationalsozialistische Außenpolitik und der Zweite Weltkrieg, Frankfurt, Diesterweg 7405
W. Scheffler (Hrsg.), Dokumente zum Novemberpogrom 1938, in: Aus Politik und Zeitgeschichte, Beilage zur Wochenzeitung Das Parlament, hrsg. von der Bundeszentrale für politische Bildung, B 44/78
G. Schönbrunn (Hrsg.), Weltkriege und Revolutionen 1914–1945, hrsg. v. W. Lautemann/M. Schlenke, München 1979, Bayerischer Schulbuch-Verlag
R. Schörken (Hrsg.), Das Dritte Reich. Geschichte und Struktur, Stuttgart, Klett 4192
H. G. Seraphim (Hrsg.), Das politische Tagebuch Alfred Rosenbergs, Frankfurt, dtv 219
A. Tyrell (Hrsg.), Führer befiehl... Selbstzeugnisse aus der „Kampfzeit" der NSDAP, Düsseldorf 1969
B. Wenke, Interviews mit Überlebenden. Verfolgung und Widerstand in Südwestdeutschland, hrsg. von der Landeszentrale für politische Bildung Baden-Württemberg, Stuttgart 1980
W. Wulf, Weltgeschichte 1919–1939. Von der Friedensregelung in Versailles bis zum Beginn des Zweiten Weltkrieges. Geschichtliche Quellenhefte, Heft 11a, Frankfurt, Diesterweg 7351
L. v. Westphalen, Geschichte des Antisemitismus in Deutschland im 19. und 20. Jahrhundert, Stuttgart, Klett 4259
Chr. Zentner (Hrsg.), Das III. Reich. Ein Volk, ein Reich, ein Führer. Eine historische Collage über den erregendsten Abschnitt deutscher Geschichte – in Wort, Bild und Ton, Bd. 1 1933–1939, Bd. 2 1939–1945, Hamburg 1975
ders., Adolf Hitlers „Mein Kampf". Eine kommentierte Auswahl, München 1974

2. Bibliographien

P. Hüttenberger, Bibliographie zur Geschichte des Nationalsozialismus.
Arbeitsbücher zur modernen Geschichte, Bd. 8, Göttingen 1979
H. Mommsen, Literaturübersicht, in: A. Mannzmann (Hrsg.), Hitlerwelle und historische Fakten. Historie heute 1, Königstein/Ts. 1979

3. Forschungsberichte und Literaturberichte

K. D. Bracher, Zeitgeschichtliche Kontroversen. Um Faschismus, Totalitarismus, Demokratie, München 1979
J. W. Falter, Wer verhalf der NSDAP zum

Sieg? Neuere Forschungsergebnisse zum parteipolitischen und sozialen Hintergrund der NSDAP-Wähler 1924–1939, in: Aus Politik und Zeitgeschichte, B 28–29/79

A. Hillgruber, Literaturbericht. Innen- und Außenpolitik Deutschlands 1933–1945, in: GWU 26, 1975, H9, S. 578 ff.; 27, 1976, H8, S. 509 ff.; 29, 1978, H3, S. 197 ff.; 30, 1978, H3, S. 187 ff.; 31, 1980, H4, S. 254 ff.; 31, 1980, H12, S. 772 ff.; 34, 1983, H1

W. Schieder, Faschismus, in: C. D. Kernig (Hrsg.), Marxismus im Systemvergleich. Geschichte Bd. 2, Sp. 1–46, Freiburg 1974

W. Wippermann, Faschismustheorien. Zum Stand der gegenwärtigen Diskussion, Darmstadt 1980

4. Fachwissenschaftliche Literatur

P. Altmann (Hrsg.), Der deutsche antifaschistische Widerstand 1933–1945 in Bildern und Dokumenten, Frankfurt 1975

S. Aronson, Reinhard Heydrich und die Frühgeschichte von Gestapo und SD. Studien zur Zeitgeschichte, hrsg. vom Institut für Zeitgeschichte, Stuttgart 1971

R. Binion, ...daß ihr mich gefunden habt. Hitler und die Deutschen, eine Psychohistorie, Stuttgart 1978

Bracher, Schulz, Sauer, Die nationalsozialistische Machtergreifung. Studien zur Errichtung des totalitären Herrschaftssystems in Deutschland 1933/34, Ullstein Materialien, Frankfurt / Berlin / Wien 1979, 3 Bände

M. Broszat, Der Staat Hitlers, dtv-Weltgeschichte des 20. Jahrhunderts, Frankfurt, dtv 4009

ders. u. a. (Hrsg.), Bayern in der NS-Zeit. Soziale Lage und politisches Verhalten im Spiegel vertraulicher Berichte, München, Wien 1977

ders., Soziale Motivation und Führer-Bindung des Nationalsozialismus, in: Vierteljahrshefte für Zeitgeschichte 4, 1970, S. 395 ff.

ders., Der Nationalsozialismus. Weltanschauung, Programm und Wirklichkeit, Stuttgart 1960

J. W. Brügel, Tschechen und Deutsche 1918–1938, München 1967

A. Bullock, Hitler, 2 Bände, Frankfurt, Ftb 583/584 und 585/586

E. Cloer (Hrsg.), Das Dritte Reich im Jugendbuch. 50 Jugendbuch-Analysen, Braunschweig 1983

E. Czichon, Wer verhalf Hitler zur Macht? Zum Anteil der deutschen Industrie an der Zerstörung der Weimarer Republik, Köln 1972

M. Dammeyer, Nationalsozialistische Filme im historisch-politischen Unterricht, in: Aus Politik und Zeitgeschichte B 16/77

K. D. Erdmann, Deutschland unter der Herrschaft des Nationalsozialismus 1933 bis 1939, in: Gebhard, Handbuch der deutschen Geschichte, Bd. 20, München, dtv 4220

R. DeFelice, Die Deutungen des Faschismus, hrsg. v. J. Schröder, Göttingen/Zürich 1980

J. C. Fest, Hitler. Eine Biographie, 2 Bände, Frankfurt, Berlin, Wien 1978, Ullstein

K. I. Flessau, Schule der Diktatur. Lehrpläne und Schulbücher des Nationalsozialismus, München 1977

M. Funke, Der Verfall politischer Vernunft in Monarchie, Republik und Diktatur, in: Aus Politik und Zeitgeschichte B 2/80

H. J. Gamm, Der braune Kult, Hamburg 1962

H. Glaser, Das Dritte Reich. Anspruch und Wirklichkeit, Freiburg 1961

ders., Aufarbeitung von Vergangenheit. Materialien zu wichtigen Aspekten zeitgeschichtlicher Bildungsarbeit, in: Aus Politik und Zeitgeschichte B 16/80

E. Goldhagen, Weltanschauung und Endlösung, in: Vierteljahrshefte für Zeitgeschichte 4, 1976

F. Grube / G. Richter, Alltag im Dritten Reich – So lebten die Deutschen 1933–1945, Hamburg 1982

F. W. Haack, Wotans Wiederkehr, München 1981

L. Haupts / G. Mölich (Hrsg.), Strukturelemente des Nationalsozialismus, Köln 1981

O. Hauser, England und das Dritte Reich. Eine dokumentarische Geschichte der englisch-deutschen Beziehungen von 1933 bis 1939 auf Grund unveröffentlichter Akten aus dem britischen Staatsarchiv, 2 Bände, Stuttgart 1972

H. Heiber, Joseph Goebbels, München, dtv 271/72

M. v. Hellfeld, Edelweißpiraten in Köln. Jugendrebellion gegen das Dritte Reich, Köln 1981

V. Hentschel, Weimars letzte Monate. Hitler und der Untergang der Republik, Düsseldorf 1978

A. Hillgruber, Die „Endlösung" und das deutsche Ostimperium als Kernstück des rassenideologischen Programms des Nationalsozialismus, in: Vierteljahrshefte für Zeitgeschichte 2, 1972

I. Kershaw, Der Hitler-Mythos. Volksmeinung und Propaganda im Dritten Reich. Schriftenreihe der Vierteljahrshefte für Zeitgeschichte Nr. 47, Stuttgart 1980

A. Klönne, Jugend im Dritten Reich. Die Hitler-Jugend und ihre Gegner, Düsseldorf 1982

A. Klönne, Gegen den Strom. Bericht über den Jugendwiderstand im Dritten Reich, Hannover/Frankfurt o. J.

P. Kluke, Hitler und das Volkswagenprojekt, in: Vierteljahrshefte für Zeitgeschichte 8, 1960

G. Knopp / B. Wiegmann, Warum habt ihr Hitler nicht verhindert? Frankfurt 1983

J. Kocka, Ursachen des Nationalsozialismus, in: Aus Politik und Zeitgeschichte B 25/80

A. Kuhn, Hitlers außenpolitisches Programm. Stuttgarter Beiträge zur Geschichte und Politik, Stuttgart 1970

R. Nitsche / W. Kröber, Grundbuch zur bürgerlichen Gesellschaft 3, Darmstadt, Neuwied 1979

E. Nolte, Die faschistischen Bewegungen, dtv-Weltgeschichte des 20. Jahrhunderts, München, dtv 4004

R. A. C. Parker, Das Zwanzigste Jahrhundert. Fischer Weltgeschichte Bd. 34, Frankfurt Ftb 60034

D. Peukert, Der deutsche Arbeiterwiderstand 1933–1945, in: Aus Politik und Zeitgeschichte B 28–29/79

H. Rothfels, Die deutsche Opposition gegen Hitler, Frankfurt, Ftb 198

K.-J. Ruhl, Brauner Alltag – 1933–1939 in Deutschland, Düsseldorf 1981

D. Schoenbaum, Die braune Revolution. Eine Sozialgeschichte des Dritten Reiches, München, dtv 1590

J. P. Stern, Hitler. Der Führer und sein Volk, München 1981, dtv 1629

H. A. Turner, Faschismus und Kapitalismus in Deutschland, Göttingen 1972

H. Wörner, Rassenwahn – Entrechtung – Mord. Der Leidensweg der Juden 1933–1945, Freiburg, Basel, Wien 1981

5. Lehrbücher

Die Reise in die Vergangenheit, Band 4, Geschichte und Politik in unserer Zeit, Braunschweig, Westermann

erinnern und urteilen, Unterrichtseinheiten Geschichte, Band IV, Stuttgart, Klett

Fragen an die Geschichte 4, Die Welt im 20. Jahrhundert, Frankfurt, Hirschgraben

Geschichtliche Weltkunde, Band 3, Von der Zeit des Imperialismus bis zur Gegenwart, Frankfurt, Diesterweg

Grundriß der Geschichte 3, Die Neueste Zeit, Blutenburg/Schöningh

Grundzüge der Geschichte 4, Von 1890 bis zur Gegenwart, Frankfurt, Diesterweg

Menschen in ihrer Zeit 4, In unserer Zeit, Stuttgart, Klett

Spiegel der Zeiten, Band 4, Von der russischen Revolution bis zur Gegenwart, Frankfurt, Diesterweg

Staatensystem und Weltpolitik 4, Kletts Geschichtliches Unterrichtswerk für die Mittelklassen, Ausgabe C

Zeiten und Menschen, Ausgabe B, Bd. 4, Europa und die Welt. Das 20. Jahrhundert, Schöningh/Schroedel

Zeitaufnahme, Band 3, Vom Ersten zum Zweiten Weltkrieg, Westermann

6. Didaktische Literatur

Arbeitshilfen zum Thema: „Alltag im Nationalsozialismus – vom Ende der Weimarer Republik bis zum Zweiten Weltkrieg“, in: Sozialwissenschaftliche Informationen für Unterricht und Studium 1980/4, S. 201–214

H. Beilner, Das Dritte Reich – Unterrichtsmodelle, in: Raimund Baumgärtner u. a., Das Dritte Reich (Politik und Geschichte im Unterricht), München 1972, S. 97–142

Th. Berger, A. Lüdtke, Überlegungen und Vorschläge für eine Unterrichtseinheit „Faschismus in Deutschland“ in der Hauptschule, in: Geschichtsdidaktik 1, 1978

H. Bodensiek, P. Furth u. a., Handreichungen für den Lehrer zu „Menschen in ihrer Zeit“ 4, Stuttgart, Klett

Bundeszentrale für politische Bildung (Hrsg.), Der Nationalsozialismus als didaktisches Problem. Beiträge zur Behandlung des NS-Systems und des deutschen Widerstandes im Unterricht, Schriftenreihe der Bundeszentrale für politische Bildung Nr. 156, Bonn 1980

Bundeszentrale für politische Bildung (Hrsg.), Der deutsche Widerstand 1933–1945, Informationen zur politischen Bildung 160, Neudruck 1981

A. Carmon, Holocaust. Unterrichtseinheiten zu einer Erziehung zu ethischen Werten. Lehrerheft, Stuttgart, Klett.

W. Elben, Voraussetzungen und Methoden nationalsozialistischer (faschistischer) Herrschaft – Unterrichtsmodell, in: Politische Bildung 5, 1972, H 1, S. 71–89

J. Grolle, W. Hilligen u. a., Lehrerbegleitheft zu „erinnern und urteilen 4, Unterrichtseinheiten Geschichte“, Stuttgart, Klett

J. Hoffmann, Lernziele und Lernschritte, Handreichungen für den Lehrer, Heft 4, zu „Spiegel der Zeiten Bd. 4“, Frankfurt 1979, Diesterweg

B. Hey, J. Radkau, Politische Weltkunde II, Nationalsozialismus und Faschismus, Handreichungen für den Lehrer, Stuttgart 1976, Klett

H. Kästner, Zur Behandlung des Nationalsozialismus im Unterricht, in: Aus Politik und Zeitgeschichte B 22/79

R. Kampe, K. Ch. Lingelbach, Der europäische Faschismus, in: Rohlfes, H. Körner (Hrsg.), Historische Gegenwartskunde, Handbuch für den politischen Unterricht, Göttingen 1970, S. 174–236

E. Kosthorst, Zeitgeschichte und Zeitperspektive. Versuch einer didaktischen Ortsbestimmung, in: Aus Politik und Zeitgeschichte B 22/75

W. Loch, A. Hoffmann, Der Nationalsozialismus in Unterrichtsbildern, Stundenvorbereitung Bd. 18, Limburg 1977

K. H. Menzel, F. Textor, Lehrerheft zu „Kletts geschichtliches Unterrichtswerk“, Ausgabe C

P. Meyers, D. Riesenberger (Hrsg.), Der Nationalsozialismus in der historisch-politischen Bildung, Göttingen 1979

Nationalsozialismus im Unterricht, Empfehlung des Zentralrats der Juden in Deutschland und der Gewerkschaft Erziehung und Wissenschaft im DGB, Arbeitshilfen zur Planung des Unterrichts auf der Mittelstufe (Sekundarstufe I), o. O. 1980

G. v. Norden, Das Dritte Reich im Unterricht, Frankfurt 1977, Hirschgraben

G. v. Norden, Nationalsozialistische Judenverfolgung. Didaktische und methodische Überlegungen zu einem Unterrichtsproblem, in: GWU 21, 1970, H 11

R. Schörken (Hrsg.), Unterrichtsmodelle zum Nationalsozialismus. Reihe: Anmerkungen und Argumente zur historisch-politischen Bildung, Stuttgart 1982, Klett

Spurensuche. Leben im Dritten Reich. Westermanns Pädagogische Beiträge 1/83

7. Audio-visuelle Unterrichtsmittel

Adolf Hitler, nationalsozialistische Ideologie, 4 Folien, Arbeitstransparente, Jünger-Verlag, Best. Nr. 5822

Am Beispiel Polen (1939) Tonfilm, schwarz-weiß, (20 Min.), Jünger-Verlag, Best. Nr. 3604

Aus einer Wahlrede Hitlers in Eberwalde am 27. Juli 1932, Tonfilm, 15 Minuten, FWU, Best. Nr. 323027

Das Dritte Reich, Farbdias mit Tonband (40 Min.), Jünger-Verlag, Best. Nr. 1285

Das Dritte Reich und sein Erbe im Bilde A. P. Webers, 15 Dias, schwarz-weiß, FWU, Best. Nr. 100429

Das Ermächtigungsgesetz, Tonband (32 Min.), FWU, Best. Nr. 20/220159

Der Aufbau des Führerstaates, 4 Folien, Arbeitstransparente, Jünger-Verlag, Best. Nr. 5831

Der 30. Juni 1934 in nationalsozialistischer Sicht, Tonband (18 Min.), FWU, Best. Nr. 20/220163

Der Führerstaat, Tonband (23 Min.), FWU, Best. Nr. 20/220184

Der Junge mit dem gelben Stern, Tonband (18 Min.), FWU, Best. Nr. 20/220132

Der Nationalsozialismus in der Karikatur, 20 Dias, 18 schwarz-weiß, 2 farbig, FWU, Best. Nr. 100609

Der NS-Staat und seine Folgen, 10 Folien, Zahlenbild-Transparente, E. Schmidt-Verlag

Der Tag von Potsdam, Tonband (20 Min.), FWU, Best. Nr. 20/220158

Deutschland wird eine Diktatur, Tonband (31 Min.), FWU, Best. Nr. 20/220092

Die europäischen Bündnissysteme zwischen den Weltkriegen, 4 Folien, Transparente, Westermann-Verlag, Best. Nr. 35653

Die Expansion des nationalsozialistischen Deutschlands, 5 Folien, Transparente, Westermann Verlag, Best. Nr. 356456

Die Gleichschaltung, Tonband (23 Min.), FWU, Best. Nr. 20/220183

Die Harzburger Front – Hitlers konservative Verbündete, Tonband (30 Min.), FWU, Best. Nr. 20/222293

Die NS-Außenpolitik (1933–1938), 3 Folien, Arbeitstransparente, Jünger-Verlag, Best. Nr. 5836

Die NSDAP und ihre Organisationen, 4 Folien, Arbeitstransparente, Jünger-Verlag, Best. Nr. 5832

Die NS-Kulturpolitik, 4 Folien, Arbeitstransparente, Jünger-Verlag, Best. Nr. 5834

Die NS-Rassenpolitik, 4 Folien, Arbeitstransparente, Jünger-Verlag, Best. Nr. 5835

Die NS-Wirtschaftspolitik, 4 Folien, Arbeitstransparente, Jünger-Verlag, Best. Nr. 5833

Ein Volk, ein Reich, ein Führer (1933–1934), Tonfilm, schwarz-weiß (20 Min.), Jünger-Verlag, Best. Nr. 3602

Ein Volk! Ein Reich! Ein Rundfunk!, Tonband (53 Min.), FWU, Best. Nr. 20/220185

Ein Tag – Bericht aus einem deutschen Konzentrationslager 1939, Teil 1, Tonfilm (46 Min.), FWU, Best. Nr. 321752

Ein Tag – Bericht aus einem deutschen Konzentrationslager 1939, Teil 2, Tonfilm (49 Min.), FWU, Best. Nr. 321753

Endlösung der Judenfrage und Widerstand, 4 Folien, Arbeitstransparente, Jünger-Verlag, Best. Nr. 5845

Erweiterung des deutschen Lebensraumes, 4 Folien, Arbeitstransparente, Jünger-Verlag, Best. Nr. 5837

Hitler an der Macht, Tonfilm (12 Min.), FWU, Best. Nr. 320558

Hitler erringt die Macht, 18 Dias, schwarzweiß, FWU, Best. Nr. 100456

Hitler spricht (1932–1939), Tonfilm (20 Min.), FWU, Best. Nr. 322093

Hitlers Machtübernahme, 4 Folien, Arbeitstransparente, Jünger-Verlag, Best. Nr. 5824

Hitlers Weg in den Krieg, Tonfilm (15 Min.), FWU, Best. Nr. 320559

Hitler und die Jugend, Tonband (9 Min.), FWU, Best. Nr. 20/220164

Innenpolitische Entwicklung von 1930–1933, 4 Folien, Arbeitstransparente, Jünger-Verlag, Best. Nr. 5823

Judenverfolgung, Tonband (32 Min.), FWU, Best. Nr. 20/220132

KZ Dachau, 20 Dias schwarz-weiß, 4 farbig, FWU, Best. Nr. 102436

Militarisierung des öffentlichen Lebens (1934–1936), 15 Dias, schwarz-weiß, FWU, Best. Nr. 100457

Neueste Geschichte in Plakaten (1929–1946), 16 Dias farbig, 1 schwarz-weiß, Parolen, Plakate, Propaganda, Farbdias mit Tonband (45 Min.), Jünger-Verlag, Best. Nr. 1331

Regierungserklärung: Aufruf an das deutsche Volk, Tonband (14 Min.), FWU, Best. Nr. 20/220242

Reichsminister für Volksaufklärung und Propaganda Dr. Joseph Goebbels spricht, Tonfilm (5 Min.), FWU, Best. Nr. 320564

Schallplattensammlung: Hitler an der Macht. Originalaufnahmen aus den Jahren 1933 und 1934, hrsg. von Horst Siebecke, Diesterweg

Schallplattensammlung: Das Dritte Reich in Dokumenten. Eine Hörfolge zur Zeitgeschichte. Zusammengestellt und kommentiert von H. Garber und H. G. Zmarzlik, mit einem Geleitwort von Dr. G. Ritter, Christophorus Verlag Herder, Freiburg

Und morgen die ganze Welt (1935–1939), Tonfilm (20 Min.), Jünger-Verlag, Best. Nr. 3603

Widerstand gegen den Nationalsozialismus, 9 Dias schwarz-weiß, 3farbig, FWU, Best. Nr. 102579

8. Atlanten

Atlas zur Geschichte, Cornelsen-Velhagen & Klasing-Verlag

Atlas zur Weltgeschichte, Klett-Verlag

dtv – Atlas zur Weltgeschichte

dtv – Perthes-Weltatlas

Großer Historischer Weltatlas, Bayerischer Schulbuchverlag

Neuer Geschichts- und Kulturatlas, Atlantik-Verlag

Putzger, Historischer Atlas, Velhagen & Klasing-Verlag

Völker, Staaten und Kulturen, Verlag Westermann

Westermann Geschichtsatlas Politik – Wirtschaft – Kultur

Westermann Großer Atlas zur Weltgeschichte

III. Beschreibung der Einzelstunden

1. Stunde: Einführung in die Unterrichtseinheit

Vorbemerkungen

Der Bundesinnenminister erklärte laut Protokoll in der Sitzung des Rechtsausschusses vom 17. März 1981: „Die Gefährlichkeit des deutschen Rechtsterrorismus liegt nicht nur in der gezielten politisch motivierten Aktion von Gruppen, sondern auch in der latenten Gewaltbereitschaft einzelner. Diese Gewaltbereitschaft kann sich spontan entladen. Ursachen dieser latenten Bereitschaft sind das gewaltgeneigte Gedankengut der Gruppe und ihre angesammelten Gewaltmittel." (Zit. nach: Paul Lersch [Hrsg.], Die verkannte Gefahr, Rechtsradikalismus in der Bundesrepublik, Reinbek 1981, S. 10f.)

Der Bericht über den zweifachen Mörder F. Schubert exemplifiziert diese Feststellung, er zeigt die Gewaltbereitschaft eines Rechtsextremisten, der im Auftrag seiner neonazistischen Organisation Gewaltmittel beschaffen sollte. Durch diesen Bericht, der zum Einstieg in die Unterrichtseinheit dient, soll den Schülern deutlich werden, daß der Nazismus nicht durch irgendeine Art von Vergangenheitsbewältigung „erledigt" werden kann. Nationalsozialistische Vorbilder und nationalsozialistische Vorstellungen wirken bis in unsere Gegenwart weiter, denn es ist „für Jugendliche (und nicht nur für die) einfacher, auf der Suche nach ihrer sozialen Identität und nach Perspektiven für politisches Handeln auf Vorbilder aus der Vergangenheit zurückzugreifen." (Der Nationalsozialismus als didaktisches Problem, Beiträge zur Behandlung des NS-Systems und des deutschen Widerstands im Unterricht, herausgegeben von der Bundeszentrale für politische Bildung, Band 156, Bonn 1980, S. 162)

Und noch eine andere Einsicht soll vermittelt werden: Wie bei ihren Vorbildern steht auch bei den Neonazis hinter den gewaltsamen Aktionen das „gewaltgeneigte Gedankengut", eine Weltanschauung, die die braune Vergangenheit verherrlicht und die Schuld der Nazis leugnet.

Eine dritte Art, mit der Erinnerung an das Dritte Reich umzugehen, demonstriert dann die Antwort eines jungen Mannes, der von einem Journalisten interviewt wurde: er verdrängt die Untaten des NS-Systems.

Verherrlichung, Verleugnung und Verdrängung sowie die Gefahren, die aus diesen Haltungen erwachsen, sollen den Schülern bewußt gemacht werden: Verantwortung wird abgelehnt, Geschichte wird verfälscht, Lernprozesse werden blockiert. Niemand, „dem es mit dem Eintreten für die Würde des Menschen ernst ist, (darf) auf das Postulat des Fortschritts in Richtung auf einen humanen Zustand verzichten." (Nationalsozialismus im Unterricht, Empfehlung des Zentralrats der Juden in Deutschland und der Gewerkschaft Erziehung und Wissenschaft im DGB, Arbeitshilfen zur Planung des Unterrichts an der Mittelstufe [Sekundarstufe I], a. a. O., 1980, S. 1)

Daß eine wichtige Voraussetzung für die vorurteilsfreie und wahrheitsgemäße Haltung gegenüber der nationalsozialistischen Vergangenheit fundierte Kenntnisse und darauf gründende Erkenntnisse sind, wird anhand der fatalen Ergebnisse der Umfrage, die D. Boßmann durchführte, besonders deutlich (Dieter Boßmann (Hrsg.), Was ich über Adolf Hitler gehört habe..., Ftb 1935).

Diese ausführliche Motivierungsphase soll den Schülern die Folgerung nahelegen, daß bestimmte Leitfragen zum Thema Nationalsozialismus gestellt und im Verlauf der folgenden Unterrichtsstunden beantwortet werden müssen, damit der Schritt vom Vorurteil zum begründeten Urteil getan werden kann.

Eine andere Möglichkeit der Hinführung zum Thema bietet der Film „Mißbraucht" (Jugend im Dritten Reich, Landeszentrale für politische Bildung Niedersachsen, Düsseldorf 1979, 327398, Dauer 29 Minuten). Drei Themen stehen in diesem Film im Vordergrund:
1. die Monopolisierung der HJ unter Ausschaltung aller konkurrierenden Verbände
2. die weltanschauliche Schulung der deutschen Jugend
3. die Wehrertüchtigung.

Ausgehend von diesem Film können dann die Leitfragen für die Unterrichtseinheit gemeinsam erarbeitet werden.

Einen knappen, aber nützlichen Überblick (93 Seiten) über den Neonazismus bietet: M. Funke / F. S. Rödiger / H. Weyer (Hrsg.), Neonazismus in der Bundesrepublik Deutschland; (Schriftenreihe Demokratische Verantwortung, Bd. I), Bonn 1979.
Ausführlicher, auch die soziologischen Hintergründe des Rechtsradikalismus beleuchtend: W. Benz (Hrsg.), Rechtsradikalismus: Randerscheinung oder Renaissance?, Frankfurt 1980 (Fischer Taschenbuch); vgl. auch: F. Henning, Neonazistische Militanz und Rechtsextremismus unter Jugendlichen, in: Aus Politik und Zeitgeschichte B 23/82, S. 23 ff.
Über die Methoden und den Wirkungsgrad der rechtsextremistischen Publikationen in der Bundesrepublik Deutschland informieren knapp und übersichtlich: P. Dudek / H.-G. Jaschke, Die ‚neue' rechtsextremistische Jugendpresse. Politische Hintergründe und gesellschaftliche Folgen; in: Aus Politik und Zeitgeschichte B 43/81, S. 21 ff.
Zur Einführung in die Problematik trivialer und populärwissenschaftlicher Literatur über den Nationalsozialismus eignet sich besonders: G. Schneider, Geschichte durch die Hintertür; in: Aus Politik und Zeitgeschichte B 6/79, S. 3 ff.

Ziele der Stunde

Die Schüler erkennen,
– daß sich rechtsextremistische Gruppen in der Bundesrepublik an nazistischen Vorbildern und Vorstellungen orientieren;
– daß die Gewalt in ihrem Denken und Handeln eine wichtige Rolle spielt;
– daß diese Gruppen die Zeit des Dritten Reiches verherrlichen und die Schuld der Deutschen bestreiten.

Die Schüler erarbeiten
– aus einer Zeittafel die Ziele und Methoden der Neonazis;
– Leitfragen, durch deren Beantwortung das Thema der Unterrichtseinheit in sachgerechter Weise erschlossen werden kann.

Die Schüler beurteilen
– die vorgelegten Antworten der Jugendlichen auf die Umfrage;
– mögliche Motive und die Verhaltensweise des F. Schubert;
– Gefahren, die für den einzelnen und für die Gesellschaft aus der Verherrlichung, Verleugnung oder Verdrängung der deutschen Geschichte in der Zeit des Nationalsozialismus erwachsen können.

Verlaufsskizze

Unterrichtsschritt 1
Rechtsextremismus in der Bundesrepublik

Nach der Bekanntgabe des Themas gibt der Lehrer kommentarlos folgenden Bericht: Am Nachmittag des 24. Dezember 1980 fuhr ein junger Deutscher mit seinem Auto in der Nähe von Waldshut auf Schweizer Gebiet. Dort lud er in aller Ruhe Einbruchwerkzeuge, einen Taucheranzug, Schwimmflossen, ein kleines Schlauchboot und einige andere Pakete aus. Als sich ein Schweizer Zollbeamter, der den Vorgang beobachtet hatte, lang-

sam näherte, griff der junge Mann zu seiner Pistole und erschoß den Beamten, ohne auch nur einen Augenblick zu zögern, auf der Stelle. Zwei Polizeibeamte, die zu Hilfe eilten, wurden ebenso rasch mit gezielten Schüssen empfangen, der eine war sofort tot, der andere blieb schwerverletzt liegen. Der junge Deutsche brauste mit einem Polizeifahrzeug davon, wurde von anderen Polizisten eingeholt und verwundete noch einmal einen der Verfolger. Als er schließlich in die Enge getrieben wurde, richtete er die Waffe gegen sich selbst und erschoß sich. Bei seinen Sachen entdeckte die Polizei 500 Schuß Munition und eine Neun-Millimeter-Pistole; er hatte sich alles zuvor in der Schweiz verschafft. Der Tote vom Heiligen Abend 1980 wurde als Frank Schubert, 23, aus Frankfurt identifiziert. Außerdem fand man bei der Leiche einen Brief, der das ominöse Datum trug „7.12.91“.
Welche Bedeutung hat dieses Datum? – Schubert gehörte der deutschen Neonazi-Szene an; für viele Rechtsextremisten beginnt die Zeitrechnung mit dem 91 Jahre zurückliegenden Geburtstag Adolf Hitlers. Er hatte den Auftrag, für die Frankfurter „Hilfsorganisation für nationale politische Gefangene und deren Angehörige“ Waffen zu beschaffen. (Christian Habbe, „Weltweit Teutonic Unity“. Die Auslandsbeziehungen der deutschen Neonazis. In: Paul Lersch [Hrsg.], Die verkannte Gefahr. Rechtsradikalismus in der Bundesrepublik, Hamburg 1981, S.72f.)

Gesprächsimpulse:
- Wie erklären Sie sich die Reaktion Schuberts beim Auftauchen der Beamten?
- Welches Vorbild leitete sein Verhalten?

Die Antworten der Schüler könnten so lauten:
Vielleicht wollte sich Schubert so „heroisch“ verhalten wie seine Vorbilder Hitler und andere Naziführer: gnadenlos, rücksichtslos und unbarmherzig gegen die Gegner und gegen sich selbst. Das menschliche Leben wird gering geachtet, nur die bedingungslose, kaltblütige Ausführung eines Befehls im Dienst einer Gemeinschaft zählt.

Unterrichtsschritt 2
Aktivitäten der Rechtsextremisten in der Bundesrepublik

Die Schüler erhalten eine Zeittafel, welche Daten zum Neonazismus in der Bundesrepublik Deutschland enthält (Vorschlag für ein Arbeitsblatt).
Die Auswertung der Zeittafel, die in Partnerarbeit erfolgen kann, führt zu folgenden Ergebnissen:
Die Neonazis kämpfen für eine Wiederaufrichtung der nationalsozialistischen Herrschaft in Deutschland. Sie bekämpfen Pazifisten, Kommunisten, Ausländer und Juden. Ihre Mittel sind: Protestdemonstrationen, Gewaltandrohungen, Wehrübungen bewaffneter Gruppen, Verteilung von Propagandamaterial, Schändung jüdischer Friedhöfe und Kultstätten, Sprengstoffanschläge. Nach ihrem Geschichtsverständnis ist dem deutschen Volk durch die Alliierten des Zweiten Weltkriegs großes Unrecht geschehen; die Schuld der Nazis am Ausbruch des Krieges und an der Vernichtung der Juden wird bestritten, das Dritte Reich und seine in Nürnberg hingerichteten Führer verherrlicht.

Ergänzung: Ein junger Rechtsextremist äußert sich über den Nationalsozialismus (Paul Lersch [Hrsg.], Die verkannte Gefahr, a..a.O., S.128). Ein Journalist befragte ein Mitglied einer rechtsextremen Organisation nach seiner Meinung über den Nationalsozialismus. Dessen Antwort kann vom Lehrer vorgelesen oder den Schülern als Hektographie vorgelegt werden.

Ein junger Rechtsradikaler äußert sich über den Nationalsozialismus
Sein Name spielt keine Rolle. 1978 traf ich ihn zum erstenmal. Damals bei einer Zusammenkunft einer rechtsextremen Organisation fragte ich ihn nach seiner Meinung über die Zeit des Nationalsozia-

lismus. „Ob es uns gefällt oder nicht... Tatsache ist auch..., daß soziale Fragen unter dieser Regierung aufgegriffen wurden, was vorher nur versprochen wurde... Für uns ist diese Zeit ein Geschichtsabschnitt, ein kleiner Geschichtsabschnitt im großen Atemzug der Geschichte, der zweifellos immer wieder... zu sehr in den Mittelpunkt gestellt wird. Geschichte grundsätzlich... hat für uns junge Menschen nur soweit Bedeutung, wie man aus ihr die Zukunft hinüberfolgern kann..." (Karl-Klaus Rabe, „Wir sehen uns als eine große Gemeinschaft". Begegnungen mit jungen Mitgliedern rechtsextremer Organisationen. In: Paul Lersch [Hrsg.], Die verkannte Gefahr. Rechtsradikalismus in der Bundesrepublik, Hamburg 1981, S. 128).

Die Schüler erarbeiten die Haltung des Rechtsextremisten:

- Die sozialen Leistungen der Nazis (Beseitigung der Arbeitslosigkeit nach 1933) werden hervorgehoben.
- Im übrigen, so meint der Befragte, werde diese Zeit zu sehr in den Vordergrund gerückt, sie solle als Teil der gesamten deutschen Geschichte betrachtet und in diese Geschichte eingeordnet werden; d. h. wohl, nach seiner Ansicht soll man die braune Vergangenheit endlich ruhen lassen und sich der Zukunft zuwenden.

  Die Frage nach den Gefahren, die ein solches „Ruhen lassen" der Vergangenheit mit sich bringt, wird im anschließenden Unterrichtsgespräch erörtert. Folgende Aspekte des Problems kommen zur Sprache:
- Die Verdrängung der Vergangenheit hindert die Menschen daran, daß sie aus der Geschichte lernen, wie am Beispiel des Nationalsozialismus zu sehen ist.

  Auf dem Denkmal in der Gedenkstätte Dachau stehen die Worte Santayanas: „Die sich des Vergangenen nicht erinnern, sind dazu verurteilt, es noch einmal zu erleben." (Katalog Konzentrationslager Dachau 1933–1945, S. 219)
- Die Unkenntnis historischer Tatsachen ermöglicht die Bildung und Verbreitung von Legenden und leistet dem Bestreben Vorschub, daß sich der einzelne Deutsche durch Verleugnung der Vergangenheit der gemeinsamen Verantwortung entzieht.

  „Man kann sich sein Volk, seine Familie, seine Gesellschaft nicht aussuchen, man wird in sie hineingeboren...", so sagte Renate Harpprecht, die als Jüdin Auschwitz und Bergen Belsen erleiden mußte. „Ich glaube, die jungen Deutschen müssen es akzeptieren, Deutsche zu sein mit allen Lasten, die dazu gehören, und dann brauchen sie ihr Haupt nicht mit Asche zu bestreuen." (in: Peter Märthesheimer/Ivo Frenzel [Hrsg.], Im Kreuzfeuer: Der Fernsehfilm „Holocaust". Eine Nation ist betroffen, Frankfurt 1979, S. 272).
- Es gibt heute eine ganze Reihe sogenannter „Historiker", die die NS-Geschichte bewußt verharmlosen und die planmäßige Vernichtung der Juden als böswillige Erfindung der Feinde Deutschlands abtun (z. B. David Irving, Hitler's War, New York 1977; A. R. Butz, The Hoax of the Twentieth Century, Torrance [Cal.], 1977). „Obgleich der Name Auschwitz seither ein Synonym für die Barbarei und die Grausamkeiten des Nazismus geworden ist, gibt es immer noch Autoren, die behaupten, es handele sich bei allem um einen bösartigen Schwindel." (John S. Conway, Frühe Augenzeugenberichte aus Auschwitz, Glaubwürdigkeit und Wirkungsgeschichte: In: Vierteljahrshefte für Zeitgeschichte 1979, 2, S. 260). „Dieser planmäßige Judenmord in der Gaskammer fällt aus den Vergleichs- und Aufrechnungsspekulationen heraus. Hier liegt unverkennbar ein gewichtiger psychologischer Ausgangspunkt für diejenigen, die sich und anderen gegen die unerschütterliche Evidenz der Fakten einreden wollen, die Judenvergasung habe es gar nicht gegeben..., sie sei eine Erfindung der Siegermächte..." (I. Arndt/W. Scheffler, Organisierter Massenmord an Juden in den nationalsozialistischen Vernichtungslagern. Ein Beitrag zur Richtigstellung apologetischer Literatur. In: Vierteljahrshefte für Zeitgeschichte 1976, 2, S. 106).

Unterrichtsschritt 3
Was Jugendliche über den Nationalsozialismus wissen

Im Jahre 1977, so berichtet der Lehrer, wurde über 3000 Schülern aller Schularten die Frage vorgelegt: „Was weißt du über Adolf Hitler?" (Dieter Boßmann, Was ich über Adolf Hitler gehört habe..., Folgen eines Tabus: Auszüge aus Schüler-Aufsätzen von heute, Fischer Tb 1935).

Eine Auswahl dieser Antworten wird den Schülern vorgelesen oder als Hektographie vorgelegt:

Umfrage: „Was ich über Adolf Hitler gehört habe...":

Hitler war vor und in den 2 Weltkriegen der Herrscher von Deutschland und gehörte einer kommunistischen Partei an. (Hauptschüler Thomas, 13 [S. 63])

Dennoch fühlte sich ein großer Teil dieser Menschen in dieser Zeit wohl – Hitler verdankten sie, daß sie wieder Arbeit hatten, die Polizei war schärfer geworden... Er setzte harte Strafen ein, wie standrechtliches Erschießen von Homosexuellen und Kapitalverbrechern. Hitler säuberte das bis dahin leicht verschmutzte Bild von Zucht und Ordnung wieder gänzlich. (Berufsschülerin Heike, 19 [S. 112])

Er ließ Autobahnen bauen, baute Fabriken und Ferienhäuser, Jugendherbergen usw. (Berufsschülerin Petra, 17 [S. 115])

Man muß aber auch sagen, so lange er an der Macht war, war Ruhe in Deutschland. Es gab keinen Hunger, die Währung war in Ordnung. (Berufsschüler Uwe, 17 [S. 117])

Er hat sich von F. Porsche einen VW herstellen lassen, der weniger als 5000 DM kosten sollte und der für jeden im Volk erschwinglich sein sollte. (Realschüler Jörg, 16 [S. 124])

Die Konzentrationslager gehen nicht auf sein Konto, denn die Engländer haben früher schon Gebrauch davon gemacht. (Berufsschüler Paul, 20 [S. 158])

Sein Fehler war die Unterstützung anderer Mächte, die ihm das Genick brachen. (Realschüler Volker, 16 [S. 210])

Er wollte aus dem Deutschen Reich ein idealistisches nationalistisches Großreich machen. (Gymnasiast Thomas, 17 [S. 198])

Viele alte Leute sind ja heute noch davon überzeugt, daß niemand früher von der Jugend so rumluderte. Hitlers Jugend war ja so schön organisiert. (Berufsschüler Sven, 19 [S. 318])

Erfahrungsgemäß entzündet sich an diesen Äußerungen eine lebhafte Diskussion, die weitere Legenden und unkritisch übernommene Meinungen seitens der Schüler zu Tage fördert. In dieser Unterrichtsphase ist es empfehlenswert, wenn sich der Lehrer mit seiner Meinung zurückhält. In weniger diskussionsfreudigen Klassen kann er die Schüler durch folgende Fragen zur Diskussion aktivieren:
- Welche Feststellungen sind nach Ihrer Kenntnis eindeutig falsch?
- Wie steht es mit den angeblich positiven Seiten des Nationalsozialismus?
- Wie beurteilen die befragten Schüler Hitlers Außenpolitik?

Die Meinungsäußerungen der Schüler werden an der Tafel festgehalten und unter bestimmten Leitbegriffen zusammengefaßt (z. B. Innenpolitik – Wirtschaft, Gesellschaft, Recht – Außenpolitik – Friedenssicherung oder Kriegsvorbereitung – allgemeine Ziele usw.)
Nachdem, wie zu erwarten, in der Diskussion schließlich Meinung gegen Meinung steht, kann der Lehrer mit den Fragen eingreifen:
- Wie können diese Ansichten auf ihren Wahrheitsgehalt überprüft werden?
- Welche Verfahrensweise schlagen Sie vor?
- Welche zentrale Fragen müssen beantwortet werden?

Alternative: Anstelle verschiedener Meinungsäußerungen kann ein Schüleraufsatz vorgelesen werden, der einige provozierende Ansichten über die Bedeutung Adolf Hitlers zum Ausdruck bringt (D. Boßmann, a. a. O., S. 281):
Er war ohne Zweifel eine Persönlichkeit, die in seiner Zeit für manche Menschen zum Ideal wurde. Er hatte Pläne und Ideen, die für sein Volk in der ersten Zeit viele Vorteile brachten und es in seine Hände spielten. Doch er baute sich einen Machtapparat auf, den er zu seinen Gunsten ausnutzte und sich somit zum Diktator entwickelte... Dieser Mann brachte zwar viel Verwirrung in die Geschichtsschreibung, doch er zählt in Gedanken,

Wort und Tat zu den großen Männern dieser Welt. Er hatte einen Traum und ein Ziel und führte beides aus. Es wäre schön, wenn es solche Leute wieder gäbe, aber nur mit anderen (besseren) Träumen und Zielen!
Denn wenn es in dieser Welt so weitergeht, wird der Mensch bald willenlos geboren. (Berufsschüler Thomas, 18)

Gesichtspunkte zur Auswertung:
- Worin sieht der Verfasser das Positive am Nationalsozialismus?
- Warum war Hitler ein großer Mann?
- Wie beurteilen Sie diese Haltung?

Unterrichtsschritt 4
Gemeinsame Planung der Unterrichtseinheit

Aus dem vorgeschlagenen Fragenkatalog können mit Hilfe der Schüler Leitfragen ausgewählt und in den Mittelpunkt der Unterrichtseinheit gestellt werden. Vorschläge:

- Welche Ziele verfolgte der Nationalsozialismus?
- Warum konnte der Nationalsozialismus gerade in Deutschland so große Erfolge erzielen?
- Welche Methoden wandten die Nationalsozialisten an?
- Wie lebten die Deutschen im allgemeinen und die Jugendlichen im besonderen unter der Herrschaft der Nationalsozialisten? (siehe dazu auch Tafelbild, Stundenblatt)

Hausaufgabe

Stellen Sie sich vor: In Ihrer Schule sind die Wände mit Hakenkreuzen beschmiert worden. Entwerfen Sie einen kurzen Artikel für die Schülerzeitung zu diesem Vorfall.

Vorschlag für ein Arbeitsblatt (1. Stunde, Unterrichtsschritt 2)

Zeittafel: Aktivitäten der Rechtsradikalen in der Bundesrepublik Deutschland 1979–1981

Am 3. Februar 1979	demonstrierten in Berlin etwa 15 Neonazis mit Eselsmasken und Schildern mit der Aufschrift: „Ich Esel glaube, was in der Fernsehsendung Holocaust gezeigt wurde."
Am 1. September 1979	störten Rechtsextremisten im Dom zu Braunschweig einen Gottesdienst anläßlich des Antikriegstages.
Am 18. September 1979	wurden drei Neonazis wegen Verabredung zu einem Sprengstoffanschlag auf das Kieler KBW-Büro verurteilt.
Am 30. Januar 1980	wurde die Wehrsportgruppe Hoffmann verboten. Bei der Durchsuchung der Zentrale wurden Waffen (darunter eine 2 cm-Flak und ein Panzer) und NS-Schriftmaterial sichergestellt.
Im Sommer 1980	verübten Rechtsradikale Sprengstoffanschläge auf Ausländerunterkünfte in Zirndorf, Echterdingen, Lörrach, Hamburg.
Am 26. September 1980	Sprengstoffanschlag auf dem Münchner Oktoberfest (2 Tote, 219 z.T. schwer Verletzte).
Am 16. Oktober 1980	Kranzniederlegung am Nürnberger Justizgebäude mit beigefügten Flugblättern: „Von dem alliierten Siegertribunal zum Tode durch den Strang verurteilt starben am 16. Oktober in Nürnberg..." (es folgen die Namen der hingerichteten Naziverbrecher).
Am 18. März 1981	gaben die Sicherheitsbehörden bekannt: 1980 wurden 42 jüdische Friedhöfe und Kultstätten geschändet; in 44 Fällen kam es zu Gewaltandrohungen gegen jüdische Mitbürger.

(Paul Lersch [Hrsg.], Die verkannte Gefahr. Rechtsradikalismus in der Bundesrepublik, Hamburg 1981, S. 275 ff.)

Nach einem Bericht des Bundesjustizministers gab es 1980 in der Bundesrepublik insgesamt 75 rechtsextremistische Organisationen mit etwa 20000 Mitgliedern. Dazu kamen zahlreiche Förderer, die diese Organisationen durch Spenden unterstützten. (Bericht in der Zeitschrift „Recht und Politik" vom 4.1.1982)

Fragen:
- Welche Ziele verfolgen die Neonazis?
- Wen bekämpfen sie?
- Welche Methoden benützen sie?
- Unter welchen Vorzeichen sehen sie die jüngste deutsche Geschichte?

2. Stunde: Die Hitlerjugend (mit Kopiervorlage*)

Vorbemerkungen

Diese Stunde stellt eine Fortsetzung der Motivationsphase dar und bringt zwei wichtige Strukturprinzipien, die die Unterrichtseinheit bestimmen, zur Geltung:

1. Die Geschichte der Jungen und Mädchen, die in der Hitlerjugend freiwillig oder gezwungen organisiert waren, soll ein Identifikationsmodell schaffen für die Schüler der Mittelstufe.
2. Der Vergleich der propagandistisch geschönten Darstellung der Hitlerjugend mit dem Ziel, das die nationalsozialistische Führung nach ihren eigenen Angaben mit der „restlosen Erfassung" der Jugend verfolgte, zeigt den Schülern hier zum ersten Mal in exemplarischer Weise das „Doppelgesicht" des Dritten Reiches.

So dokumentiert der Textausschnitt aus Schenzingers Roman „Hitlerjunge Quex" die jugendgemäße, emotional ansprechende Fassade der Hitlerjugend, während der Erlebnisbericht von Janßen verrät, daß die vormilitärische Ausbildung in der Staatsjugend die wichtigere Rolle spielte, ein Ziel, auf das auch Hitlers Überlegungen („Mein Kampf") unverhüllt hinwiesen. Eindeutig sind auch die Erziehungsideale und Ausbildungsziele der Hitlerjugend zu bestimmen: Sie entsprachen einer vorzivilisatorischen Kriegerethik und standen im Gegensatz zu einer humanen Gesittung:

„Nicht das Militärische im Sinne einer beruflichen Spezialausbildung, sondern das ‚Soldatische' war die Richtschnur der NS-Erziehung. Der ‚soldatische Mensch' wurde zum Leitbild der Charakterstärke, der ‚politische Soldat' zum Symbol der vorbildlichen Haltung der Volksgenossen... Die Schule trat aus der vorderen Linie der Jugenderziehung zurück, die Formation rückte nach vorn. Die Geschichte der nationalsozialistischen Jugenderziehung ist die Geschichte der fortschreitenden Entmachtung der Schule. Die Organisationen des Jungvolkes, der Hitlerjugend, des Arbeitsdienstes, der SA und der SS wurden die eigentlichen Zuchtstätten des soldatischen Geistes... Die mächtigste außerschulische Erziehungsformation war die ‚Hitlerjugend', die sich nach 1933 in wenigen Jahren zur monopolisierten Organisation einer deutschen ‚Staatsjugend' emporschwang. Aus etlichen 100000 Mitgliedern bei der Machtübernahme wurde bis zum Kriegsausbruch eine Riesenorganisation von über 8 Millionen ‚Erfaßten', die sich in das ‚Jungvolk' (10. bis 14. Lebensjahr), die eigentliche ‚HJ' (14.–18.), in den Jungmädelbund (10.–14.) und den ‚BDM' (Bund Deutscher

* Die Kopiervorlagen befinden sich bei den jeweiligen losen Stundenblättern.

Mädel, 14.–17.) gliederte... Die ‚Jugenddienstpflicht' aller Jungen und Mädchen zwischen 16 und 18 Jahren erhielt öffentlich-rechtlichen Charakter. Von nun an war es möglich, Widerstrebende mit Polizeigewalt zum HJ-Dienst zu zwingen...
Die NS-Erziehung stellte sich dem Tieferblickenden als eine eigenartige Synthese von Soldatentum und Jugendbewegung dar. Diese Synthese war in der Hitlerjugend sichtbarer als in SA, SS und Arbeitsdienst... Die HJ hat es ihrerseits stets schroff abgelehnt, der Jugendbewegung verpflichtet zu sein... Unbestreitbar ist indessen, daß die Hitlerjugend Lieder und Symbole der Jugendbewegung bedenkenlos übernommen und auf einer ganzen Reihe von Arbeitsgebieten das Erbe der Bündischen Jugend dankbar angetreten hat (Volkstumsarbeit, Osteinsatz, Landdienst, Arbeitsdienst). Unbestreitbar ist auch, daß das ‚Jungvolk' eine Zeitlang im Geiste bündischer Überlieferungen geleitet wurde. Umgekehrt fiel es auch Teilen der bündischen Jugend, insbesondere den rechts- und linksorientierten Gruppen, verhältnismäßig leicht, sich mit den soldatischen Idealen der HJ zu befreunden. In vielen Bünden der zwanziger Jahre waren Ideologien und Leitbilder herrschend geworden, die dem Einbruch des Nationalsozialismus auch dort vorgearbeitet haben, wo man der Entwicklung schließlich verdutzt gegenüberstand." (Th. Wilhelm, Pädagogik der Gegenwart, Stuttgart [Kröner] 1960, S. 177–185)

Durch ein Unterrichtsgespräch am Ende der Stunde soll den Schülern bewußt werden, warum das NS-Regime in besonders starkem Maße an die Mitarbeit der Jugend appellierte. Ihre kritiklose Hingabe und die bedingungslose Unterstützung der Ziele, die der Nationalsozialismus propagierte, wurde gefördert.

Ziele der Stunde

Die Schüler erkennen,
- daß Schenzinger durch die Art seiner Darstellung für die Verhaltensweisen und Wertvorstellungen der Hitlerjugend werben will;
- daß der NS-Staat durch Propaganda, Zwang, Drohung und durch das Verbot der anderen Jugendgruppen die Hitlerjugend zur Staatsjugend machte.

Die Schüler erarbeiten
- welche Bedeutung nationalsozialistische Normen wie Volksgemeinschaft, Gefolgschaftstreue, Liebe zu Deutschland für die Erziehung in der Hitlerjugend hatten;
- durch die Auswertung eines Ausschnitts aus einem zeitgenössischen Roman die für nationalsozialistische Gemeinschaften charakteristische Beziehung zwischen Führer und Gefolgschaft;
- durch die Analyse eines Hitler-Textes die Grundzüge seines Erziehungsideals.

Die Schüler beurteilen
- den Wert der für einen Hitlerjungen vorbildlichen Eigenschaften;
- einige Gründe, warum die Hitlerjugend für viele Jugendliche attraktiv war;
- die Gründe, warum sich der NS-Staat so intensiv um seine Jugend kümmerte.

Verlaufsskizze

Unterrichtsschritt 1
Hitlerjunge Quex

Zu Beginn der Stunde wird den Schülern ein Textausschnitt aus dem damals bekanntesten HJ-Propagandaroman von Karl Aloys Schenzinger „Hitlerjunge Quex" aus dem Jahre 1932 vorgelesen. Vor der Lektüre des Textes gibt der Lehrer einige sachdienliche Informationen über Schenzingers Roman:

Die Hauptfigur ist der fünfzehnjährige Heini Völker, ein Arbeiterjunge aus Berlin-Moabit, der nach schwierigen inneren und äußeren Kämpfen schließlich zur Hitlerjugend findet. In diesem „roten" Stadtteil Berlins kämpft die Hitlerjugend gegen eine proletarische Clique namens „Nordstern" um die Vorherrschaft. Heini, der sich zuerst der Gruppe „Nordstern" angeschlossen hatte, trennt sich bei einer Wanderfahrt von dieser Clique, deren proletenhaftes Verhalten ihn anwiderte, und stößt nachts im Wald auf eine Gruppe von Hitlerjungen.

„Wohl tausend Jungens standen um einen brennenden Holzstoß. Ihm kam es so vor, als reichte dieser Kranz von jungen Menschen bis an den Rand der Welt. Ganz dicht vor ihm standen, in Reihen geordnet, Jungens wie er. Jeder hielt neben sich an langer Stange einen Wimpel senkrecht gegen den Himmel, schwarze Wimpel und leuchtend rote mit zackigen Zeichen im Grund des Tuches. Einer sah aus wie der andere, kurze Hosen, nackte Knie, braunes Hemd, ein Tuch um den Hals geschlungen... Sie sahen alle stumm nach dem Feuer hinüber. Ein großer junger Mensch hatte sich dort aufgestellt und sprach zu ihnen... Heini verstand nur einzelne Worte, er hörte ‚Bewegung' und ‚Führer', er verstand einen halben Satz: ‚jeder sein Leben für die anderen.' Während er noch horchte..., um mehr zu verstehen, durchfuhr ihn ein gewaltiger Schreck. ‚Deutschland, Deutschland über alles', fiel es mit tausend Stimmen wie eine heiße Welle über ihn her. Ich bin ein Deutscher, dachte er... Er wollte mitsingen, aber seine Stimme versagte. Dies war deutscher Boden, deutscher Wald, dies waren deutsche Jungens, und er sah, daß er abseits stand, allein, ohne Hilfe, daß er nicht wußte, wohin mit diesem jähen, großen Gefühl."

(Karl Aloys Schenzinger, Der Hitlerjunge Quex, Berlin 1932, S. 44 f)

Zu diesem Text können folgende Fragen gestellt werden:

- Wie werden die Hitlerjungen beschrieben?
- Mit welchen Mitteln wird an das Gefühl appelliert?
- Welche politischen Ziele hat diese Jugend?
- Schildern Sie die Reaktion Heini Völkers.

Von den Schülern werden folgende Ergebnisse erwartet:

- Durch die Uniformierung, durch die gleichartigen Wimpel und durch das Verhalten der Jungen, die ihrem Führer „stumm" zuhören, soll ausgedrückt werden, daß der einzelne in einer großen Gemeinschaft aufgeht und
- daß die „Gefolgschaft" kritiklos auf ihren Führer hört.
- Das Spiel des Feuers in der Nacht, die leuchtenden Wimpel, der Hinweis auf die große Zahl der Jungen („tausend"), deren Kreis „bis an den Rand der Welt" zu reichen scheint, aktiviert das Gefühl des Lesers, dem ein starker Eindruck vermittelt werden soll von der bezwingenden Kraft dieser Gemeinschaft, deren Bedeutung weit über das Einzelschicksal hinausreicht.
- Es fällt auf, daß die politischen Aussagen offensichtlich weniger wichtig sind; Heini versteht nur Bruchstücke der Rede, die sich auf die Kameradschaft bis zum Tod und auf die Treue der Jungen zu Hitler beziehen.
- Was Heini am mächtigsten ergreift, ist das Deutschlandlied. Das starke Nationalgefühl, das im Gesang der Jungen zum Ausdruck kommt, löst bei ihm eine Reaktion aus, die man fast als „Bekehrung" bezeichnen könnte. Heini Völker, der Sohn eines Kommunisten, will sich nicht länger von dieser großen deutschen Gemeinschaft ausschließen, er läutert sich zum Hitlerjungen „Quex" (d.h. flink und beweglich wie Quecksilber).

Alternative: Die wichtigste Szene aus dem Film „Hitlerjunge Quex" von 1933 (Regisseur: Hans Steinhoff, Autoren: K. A. Schenzinger und Bobby E. Lüthge nach dem gleichnamigen Roman, Darsteller: Heinrich George, Berta Drews, Claus Clausen, Prädikat: künstlerisch besonders wertvoll) ist ein Gespräch, in dem der HJ-Bannführer und der kommunistische Vater Heinis „um die Seele des jungen Helden kämpfen" (Erwin Leiser, Deutschland erwache! Propaganda im Film des Dritten Reiches, rororo 783, S. 38 ff; hier ist auch der Wortlaut der Gesprächsszene abgedruckt).
Die Analyse dieser Szene kann zeigen, wie der Bannführer mit zwei geschickten Argumenten die Oberhand gewinnt;

1. Er behauptet, die Bedürfnisse und Sehnsüchte der Jungen, ihr Streben nach Freiheit und Abenteuer, besser zu verstehen als die ältere Generation.
2. Er appelliert an die Vaterlandsliebe des kommunistischen Arbeiters, indem er ihn an sein Heimatland und an den Kampf der Millionen „Jungs" für Deutschland im Weltkrieg erinnert.

Unterrichtsschritt 2
Hitler über die außerschulische Erziehung der Jugend

Die Auswertung des Textauszugs aus Hitlers „Mein Kampf" im Unterrichtsgespräch (siehe Kopiervorlage, Arbeitsblatt) führt zu folgenden Ergebnissen:

– der Staat hat die Aufgabe, die Jugend auch außerhalb der Schule nicht nur in geistige, sondern vor allem auch in körperlicher Hinsicht zu erziehen;
– diese körperliche Erziehung ist wichtig für die Heranbildung eines gesunden Nachwuchses;
– mindestens ebenso wichtig ist diese Art der Erziehung für die spätere militärische Ausbildung des jungen Mannes, sie ist als vormilitärische Ertüchtigung zu verstehen;
– sprachliche Wendungen wie „Beaufsichtigung seiner (d. h. des Staates) jungen Bürger", „ an den Zügel nehmen", „Sorge tragen", „durchführen" usw. verraten das Ziel Hitlers: der Staat soll im Dienst der Wehrerziehung uneingeschränkt über seine Jugend verfügen.

Ergänzung: Der zur Zeit der Naziherrschaft zum Schlagwort gewordene Ausspruch Hitlers, seine Jugend müsse sein: „hart wie Kruppstahl, flink wie die Windhunde, zäh wie Leder" zeigt noch deutlicher, wie sich in Hitlers Sprache seine Haltung zur jungen Generation niederschlägt: die Jugend ist für ihn Material, das es zu formen gilt.

Unterrichtsschritt 3
Informationen über die nationalsozialistische Jugendorganisation

In dieser Unterrichtsphase werden in einem kurzen Lehrervortrag einige Informationen über die Geschichte und den Charakter der Hitlerjugend vermittelt:

– gegründet am 4. 7. 1926 als Jugendorganisation der Nationalsozialistischen Deutschen Arbeiterpartei (NSDAP), ab 1931 war Baldur von Schirach „Reichsführer" der HJ, bis 1933 ca. 100000 Mitglieder
– nach der „Machtergreifung" (30. 1. 1933) wurden mit Hilfe des Staates, durch gezielte Werbung, aber auch durch Zwangsmaßnahmen (Versagen von Lehrstellen und Verweigerung beruflicher Aufstiegsmöglichkeiten für Jugendliche, die nicht der HJ angehörten) alle anderen kirchlichen, sozialistischen und bündischen Jugendgruppen in die nationalsozialistische Jugendorganisation eingegliedert
– durch Gesetz wurde die HJ am 1. 12. 1936 zur Staatsjugend erklärt; Ende des Jahres zählte sie 7,7 Millionen Mitglieder
– die 10–14jährigen Jungen gehörten zum „Jungvolk", die gleichaltrigen Mädchen nannten sich „Jungmädel", die 14–18jährigen Jugendlichen wurden anschließend in die Hitlerjugend (HJ) bzw. in den Bund deutscher Mädel (BDM) übernommen.
– In straffer Befehlspraxis war die HJ von oben nach unten durchorganisiert mit Dienstgraden und Rangabzeichen.

– Sportliche Ausbildung spielte eine zentrale Rolle; die Jungen, die z.B. das HJ-Leistungsabzeichen erwerben wollten, mußten außerdem an Zeltlagern teilnehmen, lernen, wie man sich im Gelände tarnt, einen Feind anschleicht und überrumpelt und was die Kartenzeichen des Meßtischblatts bedeuten.
– In den regelmäßigen „Heimabenden“ wurden die Jugendlichen mit den Grundzügen der nationalsozialistischen Weltanschauung und mit den „Liedern der Bewegung“ vertraut gemacht.
– Die „Schwertworte“, die jeder „Pimpf“ kennen mußte, lauteten: „Jungvolkjungen sind hart, schweigsam, tapfer und treu. Jungvolkjungen sind Kameraden. Der Jungvolkjungen Höchstes ist die Ehre.“ (Harald Focke / Uwe Reimer, Alltag unterm Hakenkreuz, rororo 4431, S. 44; vgl. auch Christian Zentner [Hrsg.], Das III. Reich. Ein Volk, ein Reich, ein Führer. Eine historische Collage über den erregendsten Abschnitt deutscher Geschichte. In Wort, Bild und Ton, Hamburg 1975, Bd. II., S. 405; Arno Klönne, Gegen den Strom. Bericht über den Jugendwiderstand im Dritten Reich, Hannover / Frankfurt, o.J., S. 16f.).

Das anschließende Unterrichtsgespräch kann durch folgende Fragen strukturiert werden:
– Stellen Sie eine Beziehung her zwischen Hitlers Erziehungsideal und dem Dienst in der Hitlerjugend.
– Erörtern Sie die Bedeutung der „Schwertworte“. Welche Tugenden sind für einen Hitlerjungen wichtig?
– Glauben Sie, daß die Jugendlichen damals in der Mehrzahl nur unter Zwang Mitglieder der Hitlerjugend waren, oder gab es Einrichtungen und Veranstaltungen, die den Interessen der Jugend entgegenkamen?

Mögliche Antworten:
– Die Hitlerjugend war nach militärischem Vorbild aufgebaut. Sportliche Ertüchtigung, Geländespiele und Kleinkaliberschießen dienten auch der vormilitärischen Ausbildung.
– Entsprechend einseitig sind die Ideale, die die Ausbildung in der nationalsozialistischen Jugendorganisation bestimmen.
– Bedenklich ist, daß an der Spitze die Erziehung zur körperlichen und seelischen Härte steht. Härte kann zur Verhärtung gegenüber wichtigen menschlichen Werten und Einstellungen führen (Verantwortungsbewußtsein, Mitmenschlichkeit, Mitleid usw.), und „Treue“ kann als unkritische, bedingungslose Hingabe an die nationalsozialistische Führung mißverstanden und mißbraucht werden.
– Auf der anderen Seite fühlten sich aber viele Jungen und Mädchen durch Fahrt, Sport, Spiel und Lagerfeuerromantik angesprochen und als Soldaten des Führers ernstgenommen.

1. Ergänzung: Der Text eines Werbeschreibens der Hitlerjugend aus dem Jahr 1934 zeigt in der Verbindung von „Zuckerbrot und Peitsche“ den Zwangscharakter und die weitreichenden Ansprüche und Forderungen dieser Jugendorganisation:

Hitlerjugend/Bann 80/Wiesbaden

Wiesbaden, den 3. Mai 1934

Zum letzten Mal wird zum Appell geblasen!
Die Hitlerjugend tritt heute mit der Frage an Dich heran: Warum stehst Du noch außerhalb der Reihen der Hitlerjugend? Wir nehmen doch an, daß Du Dich zu unserem Führer Adolf Hitler bekennst. Dies kannst Du jedoch nur, wenn Du Dich gleichzeitig zu der von ihm geschaffenen Hitlerjugend bekennst. Es ist nun an Dich eine Vertrauensfrage: Bist Du für den Führer und somit für die Hitlerjugend, dann unterschreibe die anliegende Aufnahmeerklärung. Bist Du aber nicht gewillt, der HJ beizutreten, dann schreibe uns dies auf der anliegenden Erklärung... Tue als junger Deutscher Deine Pflicht...“

Fragen:
– Wie beurteilen Sie diese Art von Werbung?
– An welchen Stellen wird mit versteckten Drohungen gearbeitet?

2. Ergänzung: Die Analyse des Dienstplanes eines Hitlerjungen kann deutlich machen, in welch umfassender Weise das NS-Regime über die deutsche Jugend verfügte und wie sehr die militärische Ausbildung dabei im Vordergrund stand:

Aus dem Dienstplan eines Hitlerjungen

Mittwoch, 14 Uhr: Geländespiel der Gefolgschaft 19 gegen die Gefolgschaft 21. Mitbringen: Kompaß, Karten

Samstag, 14 Uhr: Sämtliche Hitlerjungen in der Schar „Gneisenau" stellen sich zu einer Straßensammlung für das Winterhilfswerk zur Verfügung. Vollzähliges Erscheinen ist Ehrenpflicht!

Sonntag, 10 Uhr: Die Gefolgschaft 19 mit Spielmannszug beteiligt sich geschlossen an einem Propagandamarsch zusammen mit den anderen Organisationen der Partei durch die Straßen unserer Stadt. Anschließend Fahnenweihe und Ansprache des Ortsgruppenleiters zum Jahrestag der Heimkehr der Ostmark ins Deutsche Reich.

Mittwoch, 14 Uhr: Kleinkaliberschießen für den Erwerb des Schießabzeichens in der Turnhalle

Samstag, 20 Uhr: Heimabend in der Oberschule für Jungen. Instrumente mitbringen!

Mittwoch, 14 Uhr: Training für das HJ-Leistungsabzeichen auf dem Sportplatz (1000 m Lauf).

Samstag, 18 Uhr: Schulungsabend. Untersturmbannführer Pg. Schmitt erzählt vom Kampf der Auslandsdeutschen in Polen um ihr Deutschtum.

Mittwoch, 14 Uhr: Sämtliche Schar- und Kameradschaftsführer treffen sich zu einer Besprechung im Braunen Haus am Marktplatz. Thema: Vorbereitung eines Wehrertüchtigungslagers auf dem Michelberg vom 1.6.–1.7.1939. 15 Uhr: Anschließend Ordnungsdienst für die gesamte Gefolgschaft 19 unter Führung von Gefolgschaftsführer Heinrich auf dem Sportplatz an der Turnhalle.

Samstag, 14 Uhr: Die Gefolgschaft 19 beteiligt sich geschlossen an der diesjährigen Lebensmittelsammlung für minderbemittelte Volksgenossen. Auch hier gilt für alle: Kampf dem Verderb! Keiner soll hungern und frieren!

Zur Besprechung werden folgende Fragen vorgeschlagen:

- Was fällt Ihnen an diesem Plan auf?
- Welche Rolle spielte die nationalsozialistische Propaganda bei der Erziehung der Jugend?
- Welche Absicht wird mit diesen Veranstaltungen in erster Linie verfolgt?

Unterrichtsschritt 4
Hitlerjungen als „Kindersoldaten"

Ein anschauliches Bild vom kasernenhofmäßigen Drill beim „Ordnungsdienst", aber auch von der Lust eines HJ-Führers am Kommandieren und „Fertigmachen" vermittelt ein Erlebnisbericht von Karl-Heinz Janßen, der den Schülern zur Auswertung in Stillarbeit vorgelegt wird (siehe Kopiervorlage, Arbeitsblatt).

Fragen zur Auswertung:

- Wie beurteilen Sie diesen Bericht?
- Welche Empfindungen bringt der Erzähler zum Ausdruck?
- Warum nehmen die Jungen alle Strapazen ohne Widerspruch auf sich?

Die Antworten der Schüler könnten so lauten:

- Durch absoluten Gehorsam gegenüber dem Führer und durch Härte gegen sich selbst versuchen die Jungen, die Anforderungen einer vormilitärischen Ausbildung zu erfüllen.
- Gleichzeitig ist aber dieses Verhalten die Voraussetzung für den Aufstieg des Geführten zum Führer, der seine Kommandogewalt genießt und durch Führerschnur und Rangabzeichen seinen Ehrgeiz und seine Eitelkeit befriedigen kann.

Unterrichtsschritt 5
Jugend und Nationalsozialismus

Zum Schluß wird die Frage erörtert, warum der Nationalsozialismus so großen Wert auf die „restlose Erfassung" der Jugend legte. Was bedeutete das Nazi-Schlagwort „Wer die Jugend hat, hat die Zukunft"?

Erwartete Schülerantworten:

- Die ältere Generation war für die Ziele des Nationalsozialismus nicht so leicht zu gewinnen, denn sie konnte Vergleiche ziehen zwischen dem neuen Staat, dem Kaiser-

reich und der Weimarer Republik, sie war z.T. geprägt durch demokratische Traditionen.
- Die Jugend war leichter zu beeinflussen, vor allem dann, wenn man die Ziele des Nationalsozialismus geschickt verband mit den Formen jugendgemäßen Lebens, die z.T. von der früheren Jugendbewegung (bündische Jugend) übernommen wurden. (Leitsatz: Jugend muß durch Jugend geführt werden.)
- Die junge Generation sollte in dieser Weise beeinflußt und geformt werden, daß sie der „Träger eines neuen deutschen Reiches" werden konnte (siehe Tafelbild, Stundenblatt).

Keine Hausaufgabe

3. Stunde: Warum kamen Hitler und die NSDAP an die Macht? (mit Kopiervorlage)

Vorbemerkungen

Die Darstellung des Fackelzuges am Brandenburger Tor am „Tage der Machtergreifung" soll zeigen, daß die Nationalsozialisten durch diese Feier den Anbruch einer neuen Zeit, den Sprung in ein neues, dynamisches Zeitalter dokumentieren wollten. Der Fakkelzug „... sollte sinnfällig machen, daß es sich... um keinen normalen Regierungswechsel handelte. Die grandiose Feier... sollte den Deutschen suggerieren, sie seien Zeugen eines historischen Bruches mit der Vergangenheit, des Anbruchs einer neuen Ära." (Ian Kershaw, Der Hitler-Mythos. Volksmeinung und Propaganda im Dritten Reich, Schriftenreihe der Vierteljahrshefte für Zeitgeschichte, Nr. 41, Stuttgart 1980, S. 46).

Die Stimmung, die viele Menschen erfaßte, die diesen Tag miterlebten, kommt im Erlebnisbericht eines 15jährigen Mädchens zum Ausdruck. Viele sehnten sich nach Geborgenheit und Gemeinschaft, nach starken Gefühlen und großer Verantwortung. Genauso wie in Schenzingers Roman bleiben auch in diesem Bericht die Angaben über die politischen Ziele der neuen Bewegung eher vage. Nach dem didaktischen Prinzip der „reduzierten Chronologie", demzufolge man „ebensogut auf dem Höhepunkt eines Ereignisses oder eines Ablaufs oder mit dem Ergebnis einsetzen und die Vorgeschichte oder den Ablauf nachholen" kann (Heinz Dieter Schmid, Entwurf einer Geschichtsdidaktik der Mittelstufe, GWU 21, 1970, Anmerkungen und Argumente 1.1, S. 219), wird anschließend in einer Geschichtserzählung auf die Vorgeschichte der Machtergreifung eingegangen. Die Auswertung dieser Erzählung macht die weitreichenden Machtkompetenzen des Reichspräsidenten deutlich, sie zeigt aber auch, daß einige Vertreter der alten Machteliten die politische Verantwortung kampflos auf den homo novus Hitler übertrugen. „Um die Macht ist damals nicht gekämpft worden; es ist... nur um sie taktiert worden... Kraft und Durchsetzungsfähigkeit der nationalsozialistischen Strömung sind eigentlich nie ernsthaft auf die Probe gestellt worden." (Volker Hentschel, Weimars letzte Monate. Hitler und der Untergang der Republik, Düsseldorf 1978, S. 9). Warum das so war, versucht der zweite Teil der Stunde zu klären. Es waren nicht nur vage Hoffnungen und irrationale Gefühlsbedürfnisse vieler deutscher Bürger, die ihnen die Machtübernahme durch die Nazis wünschenswert erscheinen ließen. Hitler konnte die antidemokratischen Traditionen und die politischen und wirtschaftlichen Belastungen, mit denen die Weimarer Republik zu kämpfen hatte, als Hebel benutzen, mit dem er den demokratischen Staat aus den Angeln heben konnte. Seine Versprechungen waren nicht zuletzt deshalb von so weitreichender und intensiver Wirkung, weil sie „eindeutige Antworten" gaben auf die lebenswichtigen Fragen, die der Staat von Weimar bisher nicht hatte beantworten können. Diese Erkenntnis steht im Mittelpunkt dieser Stunde. (Eine Einführung in die Faschismustheorien ist in der 4. Stunde vorgesehen.)

Ziele der Stunde

Die Schüler erkennen,
- daß die Nazis mit ihrem dynamischen Stil der Selbstdarstellung gewisse emotionale Bedürfnisse vieler deutscher Bürger befriedigten, die sich nach einer tatkräftigen neuen Regierung sehnten;
- daß Hindenburg nach Art. 48 der Weimarer Verfassung ohne parlamentarische Zustimmung Reichskanzler und Präsidialkabinette berufen und entlassen konnte;
- daß Hitler bei den nichtnationalsozialistischen Kabinettsmitgliedern wenig Widerstand fand;
- daß es sich bei diesem Regierungswechsel nicht um eine Machtergreifung, sondern eher um eine Machtübertragung handelte;
- daß das Reden von einer Machtergreifung den propagandistischen Absichten der Nazis entsprach.

Die Schüler erarbeiten
- durch die Auswertung eines Augenzeugenberichts die Wirkung, die von der geschickten Inszenierung des „Tages der Machtergreifung" auf die Öffentlichkeit ausging;
- anhand von Auszügen aus Hitlers Reden den Antwortcharakter seiner Versprechungen.

Die Schüler beurteilen
- Hitlers Forderung nach sofortigen Neuwahlen;
- Hugenbergs Reaktion auf diese Forderung;
- Stil und Charakter des Regierungswechsels.

Verlaufsskizze

Unterrichtsschritt 1
30. 1. 1933 „Tag der Machtergreifung"

Die Stunde beginnt mit einer Schallplattenaufnahme: Joseph Goebbels spricht am 30. Januar 1933 (Diesterweg Schallplattensammlung, Hitler an der Macht. Originalaufnahmen aus dem Jahre 1933 und 1934, hrsg. von Horst Siebecke; Das Dritte Reich in Dokumenten. Eine Hörfolge zur Zeitgeschichte. Zusammengestellt und kommentiert von H. Garber und H. G. Zmarzlik, mit einem Geleitwort von Dr. G. Ritter, Christophorus Verlag Herder, Freiburg).
Im Hintergrund hört man den Jubel der Menge und die Kampflieder der SA. Zur weiteren Veranschaulichung des Vorgangs kann die Fotografie vom Fackelzug der nationalsozialistischen Organisation am Brandenburger Tor herangezogen werden, die in vielen Geschichtsbüchern abgebildet ist (Staatensystem und Weltpolitik, S. 96; Fragen an die Geschichte 4, S. 42; Spiegel der Zeiten, Bd. 4, S. 87; Menschen in ihrer Zeit 4, S. 80; Geschichtliche Weltkunde, Bd. 3, S. 90; Zeitaufnahme 3, S. 45; Grundzüge der Geschichte 4, S. 160; vgl. auch Bild 1 der Dia-Serie „Hitler erringt die Macht", FWU).

Ergänzung oder Alternative: Ein Textauszug der Rundfunkreportage vom 30. 1. 1933, der damals über alle deutschen Sender ging, kann vom Lehrer vorgelesen werden:

Blei: Sie hören jetzt immer Jubel zu den Fenstern herauf, immer weiter die Fackeln, der ganze Kaiserplatz wie in Tageshelle getaucht!

v. Lichtberg: Ein wunderbares Bild, ein Bild, das man so bald jedenfalls nicht wieder erleben wird! Diese gereckten Arme, das Heil-Rufen!...
Blei: Ungeheuerlich! Man muß direkt Angst haben, wie die Menschen dort draußen sich drängen. Man wundert sich, daß sie sich nicht tottreten – und trotzdem geht alles in vollständiger Ordnung vor sich.
v. Lichtberg: Ich muß mal unterbrechen, Herr Blei. Haben Sie eben gesehen, wie der Mann getragen wurde? Der konnte offenbar nicht gehen. Er ließ sich im Zug von einem Kameraden mittragen, bloß um dabei zu sein.
Blei: Das ist ein verwundeter SA-Mann, der den Marsch mitmachen wollte, der nicht hat darauf verzichten wollen... Sehen Sie die Menschenmenge, wie sie jetzt auf die Bäume geklettert ist!
v. Lichtberg: ... daß sie jetzt fühlen, wie ungeheuer groß dieser Moment ist...
Blei: Die Bäume sind von jungen Leuten... junge Arbeiter sind hinaufgeklettert ... wie die Trauben hängen die Menschen oben an den Bäumen, um etwas sehen zu können.
v. Lichtberg: Aber man muß doch bedenken, daß dieser ganze Fackelzug erst in zwei oder drei Stunden organisiert worden ist als ein ganz spontaner Ausdruck dieser Freude...
Blei: Ja, als die Leute hörten, daß Hitler zum Reichskanzler ernannt wurde, daß die Einigung Hitler – Hindenburg vollzogen war, da ahnten und hofften sie wohl etwas, aber der Befehl zum Marsch heute ist ihnen erst vor ganz kurzer Zeit – es hat keine zwei Stunden gedauert, in denen der ganze Aufmarsch sowohl von der SA wie auch vom Stahlhelm organisiert worden ist.
v. Lichtberg: Herr Blei, wir müssen schließen. Wir wollen vor dem Mikrofon uns verabschieden mit den Worten: Heil Deutschland!
(Es begann am 30. Januar. Ein Funkmanuskript von Wolfgang Jäger, Ludwig Schubert, Heinrich von Tiedemann und Bernhard Fissen, München 1958, S. 9ff.).

Impuls:
- Welcher Eindruck soll der deutschen Öffentlichkeit durch diese Feier vermittelt werden?

Erweiterung: Ein prophetischer Kommentar zu den Vorgängen anläßlich des „Tages der Machtergreifung" ist A. Paul Webers Karikatur „Das Verhängnis" (Die Reise in die Vergangenheit 4, S. 140; Staatensystem und Weltpolitik, S. 97; Menschen in ihrer Zeit 4, S. 81; erinnern und urteilen 4, S. 71).

Unterrichtsschritt 2

Ein Mädchen erlebt den 30. 1. 1933 in Berlin

Den Schülern wird ein Textauszug von Melita Maschmann zur Auswertung in Stillarbeit vorgelegt (siehe Kopiervorlage, Arbeitsblatt).

Die Antworten der Schüler könnten so lauten:

- Eigenartig ist die Schilderung gegensätzlicher Empfindungen (aufpeitschend; sentimental; Scham über ihr bedeutungsleeres Leben und Sehnsucht nach Erfüllung usw.).
- Der wichtigste Grund, warum Melita von den Vorgängen so fasziniert ist: sie sucht Geborgenheit in einer Gemeinschaft, die sich für wesentliche und große Dinge einsetzt (für welche Dinge, bleibt ziemlich unklar), einer Gemeinschaft „auf Leben und Tod".
- Sie empfindet den feierlichen Aufmarsch als einen starken Appell an ihre Gefühle.

Ergänzungsmöglichkeit: Wie die „Machtergreifung" in einer Kleinstadt vonstatten ging, berichtet Otto Michael Knab („Unsere Stadt unterm Hakenkreuz". In: George L. Mosse, Der nationalsozialistische Alltag. So lebte man unter Hitler, Königstein/Ts., 1978, S. 376ff.). Dieser Bericht eines Augenzeugen kann vom Lehrer vorgelesen werden:

„Machtergreifung" in einer Kleinstadt
„Das Bezirksamt ließ sich friedliche Gewalt antun, kapitulierte vor den Gewehren und ließ eine rote Fahne mit dem schwarzen Krummkreuz aus seinem Giebelloch hängen. Eine bewaffnete Wache blieb zurück zur Sicherheit der flatternden Revolution... Wieder traten zwei Mann Wache unter das aufgezogene Banner. Jetzt waren schon etliche hundert Leute auf den Beinen, schauten sich die Szene an, fragten einander, wie das Lied heiße, das die Bewaffneten zum Gruße ihres Sieges sangen. Kaum einer wußte es. Es war das Horst-Wessel-Lied. ‚Die Fahne hoch, ham's g'sungen', antwortete ein Eingeweihter... Und der erste Sieg war also ohne Blut errungen. Im Wirtshaus ‚zur Eisenbahn', hochpolitisches Hauptquartier geworden,

versammeln sich die Kämpfer zum Siegestrunk... Die Hausfrauen brachten das Abendessen bloß mit einiger Verspätung auf den Tisch. Die Arbeiter blieben zu Hause."

Impuls:
- In welchem Licht erscheint hier die nationalsozialistische „Revolution"?

Unterrichtsschritt 3
Zur Vorgeschichte der „Machtergreifung"

Geschichtserzählung:
Am 28. Januar 1933 entläßt Reichspräsident Hindenburg den Reichskanzler General von Schleicher, u. a. weil sich Schleicher bei Industrie und Großgrundbesitz mißliebig gemacht und Neuwahlen zum Reichstag gefordert hatte, und ernennt den Führer der nationalsozialistischen Partei, Adolf Hitler, zum Reichskanzler. In Papens Wohnung treffen sich die vorgesehenen Kabinettsmitglieder am Morgen des 30. Januar. Hitler trifft zusammen mit seinen Parteigenossen Göring und Frick ein. Die drei beraten sich flüsternd in einer Fensternische. Schließlich ist die Runde vollzählig: Papen, der Vizekanzler werden soll, die drei Nationalsozialisten und acht Herren aus deutschnationalen und konservativen Kreisen. Nun begibt man sich ins Vorzimmer des Staatssekretärs im Reichskanzlerpalais. Papen ergreift das Wort: „Der Auftrag, den mir der Herr Reichspräsident gab, ist ausgeführt. Ich begrüße Herrn Hitler als den neuen Reichskanzler." Hitler erklärt darauf: „Jetzt muß das deutsche Volk unverzüglich durch neue Wahlen das Kabinett bestätigen." Sofort protestiert der Führer der Deutschnationalen Partei, Hugenberg, der als Reichswirtschaftsminister und Reichsminister für Ernährung und Landwirtschaft dem Kabinett angehören soll. Inzwischen ist es 11 Uhr geworden. Hitler, der das Scheitern der Verhandlungen befürchtet, versucht Hugenberg zu beschwichtigen: „Herr Geheimrat, ich gebe Ihnen hiermit mein feierliches Ehrenwort, daß ich mich von keinem der hier Anwesenden jemals trennen werde, mögen die Wahlen ausfallen, wie sie wollen."
Inzwischen ist es 11.15 Uhr; die Vereidigung des neuen Kabinetts war auf 11 Uhr angesetzt, Staatssekretär Meißner erscheint und drängt zur Eile, man könne den Herrn Reichspräsidenten nicht länger warten lassen. Papen, Göring und Hitler reden auf Hugenberg so lange ein, bis der schließlich nachgibt. Dann gehen die Herren ins Arbeitszimmer des Reichspräsidenten, der schon ungeduldig gewartet hatte. Hitler spricht als erster den vorgeschriebenen Eid auf die Weimarer Verfassung: „Ich schwöre: Ich werde meine Kraft für das Wohl des deutschen Volkes einsetzen, die Verfassung und die Gesetze des Reiches wahren, die mir obliegenden Pflichten gewissenhaft erfüllen und meine Geschäfte unparteiisch und gerecht gegen jedermann führen." Nach der Eidesleistung erhalten alle Kabinettsmitglieder ihre Ernennungsurkunde, und Hindenburg sagt mit seiner tiefen Stimme: „Und nun, meine Herren, mit Gott vorwärts." Die Regierung der sogenannten „nationalen Konzentration", eine Koalitionsregierung aus NSDAP, Deutschnationaler Volkspartei, Stahlhelm (Frontkämpferbund) und parteilosen Konservativen ist gebildet.
(Nach: Heinz Grosche, Der Nationalsozialismus und der Zweite Weltkrieg. Bilder aus der Weltgeschichte. Historische Szenen, Quellen und Begriffe, hrsg. von Rudolf Stielow, Heft 15, Diesterweg 7215, S. 1ff.)

Besprechungsvorschläge:
- Durfte Hindenburg Schleicher so einfach entlassen und Hitler als Reichskanzler einsetzen?
- Warum forderte Hitler Neuwahlen, warum war Hugenberg dagegen?
- Ist der Ausdruck „Machtergreifung" eigentlich gerechtfertigt?

Erwartete Schülerantworten und ergänzende Informationen durch den Lehrer:

- Artikel 48 der Weimarer Verfassung erlaubte es dem Reichspräsidenten, „die zur Wiederherstellung der öffentlichen Sicherheit und Ordnung nötigen Maßnahmen zu treffen und dabei Grundrechte außer Kraft zu setzen".
- Auf Grund dieses Artikels wurden „Notverordnungen" erlassen, durch welche sogenannte Präsidialkabinette, die sich ausschließlich auf das Vertrauen des Reichspräsidenten stützten und nicht auf eine parlamentarische Mehrheit, Politik machen konnten. Hugenberg fürchtet, daß Hitler als Kanzler alle staatlichen Mittel einsetzen wird, um seiner Partei einen großen Wahlsieg zu verschaffen.
- Durch diesen Schachzug will Hitler sein Ziel erreichen; er will sich der ursprünglich geplanten Bevormundung durch die nicht-nationalsozialistischen Kabinettsmitglieder entziehen.
- Das Nachgeben Hugenbergs und später auch der anderen Kabinettsmitglieder zeigt, daß der Ausdruck „Machtergreifung" ein nationalsozialistisches Propaganda-Schlagwort war, der Kampfwillen der Nazis wurde gar nicht auf die Probe gestellt. Es handelte sich vielmehr um eine Machtübertragung durch die Vertreter des konservativen Deutschland. „Machtergreifung" sollte das revolutionäre, dynamische Element des nationalsozialistischen Neuanfangs zum Ausdruck bringen.

Unterrichtsschritt 4
Belastungen der Weimarer Demokratie

Im Rückgriff auf die vorige Unterrichtseinheit wendet sich das Unterrichtsgespräch der Frage zu, welche politischen Verhältnisse und historischen Ereignisse in Deutschland nach dem ersten Weltkrieg die Weimarer Demokratie belasteten und den Erfolg der nationalsozialistischen Partei begünstigten.

Mögliche Ergebnisse:

- Der Friedensvertrag von Versailles wurde von weiten Volkskreisen als nationale Demütigung empfunden (Dolchstoßlegende).
- Die Reparationsverpflichtungen wurden als unverdient schwere Belastung der deutschen Wirtschaft betrachtet.
- Die Folgen der Weltwirtschaftskrise führten zu einem Anstieg der Zahl der Arbeitslosen (1932: 6 Mill.).
- Die Anwendung des Art. 48 der Verfassung bewirkte eine immer deutlichere Entmachtung des Parlaments.
- Der Staatsstreich in Preußen 1932 und die Institution der „Präsidialkabinette" waren Ausdruck eines „stillen Verfassungswandels".
- Das Versagen der zu zahlreichen Parteien (Verhältniswahlrecht), die sich nicht mehr auf tragfähige Mehrheiten einigen konnten, brachte die Demokratie insgesamt in Mißkredit (die demokratische Regierungsform galt als „undeutsch").

Diese Ergebnisse werden in einem Tafelbild festgehalten.

Alternative: Lehrervortrag mit Tafelanschrieb

Unterrichtsschritt 5
Hitler und der Versailler Vertrag

Am 18. 10. 1930 erschien in der Zeitung „St. Louis Dispatch" unter der Überschrift „The source" eine Karikatur (s. u.) von Fitzpatrick (ebenso abgebildet in: Herbert Krüger, Werner Krüger [Hrsg.], Geschichte in Karikaturen. Von 1848 bis zur Gegenwart. Arbeitstexte für den Unterricht, Reclam 1981, Nr. 9566, S. 129): Aus einer Pergamentrolle mit der Aufschrift „Versailles Treaty" kriecht eine furchterregende, finstere Gestalt mit Hitler-Schnauzbart und Pickelhaube. Auf dem Helm steht: „Hitler Party." Auch im Ausland merkte man, daß sich die nationalsozialistische Propaganda die psychologischen und politischen Auswirkungen des Versailler Vertrags geschickt zunutze machte und bei vielen Deutschen Anklang fand. Die Schüler werden aufgefordert, diese Zeichnung zu beschreiben und sich über den Sinn der Karikatur Gedanken zu machen.

Unterrichtsschritt 6
Hitlers Versprechungen

Welches waren die wichtigsten Versprechungen, die Hitler und seine Partei den Wählern machten?

Auf diese Frage geben einige kurze Textauszüge aus Hitlers Reden und aus seinem Buch „Mein Kampf“ Antwort (siehe Kopiervorlage, Arbeitsblatt). Die Auswertung der Texte erfolgt in Partnerarbeit, die Ergebnisse werden gemeinsam besprochen. Das Tafelbild kann jetzt vervollständigt werden.

Alternative: Wenn die Zeit nicht reicht, kann die Auswertung der Zitate auch als Hausaufgabe gestellt werden.

Karikatur zur 3. Stunde, Unterrichtsschritt 5

The source, aus: St. Louis Dispatch, Oktober 1930

4. Stunde: Wer brachte Hitler an die Macht? (mit Kopiervorlage)

Vorbemerkungen

Warum übertrugen Teile der alten Machteliten die Regierungsverantwortung auf Hitler und seine Partei? Diese Frage, die schon in der vorhergehenden Stunde anklang, wird jetzt beantwortet. Insofern gehören beide Stunden eng zusammen. Nachdem die politischen Bedingungen, die eine Machtübertragung an die Nationalsozialisten erst ermöglichten, geklärt sind, stehen jetzt die Personen, die als Vertreter und im Auftrag der hinter ihnen stehenden gesellschaftlichen und politischen Gruppierungen handelten, im Mittelpunkt des Interesses. „Den wichtigsten Orientierungspunkt inmitten der Fülle der sich überstürzenden Ereignisse vermittelt die Einsicht, daß diese Endphase... von individuellen Neigungen und Entscheidungen bestimmt war. Gewiß konnten sie sich nur aus einer Situation entfalten, die von den allgemeinen politischen Bedingungen, von einer die ganze Geschichte und Vorgeschichte der Weimarer Republik umfassenden Problementwicklung getragen... war. Aber auch jetzt noch trug der weitere Gang der Ereignisse keine zwingende Notwendigkeit in sich, war mehr denn je zuvor von den Aktionen eines kleinen Personenkreises abhängig.“ (Karl Dietrich Bracher, Stufen der Machtergreifung, Ullstein Materialien, Frankfurt, Berlin, Wien, 1979, S. 74).

Damit die zentrale Frage in den Horizont der Schüler gerückt wird, sollen sie sich zuerst Gedanken machen über mögliche Antworten auf die Frage, welche gesellschaftlichen Gruppen oder welche Einzelpersonen an Hitlers Machtübernahme Interesse gehabt haben könnten. Ihre erwartungsgemäß eher vagen Vermutungen werden dann mit drei gängigen Theorien über die politischen Hintergründe des Regierungswechsels konfrontiert. Durch diese divergierenden Erklärungsversuche soll das Interesse der Schüler geweckt und die Notwendigkeit einer begründeten Antwort eindringlich gemacht werden. Es kann aber selbstverständlich in dieser Altersstufe keine grundsätzliche Auseinandersetzung mit den Faschismustheorien stattfinden. (Vgl. zu dieser Thematik auch: Wolf-Rüdiger Größl/Harald Herrmann, Stundenblätter Das Dritte Reich – Beispiel eines faschistischen Staates, Sekundarstufe II, Stuttgart 1981, S. 147–151).

Nach der Verfassung lag der Schlüssel für die entscheidende politische Veränderung beim Reichspräsidenten. Mit Hindenburgs Motiven und mit den Überlegungen, die die Personen in seiner unmittelbaren Umgebung anstellten, beschäftigen sich die Schüler im zweiten Unterrichtsschritt.

Welche Bedeutung von Papen hatte, soll anschließend den Schülern bewußt werden: Durch eine zeitgenössische Karikatur wird anschaulich gemacht, daß damals ein Teil der öffentlichen Meinung außer Hindenburg auch Papen und Hugenberg eine entscheidende Rolle beim Machtwechsel zuschrieb.

Es ist wichtig, daß die Schüler erkennen, daß hinter diesen Personen die alten Machteliten aus den Kreisen der Industrie, des Bankwesens, des Militärs und des Adels standen, die aus verschiedenen Gründen für die Abschaffung der Demokratie zugunsten einer autoritären Staatsführung plädierten.

Die Beschäftigung mit den Personen und ihren Motiven wird ergänzt durch die Darstellung und Analyse einer entscheidenden Zusammenkunft, der Besprechung des Bankiers von Schröder in seiner Kölner Wohnung mit Hitler, von Papen, Heß und Himmler am 4. Januar 1933. Welche Gründe Rechtskonservative, Bankiers und Industrielle dazu veranlaßten, Hitler und seine Partei zu unterstützen bei ihrem Vorhaben, die Macht in

Deutschland zu übernehmen, finden die Schüler bei der Analyse der eidesstattlichen Erklärung von Schröders heraus. Bei der Fixierung der Ergebnisse im Tafelbild wird der Lehrer – im Vorgriff auf die nächsten Stunden – auf die Bedeutung der nationalsozialistischen Massenorganisationen für die Vorbereitung der Machtübernahme hinweisen.

Ziele der Stunde

Die Schüler erkennen,
- daß sich die Kamarilla um Hindenburg für eine Übertragung der Regierungsmacht an Hitler und die NSDAP einsetzte;
- daß Hindenburg, der in seinem Herzen Monarchist war, einer autoritären Staatsführung nicht abgeneigt war;
- daß von Papen der Repräsentant von Adel und Militär und Hugenberg der Interessenvertreter der Großindustrie war;
- daß es Differenzen gab zwischen den offiziellen Zielen der NSDAP und den Vorstellungen führender Industrieller.

Die Schüler erarbeiten
- anhand eines Textauszuges die politischen Absichten von Papens bei einer geplanten Zusammenarbeit mit Hitler; Hitlers wichtigste Regierungsprinzipien; die Gründe, die Industrielle, Bankiers und Militärs dazu bewogen, Hitlers Pläne zu unterstützen;
- anhand einer Eingabe an Hindenburg die Gründe, warum einflußreiche Industrielle die Beteiligung der NSDAP an der Regierung befürworteten und warum sie die parlamentarische Regierungsform ablehnten.

Die Schüler beurteilen
- die Motive der „Kamarilla", Hindenburgs, Papens, Hugenbergs;
- die Beweggründe der Reichswehr für die Unterstützung Hitlers;
- die gemeinsamen Interessen von Nationalsozialismus und Teilen der Industrie.

Verlaufsskizze

Unterrichtsschritt 1
Faschismustheorien

Der Lehrer schreibt das Thema der Stunde an die Tafel und fordert die Schüler auf, ihre Vermutungen zu äußern.
Mögliche Antworten: Arbeitslose, Konservative, ehemalige und noch im Amt befindliche Offiziere, Freikorpskämpfer o.ä.
In einer kurzen Informationsphase stellt dann der Lehrer einige Antworten auf diese Frage vor (Faschismustheorien):
- Der Kapitalismus brachte den Faschismus hervor, die NSDAP ist der „Büttel" des Kapitals.
  „Wer vom Kapitalismus nicht reden will, sollte auch vom Faschismus schweigen" (Max Horkheimer, zit. nach Wolfgang Wippermann, Faschismustheorien, Darmstadt 1980, S. 7). Das ist die marxistisch-leninistische Erklärung.

Ergänzung: Diese These hat John Heartfield in seiner Fotomontage „Der Sinn des Hitlergrußes" vom Jahre 1932 anschaulich gemacht. Ein grüßender Hitler nimmt von einer massigen, gesichtslosen Gestalt Bündel von 1000-Mark-Scheinen in Empfang. Die Überschrift lautet: Millionen stehen hinter mir (abgebildet in: Politik und Gesellschaft 2, S. 120; Zeitaufnahme 3, S. 43).

Gesprächsimpuls:
- Erläutern Sie den Doppelsinn dieser Aufschrift.

- Der Nationalsozialismus war als selbständige Massenorganisation, die sich mit einem Teil des Kapitals verbündete, erfolgreich. Das gemeinsame Ziel dieser Allianz: Eine Machtergreifung durch die Kommunisten sollte verhindert werden (liberale Bündnis-Erklärung).
- Der Staat von Weimar war keine streitbare Demokratie, er ließ seine Gegner gewähren. Diese schrankenlose Freiheit ermöglichte es Extremisten vom Schlage Hitlers, Mehrheiten gegen diesen Staat zu mobilisieren (konservative Erklärung).

Mit den Ergebnissen dieses Unterrichtsschrittes wird ein Tafelbild begonnen (siehe Stundenblatt), das durch die Ergebnisse der nächsten Unterrichtsschritte jeweils ergänzt wird.

Unterrichtsschritt 2
Die Rolle Hindenburgs und seiner „Kamarilla“

Zuerst wird die Bedeutung des Wortes „Kamarilla“ erklärt: unter „Kamarilla“ (span.: Kämmerchen) versteht man eine Hofpartei mit Einfluß auf den Herrscher, aber ohne direkte politische Verantwortung. Anschließend berichtet der Lehrer über die Zusammensetzung und über einige Aktionen dieser Gruppe:

- Zur Kamarilla im Hintergrund, die den weit über achtzigjährigen Hindenburg beriet, gehörte der Sohn des Reichspräsidenten, Oskar von Hindenburg, der Staatssekretär Meißner und eine Zeitlang auch der ehrgeizige General Kurt von Schleicher aus dem Reichswehrministerium.
- Im Zusammenwirken mit Exponenten der ostelbischen Großgrundbesitzer (Hindenburg selbst besaß das Gut Neudeck mit 20000 Morgen) betrieb diese Gruppe den Sturz der Regierung Brüning. Dieser beabsichtigte die Enteignung unrentabler Güter im Osten und ihre Aufteilung im Rahmen einer sozialen Siedlungspolitik. Hindenburg forderte, „daß mit dem Agrarbolschewismus Schluß gemacht und...mehr nach rechts regiert werde.“
- Oskar von Hindenburg, Meißner und v. Papen überredeten den Reichspräsidenten, der lange widerstrebt hatte, Hitler zum Reichskanzler zu ernennen. (Oskar v. H.: „Ich fürchte, um diesen Hitler werden wir nicht mehr herumkommen.“) Lancierte Gerüchte von einem geplanten Putsch der Reichswehrgarnison Potsdam gegen Hindenburg beschleunigten die Entscheidung des Reichspräsidenten (Theo Vogelsang, Reichswehr, Staat und NSDAP, Stuttgart 1962). Einige Monate später, als Hitler sein Ziel erreicht hatte, erhielten die Hindenburgs aus Staatsbesitz 5000 Morgen Land unentgeltlich (dazu: F. J. Lucas, Hindenburg als Reichspräsident, Bonn 1959; E. Matthias, Hindenburg zwischen den Fronten, in: Vierteljahrshefte für Zeitgeschichte 8 [1960], S. 75–84; J. Wheeler-Bennett, Der hölzerne Titan, Tübingen 1969).

Besprechungsvorschläge:
- Was bedeutet Hindenburgs Ausspruch, es solle „mehr nach rechts regiert werden“? Welchen politischen Standpunkt vertrat der Reichspräsident?
- Wie sind seine Motive zu beurteilen?
- Welche Rolle spielte die Reichswehr?

Im Rückgriff auf die vorhergehende Unterrichtsstunde erinnern sich die Schüler daran, daß Hindenburg national-konservative Grundüberzeugungen vertrat und als Monarchist, der den „Parteienzank“ haßte, der Demokratie nur aus Pflichtgefühl diente (vgl. Gerhart Maier/Hans Georg Müller, Stundenblätter Die Weimarer Republik, Stuttgart 1980, S. 106ff.).
So ließ er sich von seiner Umgebung einreden, eine Regierung Hitler garantiere nationale Einigung unter einer starken Führung. Die Frage nach der Rolle Papens beantworten die nächsten Unterrichtsschritte.

Unterrichtsschritt 3
Karikatur: Brautvorführung

Im Februar 1933 brachte die satirische Zeitschrift „Der Nebelspalter“ eine Karikatur mit dem Titel „Brautvorführung“ (s. u. und: Zentner, Bd. 1, S. 11), die den Schülern mit der Aufforderung vorgelegt wird, die Darstellung zu beschreiben:
Unter einem Himmelbett, das mit dem Reichsadler geschmückt ist, sieht man einen

schnurrbärtigen Mann im Schlafanzug. Er streckt seine Arme nach einer Gestalt aus, die eine Binde mit der Aufschrift „Germania" trägt. Die verängstigte und Widerstand leistende Figur wird von zwei kleinen Männern vorwärtsgeschoben. Hinter der Tür steht ein alter Herr mit hängendem Schnurrbart und steifem Kragen und verfolgt das Geschehen gütig lächelnd. Information durch den Lehrer: Die dargestellten Personen sind Hindenburg, Papen und Hugenberg.
Besprechungsvorschläge:
- Welcher politische Vorgang ist dargestellt?
- Wie deutet der Karikaturist das Geschehen?

Erwartete Schülerantworten:
Die widerstrebende Germania wird schließlich mit Hilfe der Herren von Papen und Hugenberg und mit Billigung des Reichspräsidenten von Hindenburg doch ihrem Bräutigam Hitler zugeführt, d. h. nur durch die Unterstützung der drei Herren gelingt es Hitler, Deutschland für sich zu gewinnen.

Unterrichtsschritt 4
Papen und Hugenberg

Unter Hinweis auf die Vorgeschichte der „Machtergreifung" (3. Stunde, Unterrichtsschritt 3) werden Papen und Hugenberg durch Schülerreferate oder im Lehrervortrag vorgestellt (Kurzbiographien).

1. Franz von Papen (1879–1969)
- Generalstabsoffizier, 1913–15 Militärattaché in Washington und Mexiko, dann Stabschef der türkischen Armee
- ab 1918 Mitglied der Zentrumspartei, doch als Vertreter konservativ-monarchischer Ansichten in seiner Partei ein Außenseiter
- 1921–28 und 1930–32 Mitglied des Preußischen Landtags
- Juni 1932 als Nachfolger Brünings Reichskanzler, bildete ein Präsidialkabinett aus parteilosen konservativen Adligen, hob das SA-Verbot auf
- schon im Dezember 1932 wurde er von Schleicher abgelöst
- 1933–34 Vizekanzler in Hitlers Kabinett, 1936–38 Botschafter in Wien, 1938–1944 in der Türkei
- 1946 vom Internationalen Militärgerichtshof in Nürnberg freigesprochen

(Ripper, Der europäische Faschismus und das Dritte Reich, S. 116; V. Hentschel, Weimars letzte Monate, Düsseldorf 1978; E. v. Kleist-Schmenzin, Die letzte Möglichkeit. Zur Ernennung Hitlers zum Reichskanzler, Polit. Studien 10 [1959] S. 89–92; Die Unterredung zwischen Hitler und Papen im Hause des Barons von Schröder GWU 24 [1973] S. 709–722.)

Erweiterung: Papens politische Auffassungen machen zwei Stellungnahmen deutlich, die vom Lehrer vorgelesen werden können (abgedr. in: Erich Kosthorst, Das nationalsozialistische Regime, Materialheft, Geschichte/Politik, Schöningh 15324, S. 12).

Frage:
- Welche politischen Vorstellungen sollen verwirklicht werden?

2. Alfred Hugenberg (1865–1951)
- Mitbegründer des Alldeutschen Verbands (1891)
- 1909–18 Vorsitzender des Direktoriums der Krupp-Werke
- erwarb 1916 (u. a. mit Industriegeldern) den Scherl-Verlag, Aufbau eines der größten deutschen Zeitungskonzerne, entwickelte die UFA, die er 1927 in seinen Besitz brachte, zum führenden deutschen Filmunternehmen
- seit 1919 deutschnationaler Reichstagsabgeordneter, 1928 Parteiführer; Monarchist, Gegner der Weimarer Republik
- Januar 1933 Wirtschafts- und Ernäh-

rungsminister im Kabinett Hitler, im Juni des gleichen Jahres zurückgetreten, Selbstauflösung der DNVP

(Ripper, a.a.O., S. 114; V. Dietrich, Alfred Hugenberg, Das Leben eines Managers, in: Politische Studien 12 [1961] S. 236–242 und 295–301; A. Ritthaler, Eine Etappe auf Hitlers Weg zur ungeteilten Macht. Hugenbergs Rücktritt als Reichsminister VFZ 8/1960 S. 193–219)

Erweiterung: „Hugenbergs Illusionen" ist das Thema einer Karikatur aus dem „Berliner Tageblatt" vom 8.8.1930: Hitler und Hugenberg im Wahlboxring. Text: „Als Champion haben Sie ausgespielt und als Sekundant sind Sie mir zu ungeschickt – aber Sie dürfen in der zweiten Reihe sitzen, wenn ich Ihre Mannen k.o. schlage!" (Kosthorst, a.a.O., S. 13)

Frage:
- Durch welche Maßnahmen Hitlers wurde Hugenberg überrascht?

Gesprächsimpulse:
- Vergleichen Sie die politischen Vorstellungen der beiden Politiker.
- Welche gesellschaftlichen Gruppen vertreten sie?
- An welches politische Bündnis erinnert Sie die Zusammenarbeit von Papen, Hugenberg und Hitler?

Erwartete Schülerantworten:
Ihr gemeinsames Ideal war die Wiederherstellung der Monarchie.
- Papen war der Repräsentant von Adel und Militär („mein Regimentskamerad Hindenburg"), Hugenberg vertrat die Interessen der Großindustrie.
- In der „Harzburger Front" vom Oktober 1931 hatten sich DNVP, NSDAP, Alldeutscher Verband und Stahlhelm unter Beteiligung führender Bankiers und Industrieller (Schacht, Thyssen, Blohm, Poensgen) zu gemeinsamer Aktion zusammengeschlossen (Vgl. Nitsche/Kröber, Grundbuch zur bürgerlichen Gesellschaft 3, Darmstadt und Neuwied 1979, S. 42 f.).

Unterrichtsschritt 5
Geheime Unterredung
beim Bankier Kurt von Schröder

Geschichtserzählung: Nach geruhsamen Weihnachtstagen packen die Männer um Adolf Hitler am 3. Januar 1933 die Koffer. Am nächsten Tag soll der Wahlkampf in Lippe beginnen, und Hitler will ihn mit einer Kundgebung in Detmold eröffnen. Auf dem Münchner Hauptbahnhof sorgt Hitler für einige Verwirrung: ohne sein Gefolge, das den Zug nach Hannover sucht, über die Gründe zu informieren, steigt er in einen Zug nach Köln. Ziemlich ratlos folgt ihm die Reisegruppe. Als der Zug in Bonn hält, wartet zur allgemeinen Überraschung Hitlers schwarzer Mercedes am Bahnhof, in schneller Fahrt geht es nach Godesberg. Dort taucht eine dunkle Limousine mit verhängten Fenstern auf. Ohne zu zögern, steigt Hitler ein und fährt allein mit dem fremden Wagen mit unbekanntem Ziel davon, während die Männer am Straßenrand geduldig auf die Rückkehr ihres Führers warten. Der mysteriöse Wagen gehörte dem Bankier Kurt von Schröder und brachte Hitler zur Kölner Wohnung des Geldbarons. Auch von Papen, Rudolf Heß, der „Stellvertreter des Führers", Heinrich Himmler, der „Reichsführer SS" und der spätere Staatssekretär Wilhelm Keppler waren inzwischen eingetroffen. Nach kurzer Zeit zogen sich Hitler, Schröder und Papen zu einer etwa zweistündigen Unterredung in Schröders Arbeitszimmer zurück (nach: Walter von Schultzendorff, Das Volk scheint den Hitler zu wollen. In: Zentner, Bd. 1, S. 6 ff.).

Vorschläge für die Besprechung:
- Können Sie sich vorstellen, warum diese Begegnung geheimgehalten wurde?

– Welche Differenzen gab es zwischen den offiziellen Zielen der NSDAP und den Vorstellungen einflußreicher Industrieller und Bankiers? (Vgl. das Parteiprogramm der NSDAP)

Die Antworten der Schüler könnten so lauten:

– Einige Punkte des Parteiprogramms liefen den Interessen des Kapitals zuwider (Beispiele: 11. Abschaffung des „Arbeitslosen-Einkommens", Brechung der Zinsknechtschaft; 13. Verstaatlichung von Trusts; 14. Gewinnbeteiligung an Großbetrieben; 17. Bodenreform).
– Durch ein konspiratives Treffen wollten beide Seiten ihr Gesicht wahren, das Aufkommen von Unruhe und Mißtrauen in ihren eigenen Reihen verhindern und sich Handlungsfreiheit sichern.

Unterrichtsschritt 6
Der Inhalt der Besprechung vom 4.1.1933

In einer Stillarbeitsphase beschäftigen sich die Schüler mit dem Wortlaut der eidesstattlichen Erklärung von Schröders (siehe Kopiervorlage, Arbeitsblatt) (Michaelis-Schraepler, Ursachen und Folgen. Vom deutschen Zusammenbruch 1918 und 1945 bis zur staatlichen Neuordnung Deutschlands in der Gegenwart, Berlin 1960, Bd. IV, S. 743; M. Freund, Geschichte des Zweiten Weltkriegs in Dokumenten, Bd. 1, Freiburg und München 1953, S. 257; Fragen an die Geschichte 4, S. 38f.; Quellenband II, S. 186f.).

Ergebnis:

– Hitler und sein Programm wurden unterstützt von Konservativen und national Gesinnten in den Kreisen der Industriellen, Bankiers und Militärs.
– Papen, der das Vertrauen Hindenburgs besaß, verfolgte insgeheim die Absicht, Hitler und seine Minister durch die Übermacht der nationalen und konservativen Kabinettsmitglieder „einzurahmen" und zu „zähmen".
– Hitler spielte mit offenen Karten: die geplante „Entfernung" der Sozialdemokraten, Kommunisten und Juden aus den Führungspositionen fand Papens Zustimmung.
– Schröder trug die Erwartungen einer Gruppe von Industriellen vor, sie sahen im Nationalsozialismus ein Bollwerk gegen den Bolschewismus und hofften auf allgemeine politische Stabilität unter der Führung eines starken Mannes. Wirtschaftlich interessant war für sie die gezielte Förderung des Straßenbaus, der Auto- und Flugzeugindustrie, vor allem die von Hitler zugesagten Staatsaufträge im Rahmen der geplanten Aufrüstung.

Ergänzung: Im November 1932 wurde Hindenburg eine Eingabe von Wirtschaftsführern zugeleitet (vermutlich auf Initiative der Bankiers Schacht und v. Schröder geschrieben, unterzeichnet von 20 Vertretern des Kohlebergbaus, der Stahlindustrie und der Banken), in der die Unterzeichneten eine Beteiligung der NSDAP an der Regierung befürworteten:

Eingabe von Wirtschaftlern an den Reichspräsidenten im November 1932:
Ew. Exzellenz,
Hochzuverehrender Herr Reichspräsident!
...Mit Eurer Exzellenz bejahen wir die Notwendigkeit einer vom parlamentarischen Parteiwesen unabhängigen Regierung, wie sie in den von Eurer Exzellenz formulierten Gedanken eines Präsidialkabinetts zum Ausdruck kommt... Gegen das bisherige parlamentarische Parteiregime sind nicht nur die Deutschnationale Volkspartei..., sondern auch die Nationalsozialistische Deutsche Arbeiterpartei grundsätzlich eingestellt... Wir erkennen in der nationalen Bewegung...den verheißungsvollen Beginn einer Zeit, die durch Überwindung des Klassengegensatzes die unerläßliche Grundlage für einen Wiederaufstieg der deutschen Wirtschaft erst schafft. Wir wissen, daß dieser Aufstieg noch viele Opfer erfordert. Wir glauben, daß diese Opfer nur dann willig gebracht werden können, wenn die größte Gruppe dieser nationalen Bewegung führend an der Regierung beteiligt wird. Die Übertragung der verantwortlichen Leitung eines

Karikatur zur 4. Stunde, Unterrichtsschritt 3

Brautvorführung, aus: Der Nebelspalter, Februar 1933

mit den besten ... Kräften ausgestatteten Präsidialkabinetts an den Führer der größten nationalen Gruppe wird die Schwächen und Fehler, die jeder Massenbewegung notgedrungen anhaften, ausmerzen und Millionen Menschen, die heute abseits stehen, zu bejahender Kraft mitreißen."
(Eberhard Czichon, Wer verhalf Hitler zur Macht? Zum Anteil der deutschen Industrie an der Zerstörung der Weimarer Republik, Köln 1972, S. 69 f.; Nitsche/Kröber, Grundbuch zur bürgerlichen Gesellschaft 3, S. 44 f.; Hey/Radkau, Politische Weltkunde II, S. 75 f.)

Arbeitsaufträge:
- Wogegen wenden sich die Industriellen?
- Was fordern sie?
- Prüfen Sie die vorgebrachten Argumente.

Die Auswertung erfolgt in Stillarbeit.
Ergebnis: Die unterzeichneten Industriellen lehnen die parlamentarische Regierungsform ab und setzen sich – nicht zuletzt aus wirtschaftlichen Gründen – für die Überwindung des Klassengegensatzes durch eine nationale Regierung unter Führung der Nationalsozialisten ein.
Ergänzung: Eine Aufstellung über die Finanzquellen der NSDAP (April 1932) (Hofer, S. 219; Fragen an die Geschichte 4, S. 39) wird unter folgender Fragestellung im Unterrichtsgespräch analysiert:
- Was fällt Ihnen an dieser Aufstellung auf?
- Wer hat am meisten, wer am wenigsten gespendet?
- Wie erklären Sie sich die Großzügigkeit ausländischer Geldgeber?

Erwartete Schülerantwort:
- Die ausländischen Geldgeber verdienten ihr Geld zum Teil mit Rüstungsgeschäften und witterten in den Nazis – mit Recht – zukünftige Kunden.

Hausaufgabe

Diese Auswertung der Aufstellung über die Finanzquellen der NSDAP (Ergänzung zu Unterrichtsschritt 6) kann als Hausaufgabe gestellt werden.

5. Stunde: Adolf Hitler und die Anfänge der nationalsozialistischen Partei

Vorbemerkungen

„... Der Nationalsozialismus als historisch wirksame Erscheinung ist nun einmal ohne Hitler nicht vorstellbar." (Andreas Hillgruber, Literaturbericht, Innen- und Außenpolitik Deutschlands von 1933–1945, GWU 4, 1980, S. 257)
Einige sehr divergierende Meinungen über Hitler, die die Relativität historischer Urteile und die Spannweite der verschiedenen Einschätzungen seiner Person und seiner historischen Bedeutung andeuten, legen die Frage nach den gesicherten Daten seines äußeren Lebenslaufs nahe. Im Mittelpunkt der Stunde steht aber nicht die Person Hitlers, sondern die Beziehung zwischen Hitler und der NSDAP. Die Geschichtserzählung über den „Marsch zur Feldherrnhalle" zeigt Hitler als Parteiführer in Aktion und macht die politischen Verhältnisse in Bayern deutlich, deren Kenntnis für das Verständnis der Ursprünge der Partei nicht unwichtig ist. Der Hinweis auf die Diskrepanz zwischen den tatsächlichen Vorgängen am 9. November in München und deren kultischer Stilisierung durch eine geschickte Propaganda in den folgenden Jahren stellt wiederum einen Bezug her zum zentralen Thema der Unterrichtseinheit. Der gescheiterte Putsch bedeutete einen Wendepunkt für die Geschichte der NSDAP. Nach ihrer Wiederbegründung verfolgte die Parteiführung ein neues Konzept und eine neue Strategie, die schließlich zum Erfolg führte, – das Programm der „legalen" Machtergreifung.
Welche Umstände begünstigten den Aufstieg der NSDAP? Aus welchen sozialen Schichten rekrutierte sich ihre Wählerschaft? Mit diesen Fragen befassen sich die Schüler im

zweiten Teil der Stunde. „Der NSDAP gelang es, sowohl Nichtwähler als auch ehemalige Anhänger der bürgerlichen Mittelparteien, der Interessen- und Regionalparteien, ja sogar der SPD und zu einem erheblichen Ausmaße auch der DNVP schon von 1930 an zu sich herüberzuziehen.“ (Jürgen W. Falter, Wer verhalf der NSDAP zum Sieg?, aus Politik und Zeitgeschichte B 28–29/79, S. 13). Nur die beiden katholischen Parteien, die KPD und große Teile der SPD zeigten sich lange Zeit resistent gegen die Nazi-Partei (dazu: Alfred Milatz, Wähler und Wahlen in der Weimarer Republik, Bonn 1965; Werner Kaltefleiter, Wirtschaft und Politik in Deutschland, Köln, Opladen 1965).

Ziele der Stunde

Die Schüler erkennen
- am Beispiel widersprüchlicher Meinungen über Hitler die Relativität und Perspektivität historischer Urteile;
- die Absichten, die Hitler mit dem Putsch von München verfolgte;
- die Gründe für sein Scheitern;
- die neue Taktik der NSDAP nach der Wiederbegründung der Partei.

Die Schüler erarbeiten
- anhand einer Statistik die Beziehung zwischen dem Anwachsen der Arbeitslosigkeit und der steigenden Mitgliederzahl der NSDAP;
- anhand eines Diagramms Aussagen über das Wählerpotential der NSDAP verglichen mit dem Wählerpotential der wichtigsten Parteien in den Reichstagswahlen 1928–1932.

Die Schüler beurteilen
- das Verhalten Hitlers und seiner Umgebung beim Münchener Putsch;
- Hitlers Glaubwürdigkeit bei seiner Aussage über die Wendung seiner Partei zur Legalität;
- mögliche Gründe für die Resistenz der Arbeiterparteien und für die Anfälligkeit der bürgerlichen Parteien gegenüber der NSDAP.

Verlaufsskizze

Unterrichtsschritt 1
Verschiedene Meinungen über Adolf Hitler

Den Schülern wird eine Hektographie vorgelegt (vgl. Vorschlag für ein Arbeitsblatt I) mit verschiedenen Äußerungen über die Person und die Bedeutung Hitlers. In einer Stillarbeitsphase füllen die Schüler das vorgegebene Raster aus. Durch folgende Fragen kommt das anschließende Unterrichtsgespräch in Gang:
- Welche der angeführten Urteile drücken nach Ihrer Meinung die stärksten Gegensätze aus?
- Welche Einschränkungen müssen bei der Beurteilung durch Fest und v. Müller mitbedacht werden?
- Welche politische Gruppe sieht Hitler unter eindeutig positiven Aspekten? Wie beurteilen Sie diese Einschätzung?

Die Antworten der Schüler könnten so lauten:
- Nur für eine neonazistische Gruppe ist Hitler uneingeschränkt und ganz unkritisch „ein Mann von wahrhaft säkularer Größe“;
- J. Fest bezieht sich ausdrücklich auf Hitlers außenpolitischen Erfolge, die er bis 1938 erreichte, ohne die Taten und Untaten Hitlers nach dieser Zeit in seine Wertung einzubeziehen.
- Hitlers Talent als Redner ist zwar eine Fähigkeit, die für einen Politiker wichtig ist, aber für die Beurteilung des Politikers ist es entscheidend, für welche Ziele dieses Talent eingesetzt wird.
- Die Gegenüberstellung der Formulierun-

gen – menschenverachtend, zerstörungssüchtig erfolgreicher Staatsmann, großer Mann – zeigt in besonderer Weise die Unvereinbarkeit der angeführten Meinungen über Hitler.

Unterrichtsschritt 2
Lebenslauf Hitlers bis 1923

Die Frage nach den gesicherten Daten des Lebenswegs Hitlers beantwortet der Lehrer in einer kurzen Informationsphase:

- geboren 1889 in Braunau (Österreich) als Sohn eines Zollbeamten, verließ die Realschule ohne Abschluß, zur Kunstakademie in Wien nicht zugelassen, dann arbeitslos, lebte zeitweise im Obdachlosenasyl, Gelegenheitsarbeiter
- 1914 Eintritt als Freiwilliger in das bayerische Infanterieregiment Nr. 16
- 1914–1918 Einsatz an der Westfront, Auszeichnung und Verwundung. Die Armee wird ihm zur Heimat, das Fronterlebnis prägt sein Denken und Fühlen
- 1919–1920 Hitler führt als Werbeobmann des Reichsgruppenkommandos 4 in München politische Schulungen durch
- September 1920 Eintritt in die DAP (Deutsche Arbeiterpartei), eine unbedeutende lokale Gruppe innerhalb der völkischen Bewegung. Seit Februar nennt sich die DAP Nationalsozialistische Deutsche Arbeiterpartei (NSDAP)
- 1921 Hitler wird Vorsitzender der NSDAP
- 1923 8./9. November Hitler-Putsch in München gescheitert, Hitler verhaftet und wegen Hochverrats zu fünf Jahren Festungshaft verurteilt. Auf der Festung Landsberg schreibt er sein Buch „Mein Kampf". Schon vor Ablauf eines Jahres wird er entlassen.

Erweiterungsmöglichkeit: In Schülerreferaten können einige Episoden aus Hitlers Leben anschaulich gemacht werden. Wir schlagen vor:

1. Hitlers Jugend. (Literatur: A. Kubizek, Adolf Hitler. Mein Jugendfreund, Graz und Stuttgart 1966)
2. Hitlers erste Erfolge als Politiker (A. Tyrell, Vom Trommler zum Führer 1919–1924, München 1975)

Unterrichtsschritt 3
Hitler-Putsch

Geschichtserzählung: Die Regierung unter Stresemann erklärte den passiven Widerstand gegen die Besetzung des Ruhrgebiets durch Belgier und Franzosen für beendet.
Hitler übernimmt die Führung der „nationalen Verbände" in München. Der Monarchist Gustav von Kahr erhält als Generalstaatskommissar diktatorische Vollmachten in Bayern. Er löst die bayerischen Reichswehreinheiten unter General von Lossow aus der Reichswehr und verpflichtet sie auf Bayern. Die geplanten Massenkundgebungen der NSDAP in 14 Münchener Sälen werden verboten. Am 8. November 1923 erklärt Hitler die Reichsregierung für abgesetzt und proklamiert die nationale Revolution. Ein Putsch in München sollte das Signal geben zum allgemeinen Volksaufstand.
Am 9. November bewegt sich ein Zug von Hitleranhängern mit Deutschlandlied und wehenden Fahnen in Richtung auf das Stadtinnere von München. An der Spitze marschieren Hitler, der spätere Reichsmarschall Göring und General Ludendorff. Auf der Höhe der Ludwigsbrücke überrennen sie eine Sperrkette der Landespolizei und marschieren in Richtung Marienplatz. In der Residenzstraße, auf der Höhe der Feldherrnhalle, versucht eine zweite Sperrkette der Polizei, die bewaffneten Demonstranten aufzuhalten. Eine Polizeitruppe unter dem Polizeioberleutnant von Godin tritt daraufhin zum Gegenstoß an. Sie werden von den Putschisten mit gefällten Bajonetten und entsicherten Gewehren empfangen, die Polizei benützt Gewehrkolben und Gummiknüppel. Plötzlich schießt einer der Putschisten auf

den Polizeioffizier, der Schuß geht an seinem Kopf vorbei und trifft einen hinter ihm stehenden Wachtmeister tödlich. Für den Bruchteil einer Sekunde ist die Polizeieinheit starr vor Schreck, aber dann eröffnen mehrere Polizisten das Feuer. Auch die Hitleranhänger schießen; 20–25 Sekunden lang entwickelt sich ein regelrechtes Feuergefecht. General Ludendorff wird ohnmächtig, sein Begleitoffizier rennt in die nächste Apotheke „und heult dort wie ein junger Hund" (P. Schlier). Hitler wird am Arm verwundet und rettet sich schnell in ein Auto, die Putschisten ergreifen die Flucht. Der Zusammenstoß kostete 19 Menschen das Leben – 16 Mitglieder der NSDAP, drei Polizisten. Ludendorff stellt sich den staatsanwaltlichen Ermittlungen, Hitler ist geflohen, wird aber zwei Tage später in Uffing verhaftet (nach den Berichten des Polizeioberleutnants Michel Frhr. von Godin und der Redaktionssekretärin des „Völkischen Beobachters", Paula Schlier, abgedruckt in: E. Deuerlein, Der Aufstieg der NSDAP; in Augenzeugenberichten, dtv 2701, S. 198–200).

Besprechungsvorschläge:
- Was war der unmittelbare Anlaß für Hitlers Putschversuch?
- Welche Ziele wollten die Nazis erreichen?
- Welches Vorbild hatten sie vor Augen?
- Wie verhielten sich die Führer?
- Was mußte Hitler nach dem Scheitern des Putsches für sich persönlich befürchten?

Im Unterrichtsgespräch sollten folgende Punkte herausgearbeitet werden:
- Hitler war wütend über das Verbot, das v. Kahr erlassen hatte, gleichzeitig befürchtete er von den national gesinnten Kräften, die hinter dem Generalstaatskommissar standen, überspielt zu werden.
- Nach dem Vorbild von Mussolinis Marsch auf Rom sollte auf die Übernahme der Regierungsgewalt in München der Marsch nach Berlin und die Übernahme der Macht in ganz Deutschland folgen.
- Nachdem sie auf ernsthaften Widerstand stießen, ließen die NS-Führer ihre Anhänger schmählich im Stich.
- Hitler mußte nicht nur einen Hochverratsprozeß, sondern als österreichischer Staatsbürger die anschließende Ausweisung befürchten.

Erweiterungsmöglichkeit: Aufschlußreich ist eine Gegenüberstellung dieses Berichts über den kläglich gescheiterten Putschversuch mit der alljährlich stattfindenden Erinnerungsfeier, die Goebbels zu einer pseudoreligiösen, kultischen Handlung stilisierte. (Vgl. H. Heiber, Joseph Goebbels, S. 213 ff.: Mischung aus „Karfreitagstheologie und Fronleichnamsliturgie")
Stichworte: Zug der „alten Kämpfer" hinter der „Blutfahne" von 1923, begleitet von Spielmannszügen mit Trommelwirbel, Lautsprecher übertragen pausenlos das Horst-Wessel-Lied, entlang den Marschstraßen 240 Pylonen mit den Namen der Gefallenen in goldenen Lettern, die Toten des 9. November in der Feldherrnhalle aufgebahrt, große Feuerschalen, riesige Hakenkreuzflaggen an 43 Metern hohen Masten, 16 Salutschüsse, dann „Auferstehungsfeier": die Namen der Toten werden in einem „Letzten Appell" einzeln aufgerufen, Hitlerjungen antworten stellvertretend „Hier!"

Impulse:
- Vergleichen Sie die nationalsozialistische Erinnerungsfeier mit dem historischen Bericht über die Vorgänge am 9. Nov. 1923.
- Mit welchen Mitteln wird gearbeitet?

Unterrichtsschritt 4:
Hitler ändert seine Taktik

Kurt Lüdecke, einer der ersten überzeugten Nationalsozialisten, berichtet über ein Gespräch mit Hitler im Landsberger Gefängnis (Kurt Lüdecke, I knew Hitler, London 1958, S. 721 f.; J. Fest, Das Gesicht des Dritten Reiches, S. 54 f.)
Der Text kann vom Lehrer vorgelesen werden:

Hitler nach dem Putschversuch vom 9. November 1923 und nach seiner Festungshaft. „Wenn ich meine Tätigkeit wiederaufnehme, werde ich eine neue Politik befolgen müssen.

Statt die Macht mit Waffengewalt zu erobern, werden wir zum Verdruß der katholischen und marxistischen Abgeordneten unsere Nasen in den Reichstag stecken. Zwar mag es länger dauern, sie zu überstimmen, als sie zu erschießen, am Ende aber wird uns ihre eigene Verfassung den Erfolg zuschieben. Jeder legale Vorgang ist langsam..., doch werden wir früher oder später die Mehrheit haben – und damit Deutschland."

Im Unterrichtsgespräch kann man die Frage erörtern, ob der Entschluß Hitlers auf eine echte Sinneswandlung hinweist. Einige verräterische Formulierungen („erschießen", „Erfolg zuschieben", „ihre ... Verfassung") sind geeignet, starke Zweifel an der Redlichkeit seiner Absichten zu wecken.

Unterrichtsschritt 5
Die Entwicklung der NSDAP nach der Wiederbegründung der Partei (1925–1933)

Die Schüler analysieren in Stillarbeit Statistiken zu diesem Thema (siehe Vorschlag für Arbeitsblätter II und III). Anschließende Besprechung im Unterrichtsgespräch.

Ergebnisse:

- Die durch die Weltwirtschaftskrise ausgelöste Arbeitslosigkeit bereitete den Boden für die Agitation der Nazis und ist zweifellos einer der Gründe für das Ansteigen der Mitgliederzahl der NSDAP in den Jahren von 1930–1932.
- Das Wählerpotential (Aufgabe III) der beiden Arbeiterparteien blieb im ganzen ziemlich stabil.
- Von den vorherigen Nichtwählern profitierten die NSDAP und die KPD.
  Die bürgerlichen Mittelstandsparteien (außer Zentrum und Bayerische Volkspartei) verloren dagegen 80% ihrer Wähler an die NSDAP (von 7,5 Mill. Rückgang auf 1,4 Mill. = von 24,5% auf 3,7% der Gesamtstimmen) (siehe auch Tafelbild, Stundenblatt).

Erweiterung: Eine detaillierte Statistik über die mutmaßlichen Wählerbewegungen in den Jahren 1928–1932 kann von den Schülern in Stillarbeit ausgewertet werden.

RT-Wahlen 1928 bis 1932 (November) (Stimmen in Tausend)

	1928	**1930**	**1932 (Juli)**	**1932 (November)**
Gültige Stimmen	30753	34970 (+4217)	36882 (+1912)	35472 (–1410)
NSDAP	810 (2,6%)	6410 (18,3%) (+5600)	13746 (37,2%) (+7336)	11737 (33,0%) (–2009)
DNVP	4382 (14,2%)	2458 (7,0%) (–1924)	2177 (5,9%) (–281)	3137 (8%) (+960)
kleine bürgerliche Parteien	5536 (17,7%)	4727 (13,2%) (–809)	955 (2,2%) (–3972)	1131 (2,8%) (+176)
Zentrum und BVP	4658 (15,8%)	5187 (14,7%) (+529)	5782 (15,6%) (+595)	5325 (14,8%) (–457)
SPD	9153 (28,7%)	8578 (24,5%) (–575)	7560 (21,5%) (–1018)	7248 (20,4%) (–312)
KPD	3265 (10,6%)	4592 (13,1%) (+1327)	5283 (14,2%) (+691)	5980 (16,8%) (+697)

Rest: kleinere Splitterparteien (Zahlen teilweise gerundet)

Arbeitsaufträge:
- Welche Parteien können ihren Stimmenanteil behaupten?
- Welche Verschiebung ergibt sich bei SPD und KPD?
- Welche Stimmen kamen der NSDAP bei ihrem Wahlsieg 1930 zugute?
- Welche Wähler konnte die NSDAP im Juli 1932 auf ihre Seite bringen?
- Vergleichen Sie das Abschneiden der Nationalsozialisten bei den Juliwahlen 1932 mit ihrem Abschneiden im November 1932.

Erwartete Ergebnisse der Auswertung:
- Zentrum und BVP können ihren Stimmenanteil im großen und ganzen behaupten.
- Auf der Linken des Parteienspektrums findet eine Abwanderung von SPD-Wählern zur KPD statt. Die Gesamtzahl der für die Arbeiterparteien abgegebenen Stimmen bleibt ungefähr konstant.
- Bei dem Wahlerfolg des Jahres 1930 kamen der NSDAP vor allem die einstigen Nichtwähler und Verluste der DNVP zugute.
- Bei dem Wahlerfolg des Jahres 1932 (Juliwahlen) gelang es der NSDAP, große Teile der ehemaligen Wähler der kleineren bürgerlichen Parteien auf ihre Seite zu ziehen.
- Bei den Novemberwahlen 1932 fand eine schwache Rückwanderung der bürgerlichen Wähler zur DNVP und zu den kleineren bürgerlichen Parteien statt; außerdem wirkte sich die geringere Wahlbeteiligung negativ für die NSDAP aus.

Alternative: Wenn die Zeit nicht reicht, kann die Auswertung der Tabellen auch in einem arbeitsteiligen Verfahren erfolgen. Die Tabelle zu den Stimmabgaben bei den Reichstagswahlen eignet sich auch als Hausaufgabe.

Hausaufgabe

Informieren Sie sich in einem Lexikon oder in Ihrem Biologie-Lehrbuch über die Grundzüge des Darwinismus (stichwortartige Zusammenfassung).

Vorschlag für ein Arbeitsblatt I (5. Stunde, Unterrichtsschritt 1)

Verschiedene Meinungen über Hitler

1. „Hinter dem Politiker steht ein gespenstischer Niemand, einer, für den kein anderer Mensch als solcher existiert... Nun erst (d.h. im Rußlandfeldzug) konnte er in vollem Umfang seiner Vernichtungssucht frönen... Schon immer war diese Sucht dem Zentrum seines Weltbildes recht nahe gewesen..." (J. P. Stern , Hitler, München 1981, S. 188 und S. 209)

2. „Hitler war ein Spieler. Er hatte gehabt, was er sich immer gewünscht hatte: Macht und die Befriedigung seines Hasses und seines Zerstörungsdranges." (Erich Fromm, Anatomie der menschlichen Destruktiviät, Reinbek 1977, S. 484)

3. „Gestern, heute, morgen – Er war, ist und bleibt unser Hitler! Adolf Hitler war ein Mann von wahrhaft säkularer Größe, er besaß einen Mut ohnegleichen, eine Standhaftigkeit, die die Herzen erhebt und erschüttert..." (aus: „NS Kampfruf" Nr. 37, 1980, zitiert nach: Paul Lersch [Hrsg.], Die verkannte Gefahr, Reinbek 1981, S. 208)

4. „Wenn Hitler Ende 1938 einem Attentat zum Opfer gefallen wäre, würden nur wenige zögern, ihn einen der größten Staatsmänner der Deutschen... zu nennen". (Joachim C. Fest, Hitler, Bd. 1, Frankfurt, Berlin, Wien 1978, S. 25)

5. „Nach dem Schluß meines Vortrags... stieß ich in dem sich leerenden Saal auf eine kleine Gruppe... Sie schien festgebannt um einen Mann in ihrer Mitte, der mit einer seltsam gutturalen Stimme unaufhaltsam und mit wachsender Leidenschaft auf sie einsprach: Ich hatte das sonderbare Gefühl, als ob ihre Erregung sein Werk wäre und zugleich wieder ihm selbst die Stimme gäbe. Ich sah ein bleiches, mageres Gesicht unter einer unsoldatisch hereinhängenden Haar-

strähne, mit kurzgeschnittenem Schnurrbart und auffällig großen, hellblauen, fanatisch kalt aufglänzenden Augen." (Der Münchener Historiker K. A. v. Müller, zit. nach E. Deuerlein, Der Aufstieg der NSDAP in Augenzeugenberichten, München 1980 S. 85)

Arbeitsauftrag:
- Ordnen Sie die verschiedenen Ansichten über die Person und die Bedeutung Hitlers mit Hilfe des vorgegebenen Rasters.

Einige Urteile über Adolf Hitler			
Charaktereigenschaften		**Soziales Verhalten**	**Politische Fähigkeiten**
positiv	negativ		
mutig *standhaft*	*fanatisch* *selbstsüchtig* *machtgierig* *Spielernatur*	*Zerstörungssucht* *Menschenverachtung*	*leidenschaftlicher, suggestiver Redner* *erfolgreicher Politiker (bis 1938)* *„säkulare Größe"*

Die voraussichtlichen Eintragungen der Schüler sind kursiv gesetzt.

Vorschlag für ein Arbeitsblatt II (5. Stunde, Unterrichtsschritt 5)

Entwicklung der NSDAP 1925–1933

1. Entwicklung der Arbeitslosigkeit in Deutschland (in Millionen)

Januar 1928	1,86	Januar 1931	4,89
Januar 1929	2,85	Januar 1932	6,04
Januar 1930	3,22	Januar 1933	6,01

(nach: Fragen an die Geschichte 4, S. 34)

Aufgabe:
- Setzen Sie diese Angaben um in eine Kurve mit den Koordinaten Jahreszahl/Zahl der Arbeitslosen.

2. Entwicklung der Mitgliedsstärke der NSDAP von 1928–1933

1928	108000	1931	806000
1929	176000	1932	1415000
1930	389000	1933	1435000

(nach: W. Ripper, Der europäische Faschismus und das Dritte Reich, Frankfurt 1977, S. 66)

Aufgabe:
- Zeichnen Sie eine Kurve, die das Ansteigen der Mitgliedszahlen von 1928–1933 sichtbar macht.
- Vergleichen Sie die beiden Kurven.

Vorschlag für ein Arbeitsblatt III (5. Stunde, Unterrichtsschritt 5)

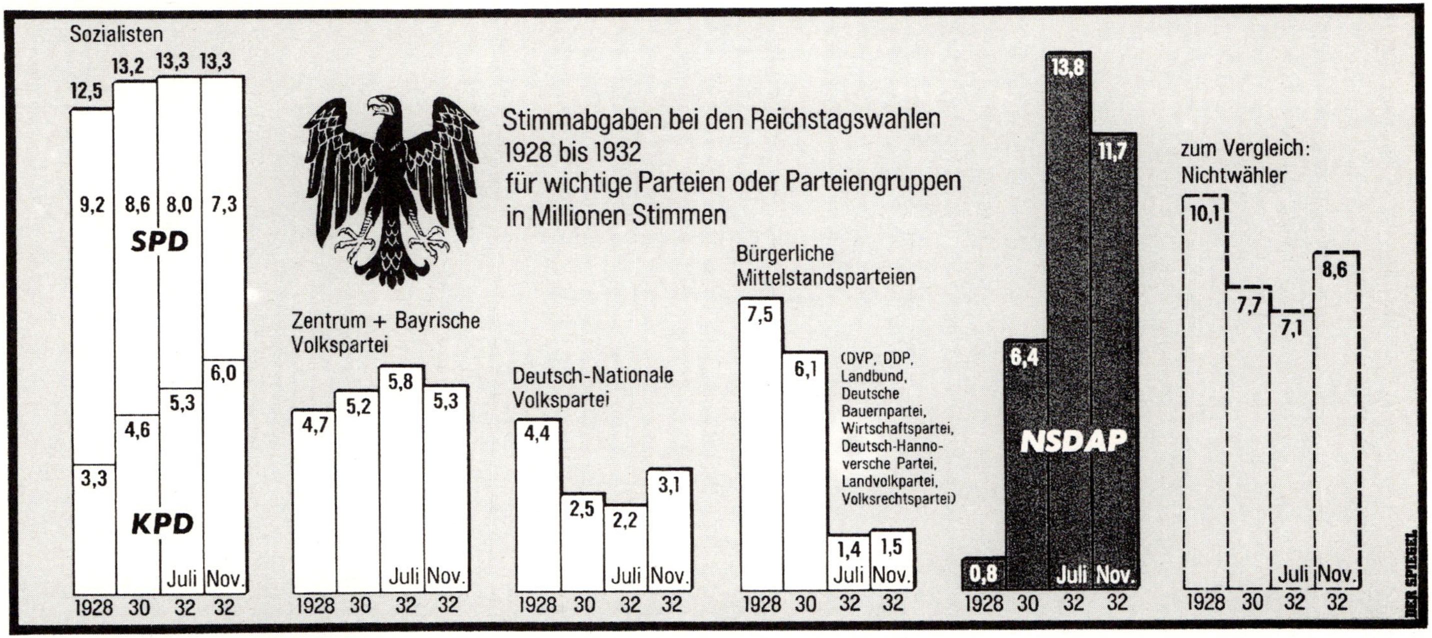

„Der Spiegel" Nr. 44 vom 29. Oktober 1979, S. 32

Aufgaben:

- Vergleichen Sie die Stimmabgabe für SPD und KPD in den Jahren von 1928–1932 mit der Stimmabgabe für die bürgerlichen Mittelstandsparteien.
- Aus welchem politischen Lager erhielt die NSDAP Zuzug?
- Welchen Parteien kamen die Stimmen der vorherigen Nichtwähler zugute?

6. Stunde: Die nationalsozialistische Weltanschauung

Vorbemerkungen

Die Beschäftigung mit der teilweise recht abstrakt formulierten Ideologie ist nicht ohne Schwierigkeiten für die Schüler der Sekundarstufe I. Deshalb ist es empfehlenswert, daß vor der Auseinandersetzung mit den vorgegebenen Texten, die in Gruppenarbeit ausgewertet werden, zuerst schwierigere Begriffe und weniger gebräuchliche Fremdwörter vom Lehrer erklärt werden. Außerdem empfiehlt es sich, damit das anschauliche Element nicht ganz fehlt, mit Hilfe von erzählenden Texten am Schluß der Stunde zu zeigen, wie die nationalsozialistischen Vorstellungen von den Zeitgenossen aufgenommen und verstanden wurden.

Die Stunde hat vier Ziele:

- Die Schüler sollen die Grundzüge der nationalsozialistischen Weltanschauung verstehen.
- Sie sollen in die Lage versetzt werden, durch kritische Prüfung der Ideologie deren fragwürdigen und inhumanen Charakter zu durchschauen, und sich argumentativ mit ihr auseinandersetzen.
- Sie sollen erkennen, daß diese Weltanschauung eine Anleitung zum kriminellen Handeln in sich schloß.
- Sie sollen – wenigstens ansatzweise – verstehen, warum diese Lehre so große Resonanz in Deutschland fand, obwohl viele Ideen rein spekulativ, in sich widersprüchlich und verschwommen waren.

Es ist öfters darauf hingewiesen worden, daß gerade diese programmatische Unklarheit der nationalsozialistischen Ideologie ihre Wirksamkeit nicht beeinträchtigte, sondern im Gegenteil sogar noch verstärkte. „Diese ‚Vieldeutigkeit' [wurde] von den meisten Hitlerwählern kaum als Nachteil empfunden, sie erschien vielen im Gegenteil als Flexibilität und Lebendigkeit, unterstützte die Hoffnung des Einzelnen und bestimmter Gruppen, daß der Nationalsozialismus in ihrem Sinn beeinflußbar sei und in ihrem Sinn revolutionierend wirken werde." (Martin Broszat, Soziale Motivation und Führer-Bindung des Nationalsozialismus, Vierteljahrshefte für Zeitgeschichte 4, 1970, S. 395). Auch Jürgen Kocka (Ursachen des Nationalsozialismus, Aus Politik und Zeitgeschichte B 25/80, S. 10) betonte die Wirksamkeit gewisser ideologischer Widersprüche. Ein Nationalsozialist hatte die Möglichkeit, einerseits „radikal und anti-elitär, gegen Kapitalisten und ‚Bonzen' zu sein und andererseits scharf antisozialistisch, national und sogar standesgemäß aufzutreten." Und noch ein anderer Umstand war entscheidend für die große Resonanz, die diese Lehren in Deutschland fanden. Sie knüpften an weithin fraglos akzeptierte Normen und Vorstellungen an und pervertierten und korrumpierten sie auf raffinierte, schwer durchschaubare Weise. „Das Griechische gibt hierfür den prägnanten Begriff mit dem Wort „diaballein" = verwirren, irreführen." (K. D. Erdmann, Deutschland unter der Herrschaft des Nationalsozialismus 1933–1939, Gebhardt, Handbuch der deutschen Geschichte Bd. 20, dtv 4220, S. 32)

Ziele der Stunde

Die Schüler erkennen,

- daß das nationalsozialistische Parteiprogramm besonders den Interessen der Arbeiter, der Bauern und des Mittelstands entgegenkam;
- daß die Forderung nach einer Revision des Versailler Vertrags, nach Remilitarisierung und nach Schaffung eines großdeutschen Reiches nationale und konservative Kreise ansprach;

- daß die Rassenlehre auf der Grundlage des Sozialdarwinismus der Mittelpunkt der Ideologie war;
- daß die Forderung nach der Bekämpfung „minderwertiger“ Rassen eine Konsequenz dieses Sozialdarwinismus war;
- daß daraus auch die Vorstellung vom Führerstaat und von der totalitären Einparteienherrschaft abgeleitet war;
- daß der Nationalsozialismus gewisse Wertvorstellungen in ihr Gegenteil verkehrte.

Die Schüler erarbeiten
- aus Quellentexten elf zentrale Punkte des Parteiprogramms;
- die Grundzüge der nationalsozialistischen Rassenlehre;
- das Führerprinzip;
- die Bedeutung der Begriffe „national“ und „sozial“ im Sprachgebrauch der Nationalsozialisten;
- die Bedeutung des Begriffs „Bewegung“.

Die Schüler beurteilen
- die Annahmen und Spekulationen, die der Rassenlehre zugrundeliegen;
- die Problematik der Vorstellung von der Volksgemeinschaft;
- die Auswirkungen des Führerprinzips;
- die Konsequenzen, die sich aus einer Verwirklichung dieser Ideen ergeben.

Verlaufsskizze

Unterrichtsschritt 1
Vorbereitung einer Gruppenarbeit

Die Grundzüge der nationalsozialistischen Ideologie sollen in einem arbeitsteiligen Verfahren erarbeitet werden. Bevor die hektographierten Texte auf die vier Gruppen (oder acht in großen Klassen, wobei ein Text von zwei verschiedenen Gruppen bearbeitet wird) verteilt werden, erklärt der Lehrer die Begriffe, mit denen die Schüler nicht vertraut sind.
Beispiele: Trust (= kapitalmäßige Zusammenfassung mehrer Unternehmen zum Zweck der Marktbeherrschung), Kommunalisierung (= in den Besitz der Gemeinde überführen), Bodenspekulation (= Aufkauf von Grundstücken zu einem niederen Preis, mit dem Ziel, beim Wiederverkauf hohe Gewinne zu erzielen), Parasit (= Schmarotzer), identisch (= wesensgleich).

Unterrichtsschritt 2
Gruppenarbeit

Gruppe 1

Aus dem Programm der NSDAP vom 24. Februar 1920
(W. Hofer, Der Nationalsozialismus, S. 28–31; W. Ripper, Der europäische Faschismus und das Dritte Reich, S. 50f; Hey/Radkau, Nationalsozialismus und Faschismus, S. 13; Mickel/Kampmann/Wiegand, Politik und Gesellschaft 2, S. 150; W. Wulf, Weltgeschichte 1919–1939, S. 23ff; Jacobsen-Jochmann, a. a. O., S. 1f.).
Wir schlagen eine Beschränkung auf folgende Punkte des Programms vor: 1 (Schaffung von Groß-Deutschland); 2 (Revision des Vertrags von Versailles); 4 (Juden sind keine Volksgenossen); 11 (Brechung der „Zinsknechtschaft“); 13 Verstaatlichung von Trusts); 14 (Gewinnbeteiligung der Arbeiter an den Gewinnen von Großbetrieben); 15 (Ausbau der Altersversorgung); 16 (Kommunalisierung der Groß-Warenhäuser); 17 (Bodenreform, Abschaffung der Bodenspekulation); 22 (Bildung eines Volksheeres); 24 (Bekenntnis zum positiven Christentum).

Arbeitsaufträge:
- Nennen Sie die außenpolitischen Forderungen, die in diesem Programm aufgestellt werden.

– Mit welchen Konsequenzen muß gerechnet werden, wenn die Durchsetzung dieser Forderungen angestrebt wird?
– Welche Minderung ihrer Rechtsstellung wird den deutschen Juden angedroht?
– Welche sozialen Schichten werden durch dieses Programm wirtschaftlich begünstigt, welche benachteiligt?
– Welche Forderungen fanden wohl damals bei fast allen sozialen Gruppen Anklang?
– Was ist unter der Bezeichnung „positives Christentum" zu verstehen? Unter welchen Bedingungen wird das Christentum nur anerkannt?

Gruppe 2
Aus einer ideologischen Schrift der NSDAP (Darwinistische Weltanschauung)
(W. Hofer, Der Nationalsozialismus, S. 32 f.)
Textinhalt: Auch im Leben der Völker ist das grundlegende Lebensgesetz der Kampf ums Dasein. Geburtenstärkere Völker besiegen die geburtenschwächeren, darin zeigt sich die emporzüchtende Kraft der Auslese. Es gibt verschiedene Rassen und Völker, die sich in ihrem Charakter und in der Art ihrer Kampfführung unterscheiden:
1. Kuli- oder Fellachenrassen (Farbige in Afrika und Asien, die ostische Rasse in Rußland)
Kennzeichen: Zähigkeit, Fügsamkeit; unmerkliches Eindringen in schon bevölkerte Räume
2. Parasiten (Juden). Kennzeichen: Heuchlerische Überlistung und Zersetzung bodenständiger Völker
3. Herren- und Kriegerrassen (nordische Rassen). Kennzeichen: sie allein sind kulturschöpfend, staatenbildend, wehrtüchtig.
Das wichtigste Volk dieser Rasse: die Deutschen

Arbeitsaufträge:
– Welche Erkenntnisse Darwins werden auf das Leben der Völker übertragen?
– Vergleichen Sie die Eigenschaften der nordischen Rasse (von den Nationalsozialisten auch „Arier" genannt) mit den Eigenschaften der Juden.
– Unter welchen Voraussetzungen ist die höhere Rasse berechtigt, die niedere zu bekämpfen?

Gruppe 3
Das Führerprinzip
(W. Hofer, Der Nationalsozialismus, S. 35; W. Conze, Der Nationalsozialismus, Teil I, S. 33, Hitler, Mein Kampf, S. 378)
Zusammenfassung: Die „Bewegung" gründet sich auf das Prinzip der absoluten Führerautorität. Das wirkt sich in ihrem Aufbau so aus, daß der höhere Führer den unter ihm stehenden Führer einsetzt und ihm Autorität verleiht. Das soll auch für den gesamten Staat gelten. Eine Wahl findet nicht statt, in Partei und Staat kann nur der Held Führer sein. Aus diesem Grund ist die Bewegung antiparlamentarisch.

Arbeitsaufträge:
– Wie wird das „Führerprinzip" gerechtfertigt?
– In welchen Bereichen soll dieses Prinzip gelten?
– Wie wird der Parlamentarismus beurteilt?
– Warum wird die NSDAP als „Bewegung" bezeichnet?
– Warum beteiligt sich die „Bewegung" trotzdem an parlamentarischen Wahlen?

Erweiterungsmöglichkeit: Joseph Goebbels über das Verhältnis von NSDAP und Demokratie. (Geschichtliche Weltkunde Bd. 3, S. 85; W. Ripper, Der europäische Faschismus und das Dritte Reich, S. 59 f.; W. Wulf, Weltgeschichte 1919–1939, S. 42 f.)
„Wir gehen in den Reichstag hinein, um uns im Waffenarsenal der Demokratie mit deren eigenen Waffen zu versorgen."
Frage: Welche Waffen könnten gemeint sein?

Gruppe 4
National und sozial (Aus einer Rede Hitlers von 1922)

(Hey/Radkau, Nationalsozialismus und Faschismus, S. 14)
Textinhalt: Die beiden Begriffe gehören zusammen. Erst die jüdischen Marxisten haben zwischen „national“ und „sozial“ einen Gegensatz gesehen. National heißt für uns, aus Liebe zum eigenen Volk handeln und eine Volksgemeinschaft schaffen ohne Klassenunterschiede, die in Deutschland schon deswegen nicht gerechtfertigt sind, weil wir Deutschen einer Rasse angehören.

Arbeitsaufträge:
- Was verstehen wir heute unter „national“ und „sozial“?
- Wie versteht Hitler diese Begriffe?
- Aus welchem Grund kann es in Deutschland keine Klassen geben?
- Wie erklären Sie sich den zweimaligen Hinweis auf das „Sterben-Können“?

Ergebnisse der Gruppenarbeit
Die Sprecher der einzelnen Gruppen tragen die Ergebnisse ihrer Gruppe nacheinander im Zusammenhang vor, wobei Falsches durch Mitglieder der Arbeitsgruppe korrigiert und Unvollständiges ergänzt wird. Eine zweite Möglichkeit, die sich besonders für leistungsfähige Klassen empfiehlt: die Lösungen, die die Schüler im arbeitsteiligen Verfahren erarbeiten, werden an passender Stelle in den Unterrichtsverlauf eingebracht.
Zusammenfassung:
- Das Parteiprogramm der NSDAP gibt vor, die Interessen der Arbeiter (Schutz vor finanzieller Ausbeutung, Gewinnbeteiligung), der Bauern (Bodenreform) und des Mittelstands (Kommunalisierung von Groß-Warenhäusern) zu berücksichtigen und zwar auf Kosten von Großgrundbesitzern, Kapitalisten, Bodenspekulanten und Warenhausbesitzern.
- National und konservativ gesinnte Kreise sollten sich durch die Forderung nach einer Revision des Versailler Vertrags, nach Aufstellung eines Volksheeres und Bildung eines großdeutschen Staates angesprochen fühlen.
- Der Hinweis auf das Christentum war für die Kirchen berechnet.
- Für alle Schichten der Bevölkerung ist dagegen die Sicherung der Altersversorgung von Interesse (Text 1).
- Schon im Parteiprogramm von 1920 wurde der Ausschluß der Juden aus dem deutschen Volksverband gefordert.
- Die Rassenlehre ist der Mittelpunkt der nationalsozialistischen Weltanschauung. Angeblich wird das Zusammenleben der Rassen bestimmt durch einen Ausleseprozeß, in dem nur die Tüchtigsten überleben (Darwin: „survival of the fittest“). Im Kampf um den eigenen Lebensraum dürfen die Arier als die überlegene Rasse die minderwertigen Völker bekämpfen, vor allem dann, wenn diese ihren Lebensraum nur ungenügend ausnutzen.
- Zu den Minderwertigen gehören die Juden. Sie sind intelligente Schmarotzer, die das bodenständige Volkstum zersetzen, vom dem sie profitieren (Text 2).
- Innerhalb einer Rasse kann es keine Klassen geben, Menschen von gleichem Blut, so wie die Deutschen, die zur Vorhut der allein schöpferischen und kriegstüchtigen nordischen Völker gehören, bilden eine feste Gemeinschaft.
- Innerhalb eines solchen rassisch einheitlichen Volkes sind die Begriffe „national“ und „sozial“ gleichbedeutend, sie beziehen sich auf alles, was dem eigenen Volk dient (Text 4).
- Aber nicht nur innerhalb der Rassen und Völker, sondern auch zwischen den einzelnen Menschen gibt es Wertunterschiede. Nur der Held ist zum Führer berufen. Das soll für die Partei und für den ganzen Staat gelten (Führerstaat). Der Berufene setzt andere Berufene als Führer ein, er kann nicht gewählt werden. Parlamentarische Einrichtungen sind Ausdruck des Verfalls (Text 3).

- Die NSDAP bezeichnet sich selbst als „Bewegung“, weil sie keine gewöhnliche Partei sein will, die zu begrenzten Sachproblemen konkrete Lösungen anbietet. Sie will die gesamte Gesellschaft erfassen und gemäß ihrer weltanschaulichen Ziele alle Lebensbereiche unter ihren Einfluß bringen.
- Das Gesicht der Gesellschaft und des Staates soll von einer Partei geprägt werden. (Einparteienherrschaft).

Diese Informationen über einige wesentliche Elemente der nationalsozialistischen Ideologie werden in einem Tafelbild festgehalten.

Unterrichtsschritt 3
Kritik dieser Lehren

In dieser Unterrichtsphase sollen die Schüler Gelegenheit erhalten, die vorgestellten Theorien von ihrem eigenen Standpunkt aus zu beurteilen und kritische Einwände zu formulieren. Folgende Impulse haben sich bewährt:
- Wie ist die Übertragung der Lehre Darwins auf das Verhältnis der verschiedenen Rassen zueinander zu beurteilen? (Aktivierung der Hausaufgabe)
- Ist die nationalsozialistische Rassenlehre wissenschaftlich haltbar?
- Kann man Völker mit Rassen gleichsetzen? (Text 2)
- Welche ursprüngliche Bedeutung haben die Bezeichnungen „arisch“ und „Arier“?
- Wie beurteilen Sie die Lehre von der „Volksgemeinschaft“?
- Welche Folgen kann es haben, wenn die Liebe zum eigenen Volk zum obersten Grundsatz der Politik wird?
- Versuchen Sie einige stichhaltige Argumente gegen das „Führerprinzip“ zu formulieren.
- Können Sie sich vorstellern, warum diese Ideen in Deutschland so großen Anklang fanden? An welche weitverbreiteten Vorstellungen und Empfindungen knüpfte die nationalsozialistische Weltanschauung an?

Weiterführende Informationen durch den Lehrer:
- Man bezeichnet eine Gruppe von Menschen mit einer bestimmten Anzahl von körperlichen und seelischen Merkmalen, die sich von anderen Gruppen mit anderen Merkmalen unterscheidet, als Menschenrasse.
- Drei Hauptrassenstämme werden heute unterschieden: 1. Europide (dazu gehören z. B. die nordische, die osteuropide und die orientalide Rassengruppe). 2. Mongolide (Sibiride, Eskimide, Indianide usw.) 3. Negride (Sudanide, Nilotide, Australide) (nach Egon v. Eickstedt).
- Als „Arier“ (Sanskrit aryâ, der Edle) wurden Inder und Iranier bezeichnet. Die Übertragung auf die nichtsemitischen Angehörigen der weißen Rasse ist unwissenschaftlich.

Im Verlauf der Diskussion können folgende Aspekte zur Sprache kommen:
- Der populäre Glaube an die umfassende Geltung gewisser Naturgesetze für alle Lebewesen führt zur unkritischen Übernahme biologischer Kategorien auf menschliche Verhältnisse; das ist schon deshalb fragwürdig, weil der Mensch nicht einfach ein höheres Tier ist (Biologismus).
- In einem Volk können verschiedene Rassengruppen und Rassen zusammenleben, der Begriff „Volk“ fällt also nicht mit dem der „Rasse“ zusammen.
- Nicht die „Reinhaltung“ der Rasse, sondern im Gegenteil, die Rassenmischung war in der Geschichte häufig eine Voraussetzung kultureller Entfaltung.
- Wer die Reinhaltung der Rasse zum obersten Gebot erklärt, setzt das inhumane Recht des Stärkeren an die Stelle des humanen Rechts.

- Die Idee der Volksgemeinschaft appellierte vordergründig an das soziale Empfinden, an Solidarität und Nächstenliebe und scheint sich gegen Klassenherrschaft und Standesdünkel zu wenden. Aber dieser positive Ansatz wird pervertiert: das Interesse und die Würde des einzelnen Menschen werden den übergeordneten Zielen des Kollektivs geopfert, die natürlichen Interessengegensätze innerhalb einer Gesellschaft werden vertuscht. Menschen, die sich in erster Linie als Teile einer rassisch fundierten Gruppe, eines „höheren" Ganzen empfinden, sind leicht manipulierbar, wenn ein „Führer" seine Befehle im Hinblick auf dieses angeblich höhere Interesse rechtfertigt.
- Die Berufung auf die „grenzenlose" Liebe zum eigenen Volk mißbraucht das natürliche Gefühl der Zusammengehörigkeit der Bürger innerhalb einer Nation in der Weise, daß die eigene Nation zum höchsten Wert gemacht wird. Diese Liebe führt zu einem fanatischen Nationalismus (Chauvinismus), der ohne Rücksicht auf Recht und Unrecht anderen Völkern die Existenzberechtigung abspricht, wenn deren Interessen mit den Interessen des eigenen Volkes zusammenstoßen.
- Die obrigkeitsstaatliche Tradition, die in Deutschland immer noch wirksam war, das Vertrauen auf die großen Männer, die angeblich Geschichte machen, erleichterten die Durchsetzung des „Führerprinzips". Im Grunde steht diese Doktrin für das Prinzip der Diktatur. Ein Herrscher, der auch bei erwiesener Gefährlichkeit oder Unfähigkeit nicht absetzbar ist, regiert aus eigener Machtvollkommenheit. Indem er die politische Mitbestimmung der Bürger unmöglich macht, entmündigt er sie, macht sie verfügbar und schutzlos gegenüber den Maßnahmen des Staates. Nur durch demokratische Wahlen, Beschränkung der Amtszeit, parlamentarische Kontrolle und durch die Überwachung durch unabhängige Gerichte kann verhindert werden, daß die Regierenden ihre Macht mißbrauchen.

(Siehe auch Tafelbild, Stundenblatt)

Unterrichtsschritt 4
Die Wirkung der nationalsozialistischen Lehren auf einige Zeitgenossen

Zum Abschluß der Stunde werden drei Texte vorgelesen:

1. Auszug aus dem Roman von Hans Grimm „Volk ohne Raum", Rede des Cornelius Friebott (Hey/Radkau, Nationalsozialismus und Faschismus, S. 93).
2. Auszug aus M. Maschmann, Fazit, S. 70f. (abgedr. in: Hey/Radkau, a.a.O., S. 94. Zeitaufnahme 3, S. 57). Maschmann, 1939 Pressereferentin der HJ in Posen, berichtet vom Rassenkunde-Unterricht, der die Geburtenziffer der slawischen Völker als eine Bedrohung für die deutsche Herrenrasse darstellt. Daraus erwächst für die Verfasserin die Furcht vor der biologischen Überlegenheit dieser Völker.
3. Auszug aus Inge Scholl, Die weiße Rose, Frankfurt 1958, S. 12ff.: „An einem Morgen hörte ich auf der Schultreppe eine Klassenkameradin zur anderen sagen: ‚Jetzt ist Hitler an die Regierung gekommen.' Und das Radio und alle Zeitungen verkündeten: Nun wird alles besser werden in Deutschland. Hitler hat das Ruder ergriffen.

Zum ersten Mal trat die Politik in unser Leben. Hans war damals 15 Jahre alt, Sophie 12. Wir hörten viel vom Vaterland reden, von Kameradschaft, Volksgemeinschaft und Heimatliebe. Das imponierte uns, und wir horchten begeistert auf, wenn wir in der Schule oder auf der Straße davon sprechen hörten. Denn unsere Heimat liebten wir sehr, die Wälder, den Fluß... Das Vaterland, was war es anders als die größere Heimat all derer, die die gleiche Sprache sprachen und zum selben Volke gehörten. Wir liebten es... jetzt wurde es groß und leuchtend an den Himmel geschrieben. Und Hitler, so hörten wir überall, wollte diesem Vaterland zu Größe, Glück und Wohlstand verhelfen; er wolle sorgen, daß jeder Arbeit und Brot habe; nicht ruhen und rasten wolle er, bis jeder einzelne Deutsche ein unabhängiger, freier und glücklicher Mensch in seinem Vaterland sei. Wir fanden das gut, und was immer wir dazu beitragen konnten, wollten wir tun."

Fragen:
- Was erhofften sich die Menschen von der Verwirklichung der nationalsozialistischen Ideen?
- An welche Ängste wurde appelliert?

Hausaufgabe

Erklären Sie die Bedeutung folgender nationalsozialistischer Schlagworte:
„Du bist nichts, dein Volk ist alles."
„Gemeinnutz geht vor Eigennutz."

Alternative: Verfassen Sie eine Leserzuschrift an eine rechtsradikale Zeitung, in der Sie in aller Kürze darlegen, warum Sie die nationalsozialistische Weltanschauung für kriminell halten.

7. Stunde: Die Nationalsozialisten heben die Grundrechte auf

Vorbemerkungen

Der Schwerpunkt dieser Stunde liegt auf der Analyse der sog. Brandverordnung.
In der Einführung erhalten die Schüler Informationen über die Vorgänge um den Brand des Reichstagsgebäudes, allerdings ohne daß auf die Kontroverse um die möglichen Täter eingegangen wird. (Die These von der Alleintäterschaft van der Lubbes vertreten z. B. H. Mommsen, Der Reichstagsbrand und seine Folgen, Vierteljahrshefte für Zeitgeschichte 1/1964 und A. Berndt, Zur Entstehung des Reichstagsbrands, Vierteljahrshefte für Zeitgeschichte 1/1975; dieser Ansicht widersprechen W. Hofer/Chr. Graf. Neue Quellen zum Reichstagsbrand, Geschichte in Wissenschaft und Unterricht 2/1976).
Die Informationen und die Kenntnisse, die sie in den vorhergehenden Stunden gewonnen haben, ermöglichen es den Schülern, die zentralen Fragen zu beantworten, die die Struktur dieses Stundenentwurfs bestimmen:
- Wie gelang es den Nazis, die Grundrechte aufzuheben?
- Welche Absichten verfolgten sie mit dieser Aktion?

Zuerst wird der Wortlaut der „Amtlichen Mitteilung des Preußischen Pressedienstes" untersucht. Dann überprüfen die Schüler den Text eines Wahlplakates vom 5. 3. 1933, und schließlich werden Inhalt und Formulierung der Brandverordnung analysiert. Bei allen diesen Untersuchungen, besonders aber bei der Auswertung dieser wichtigen Verordnung, geht es um die Entlarvung der Behauptungen und Lügen und um die Feststellung der tatsächlichen Verhältnisse, die durch die Informationspolitik des NS-Regimes absichtlich verschleiert wurden.
Durch die Brandverordnung wurde der Ausnahmezustand festgeschrieben und der Rechtsstaat beseitigt. „Hier und nicht erst im späteren Ermächtigungsgesetz wurde die Basis des Rechtsstaats verlassen und noch mitten im Aufschwung der „nationalen Erhebung" das Instrument für die Willkürherrschaft der Partei geschaffen." (K. D. Erdmann, Deutschland unter der Herrschaft des Nationalsozialismus 1933–1939, S. 82)
Es empfiehlt sich, ganz konkret die Möglichkeiten aufzuzeigen, die den Nationalsozialisten durch die Abschaffung der Grundrechte bei der Verfolgung ihrer Gegner in die Hand gegeben wurden.

Die Brücke zwischen den Ereignissen vom Februar 1933 zu unserer Gegenwart schlägt der Exkurs über den Stellenwert der Grundrechtsartikel im Grundgesetz der Bundesrepublik Deutschland. Hier kann den Schülern einsichtig gemacht werden, daß die Väter des Grundgesetzes Lehren gezogen haben aus der Geschichte des Jahres 1933. In Erinnerung an die fatale Brandverordnung und ihre Folgen wurde eine Aufhebung dieser Grundrechte ausdrücklich untersagt.
Zur Abrundung der Stunde dienen Hinweise, die deutlich machen, wie einige Zeitgenossen auf die Beseitigung der Grundrechte reagierten. Der herrschende Antikommunismus verstellte vielen Deutschen den Blick auf die tatsächlichen politischen Verhältnisse in ihrem Land. Sie waren bereit, die Ausnahmegesetze, die der staatlichen Willkür Tür und Tor öffneten, als das kleinere Übel hinzunehmen.

Ziele der Stunde

Die Schüler erkennen,
- daß die NS-Regierung den Reichstagsbrand als erwünschten Vorwand benutzte, um gegen KPD und SPD vorzugehen und so deren Wahlvorbereitung zu beeinträchtigen;
- daß sie die Furcht vor den Bolschewiken als Hebel für ihre angeblichen Staatsschutzmaßnahmen benutzte;
- daß die Brandverordnung die Grundrechte der Weimarer Verfassung aufhob und die gesetzliche Grundlage für die Verfolgung aller Nazi-Gegner schuf.

Die Schüler erarbeiten
- anhand einer „Amtlichen Mitteilung" die Methoden, mit denen die Nazis die Wahrheit verschleierten, indem sie die Amtlichkeit als Deckmantel benutzten;
- anhand eines Wahlplakats, wie Angst in Aggressivität umgesetzt und unbewiesene Behauptungen als unumstößliche Wahrheiten ausgegeben wurden;
- anhand eines Text-Auszugs der „Brandverordnung" die wahren Absichten der NS-Regierung;
- anhand eines Artikels die illusionäre Haltung eines Journalisten und im Vergleich dazu
- anhand eines Tagebucheintrags die realistische Einschätzung der Verordnung als machtpolitisches Mittel durch Goebbels.

Die Schüler beurteilen
- die Mittel, mit denen das NS-Regime die öffentliche Meinung manipulierte;
- die Konsequenzen der Brandverordnung für den Bürger;
- die Bedeutung der Grundrechte für den einzelnen.

Verlaufsskizze

Unterrichtsschritt 1
Der Reichstag brennt

Lehrervortrag: Hitler konnte seinen Plan verwirklichen, schon am 1. Februar wurde der Reichstag aufgelöst; für den 5. März wurden Neuwahlen angesetzt. Eine Woche vor den Reichstagswahlen wurden überall in Deutschland Wahlversammlungen abgehalten. Da ereignete sich etwas Unerhörtes: in der Nacht vom 27. auf den 28. Februar brach im Reichstagsgebäude in Berlin Feuer aus, und zahlreiche Spuren wiesen auf Brandstiftung. Als Verdächtige wurden einige führende Kommunisten verhaftet und vor Gericht gestellt. Allerdings erklärte das Reichsgericht am 23. 12. 1933 nur den Holländer van der Lubbe wegen „aufrührerischer Brandstiftung" für schuldig und verurteilte ihn zum Tode. Die mitangeklagten Kommunisten wurden freigesprochen. Bis heute ist umstritten, wer die Hintermänner der Brandstiftung waren. Manche Historiker glauben, daß die Nazis selbst den Brand legten. Andere vertreten die Auffassung, daß van der Lubbe als Einzeltäter handelte, vielleicht wollte er mit dieser aufsehenerregenden Aktion ein Zeichen setzen gegen die Herrschaft der Nationalsozialisten.

Unterrichtsschritt 2
„Amtliche Mitteilung des preußischen Pressedienstes“

Der Lehrer projiziert eine Folie mit der Nachricht, die die Menschen in Deutschland am 28. Februar 1933 in den Zeitungen lasen. (Menschen in ihrer Zeit 4, S. 83; Krieger, Die Neueste Zeit 1850–1945, S. 229; Wulf, Weltgeschichte 1919–1939, S. 70f.)
Zusammenfassung: Die Brandstiftung war ein Terrorakt des Bolschewismus. Bei der Durchsuchung des Karl-Liebknecht-Hauses fand man Anweisungen zu weiteren Brandstiftungen und anderen terroristischen Aktionen. Durch die Entdeckung des Materials wurde die planmäßige Durchführung der bolschewistischen Revolution gestört. Der Brand des Reichstagsgebäudes sollte ein Zeichen zum Bürgerkrieg sein.

Gesprächsimpulse:
- Was erwartet der Leser von einer amtlichen Mitteilung?
- Welcher Hinweis sollte die Alleinschuld der Kommunisten beweisen?
- Warum wird von „Bolschewismus“ und „bolschewistisch“ gesprochen?
- Die bolschewistische Revolution ist durch die Auffindung des belastenden Materials „gestört“ worden. Welcher Eindruck soll durch diese Formulierung erweckt werden?

Erwartete Antworten:
- Unter dem Deckmantel der „Amtlichkeit“ (man erwartet Objektivität, Neutralität, behutsame Formulierung auf dem Hintergrund gesicherten Tatsachenwissens) werden dem aufgeschreckten Leser faustdicke Lügen aufgetischt, denn die angebliche Schuld der Kommunisten konnte niemals bewiesen werden.
- Mit der Gleichsetzung kommunistisch = bolschewistisch wird unterschwellig die Angst des ordnungsliebenden deutschen Bürgers vor dem roten Terror nach russischem Muster aktiviert.
- Dem Leser soll außerdem suggeriert werden, daß die Gefahr einer bolschewistischen Revolution noch keineswegs gebannt sei („gestört“).

Erweiterung: Interessant ist auch die Darstellung des Reichstagsbrands und seiner Folgen in einem Geschichtsbuch der Nazizeit:

„Der Brand sollte das Signal zum bolschewistischen Aufstand werden. Noch von der Brandstätte aus ließ Göring schlagartig die kommunistischen Führer und Funktionäre verhaften... Der Hauptschuldige wurde an der Brandstätte festgenommen und nach einer eingehenden Verhandlung vor dem Reichsgericht zum Tode verurteilt und hingerichtet. Alle marxistischen Zeitungen wurden verboten, die öffentlichen Gebäude... durch Posten und Streifen gesichert. Am nächsten Tag erließ der Reichspräsident eine „Verordnung zum Schutze von Volk und Staat“; sie setzte die sogenannten Grundrechte der Weimarer Verfassung außer Kraft... Nach wenigen Tagen war die Gefahr beseitigt. Das blitzschnelle und tatkräftige Zupacken hatte Deutschland vor Terror und Bürgerkrieg gerettet.“
(Volk und Führer. Deutsche Geschichte für Schulen, hrsg. von Dietrich Klagges, Klasse 5: Nun wieder Volk, bearbeitet von Walter Franke, Frankfurt 1939, S. 222, abgedr. in: Günther van Norden, Das Dritte Reich im Unterricht, Frankfurt 1977, S. 16f.)

Die Auswertung wird mit folgender Frage eingeleitet:
- In welchem Lichte soll das Vorgehen gegen die Kommunisten erscheinen?

Unterrichtsschritt 3
Analyse eines nationalsozialistischen Wahlplakats zu den Reichstagswahlen am 5. März 1933

In einer Stillarbeitsphase beschäftigen sich die Schüler mit dem Wahlplakat „Der Reichstag in Flammen". (Zeitaufnahme 3, S. 58; Menschen in ihrer Zeit 4, S. 82; Staatensystem und Weltpolitik, S. 99; erinnern und urteilen Bd. IV, S. 72; Grosche, Der Nationalsozialismus und der Zweite Weltkrieg, S. 5; Bild 3 der Dia-Serie „Hitler erringt die Macht", R 546, FWU)

Arbeitsaufträge:
- Beschreiben Sie die Wirkung, die von diesem Plakat ausgehen soll.
- Weisen Sie an einigen Formulierungen nach, wie Angst in Aggressivität umgesetzt wird.
- Mit welchem „Argument" werden neben den Kommunisten jetzt auch die Sozialdemokraten angeprangert?

Das anschließende Unterrichtsgespräch macht den Schülern folgende Zusammenhänge einsichtig:
- Zuerst wird durch die Behauptung, unter der Herrschaft der Kommunisten und Sozialdemokraten würden nach dem Muster des Reichstagsbrands Brandstiftung und Mord herrschen, Angst geschürt.
- Als Ausweg aus der bedrohlichen Situation bietet sich die entschlossene Vernichtung des Feindes an, nachdem seine Gefährlichkeit erkannt ist („zerschmettern, zerstampfen").
- Die Sozialdemokraten werden als Verbündete der Kommunisten bezeichnet und damit zu Mitschuldigen erklärt.

Unterrichtsschritt 4
Die „Brandverordnung"

Die Schüler erhalten den (gekürzten) Text der „Verordnung des Reichspräsidenten zum Schutz von Volk und Staat vom 28. 2. 1933".

Textinhalt: Die Grundrechtsartikel der Weimarer Verfassung (Garantie der persönlichen Freiheit, Recht auf freie Meinungsäußerung, Pressefreiheit, Vereins- und Versammlungsrecht, Wahrung des Brief-, Post-, Telegraphen- und Telefongeheimnisses, gesetzlicher Schutz vor Hausdurchsuchungen, Garantie des Eigentums) werden „bis auf weiteres" außer Kraft gesetzt. Die Reichsregierung kann außerdem die Befugnisse der obersten Landesbehörden „vorübergehend" wahrnehmen, wenn in einem der Länder die öffentliche Ordnung beeinträchtigt ist.
(Hohlfeld, Dokumente der deutschen Politik und Geschichte von 1848 bis zur Gegenwart, Bd. IV, S. 19f.; Jacobsen-Jochmann II, C, S. 1; Quellenband II, S. 224; Politik und Gesellschaft 2, S. 155f; Krieger, Die Neueste Zeit 1850–1945, S. 229; Conze, Der Nationalsozialismus, Teil I, S. 62f.; Hofer, Der Nationalsozialismus, S. 53; Wulf, Weltgeschichte 1919–1939, S. 72f.; Fragen an die Geschichte 4, S. 44; erinnern und urteilen Bd. IV, S. 72; Menschen in ihrer Zeit 4, S. 83; Zeiten und Menschen 4, S. 117)
Die Auswertung erfolgt im Unterrichtsgespräch.
Besprechungsvorschläge:
- Wodurch soll der Schein der Gesetzmäßigkeit gewahrt werden?
- Welche Formulierungen sind verräterisch?
- Erörtern Sie die Möglichkeiten, die diese Verordnung der Regierung bei der Bekämpfung ihrer Gegner gibt.
- Welche Folgen können die Bestimmungen des § 2 für die Länder haben?
- Was ist das (angebliche) Ziel dieser Verordnung?
- Was wollen die Nationalsozialisten tatsächlich erreichen?

Ergebnis:
- Die „Brandverordnung" ist eine Notverordnung im Sinne des § 48 der Weimarer Verfassung; anstelle eines Gesetzes, das

vom Parlament gebilligt wird, erläßt die Regierung eine Verordnung.

- Auffällig ist, daß die Dauer der Gültigkeit nicht angegeben ist. Formulierungen wie „bis auf weiteres“ und „vorübergehend“ zeigen, daß der Ausnahmezustand auf lange Sicht gelten soll (Ergänzung durch den Lehrer: diese Verordnung war bis zum Ende des Dritten Reiches 1945 in Kraft).
- Richterliche Überprüfung oder irgendeine Beschwerdemöglichkeit gegenüber den Maßnahmen, die aufgrund dieser Verordnung getroffen wurden, waren nicht vorgesehen.
- Angeblich geht es um die Abwehr kommunistischer Gewaltakte, die den Staat bedrohen, in Wirklichkeit können die Nationalsozialisten jetzt ihre Gegner
- verhaften, ohne richterliche Anordnung,
- ihr Eigentum konfiszieren,
- ihre Häuser durchsuchen,
- die Gegner durch Abhören des Telefons und Überprüfung ihrer Post überwachen,
- mißliebige Druckschriften und Zeitungen verbieten,
- Parteiversammlungen untersagen und damit Parteiorganisationen zerschlagen,
- mit Hilfe der Bestimmungen des § 2 konnte außerdem die Unterwerfung der Länderregierungen unter die Zentralgewalt vorbereitet werden,
- der Ausnahmezustand wird zum Normalfall, die Nazis haben den Rechtsstaat beseitigt.

Ergänzender Hinweis durch den Lehrer: Unmittelbar, nachdem die Brandverordnung in Kraft getreten war, verhafteten die Nationalsozialisten zahlreiche Gegner. Schon damals wurden Straflager, die Vorläufer der späteren Konzentrationslager, eingerichtet.

Unterrichtsschritt 5
Zwei Reaktionen auf die Brandverordnung

Der Lehrer liest zum Abschluß einen Auszug aus dem „Miesbacher Anzeiger“ vor (einer Zeitung, die der Bayerischen Volkspartei nahestand) und stellt dieser Meinungsäußerung einen Ausschnitt aus Goebbels Tagebuch gegenüber:

Leitartikel des „Miesbacher Anzeiger“ (2.3.33)
„Schluß mit Moskau.
... Diese Notverordnung wird keinen Gegner finden trotz der geradezu drakonischen Maßnahmen, die sie androht... Die Fanatiker, die aus Deutschland eine asiatische Räuberhöhle machen wollten, müssen unschädlich gemacht werden. Die Konsequenzen aus dem schärfsten Kampf gegen den Kommunismus sind endlich gezogen... Es geht um mehr als Parteien, es geht um Deutschland, ja um die ganze, auf dem Christentum aufgebaute abendländische Kultur. Und darum begrüßen wir die letzte Notverordnung.“
(zit. nach Ian Kershaw, Der Hitler-Mythos, 1920–1945, Schriftenreihe der Vierteljahrshefte für Zeitgeschichte Nr. 41, Stuttgart 1981, S. 49f.)

Aus Goebbels Tagebuch (27./28.2.1933)
„27. Februar 1933... Nun ist der entscheidende Augenblick gekommen... Sofort verbietet Göring die gesamte kommunistische und sozialdemokratische Presse. Die kommunistischen Funktionäre werden in der Nacht dingfest gemacht. Die SA wird alarmiert... 28. Februar 1933... Es erfolgen Verhaftungen über Verhaftungen. Nun wird die rote Pest mit Stumpf und Stiel ausgerottet... Widerstand zeigt sich nirgendwo. Das gegnerische Lager scheint durch unser plötzliches und scharfes Durchgreifen so verblüfft zu sein, daß es sich gar nicht mehr zu wehren wagt.“

(Joseph Goebbels, Vom Kaiserhof zur Reichskanzlei, Berlin 1936, S. 270 f.; Menschen in ihrer Zeit 4, S. 82).

Gesprächsimpulse:
- Welche Werte sind nach Meinung des Journalisten mit Hilfe dieser Notverordnung wirkungsvoll verteidigt worden?
- Beschreiben Sie die Reaktion Goebbels.

Erwartete Antworten:
- Zwar ist der „Miesbacher Anzeiger“ mit den angedrohten Maßnahmen (Todesstrafe) nicht ganz einverstanden, aber die Verteidigung des Christentums und der abendländischen Kultur gegen den Kommunismus wird entschieden begrüßt, die nationalsozialistische Darstellung der Vorgänge um den Reichstagsbrand wird kritiklos übernommen.
- Goebbels erkennt, daß die Verordnung den Nationalsozialisten sehr wirkungsvolle Mittel an die Hand gibt, die bei der Verfolgung der Gegner eingesetzt werden können.
- Durch diese Maßnahmen werden vor allem die Kommunisten und die Sozialdemokraten in der Vorbereitung des Reichstagswahlkampfes behindert. (Siehe Tafelbild, Stundenblatt)

Exkurs: An Art. 19, Abschnitt 4 und Art. 79, Abschnitt 3 des Grundgesetzes kann den Schülern deutlich gemacht werden, durch welche Sicherungen – in Erinnerung an die Notverordnung vom 28. 2. 1933 – eine Beseitigung der Grundrechte unmöglich gemacht wird (Überprüfung einer evtl. Grundrechtsverletzung durch die ordentliche Gerichtsbarkeit, eine legale Aufhebung der Grundrechte ist nicht möglich; vgl. auch GG Art. 20, 4: 15. Stunde).
Hausaufgabe: die Frage nach den Sicherungen gegen eine Aufhebung der Grundrechte im Grundgesetz kann auch als Hausaufgabe gegeben werden.

Hausaufgabe

Die Schüler analysieren Art. 1, 2 und 5 des Gesetzes „Zur Behebung der Not von Volk und Reich“ (Ermächtigungsgesetz) vom 24. März 1933 und beantworten zwei Fragen schriftlich:
1. Welche zusätzlichen Kompetenzen werden der Regierung zugebilligt?
2. Welche Garantien werden gegeben?

(Fundstellen: Conze, Der Nationalsozialismus, Teil I, S. 65; Hey/Radkau, Nationalsozialismus und Faschismus, S. 32; Ripper, Der europäische Faschismus und das Dritte Reich, S. 75; Hofer, Der Nationalsozialismus, S. 57; Wulf, Weltgeschichte 1919–1939, S. 76; Mickel/Kampmann/Wiegand, Politik und Gesellschaft 2, S. 156; Fragen an die Geschichte 4, S. 44; Zeitaufnahme 3, S. 60; Grosche, Der Nationalsozialismus und der Zweite Weltkrieg, S. 11 f.; Spiegel der Zeiten Bd. 4, S. 89 f.; Geschichtliche Weltkunde Bd. 3, S. 109; Staatensystem und Weltpolitik, S. 100.)

8. Stunde:
Die Entmachtung des Reichstags und die Gleichschaltung des öffentlichen Lebens

Vorbemerkungen

Der Bericht über die Gleichschaltung des Gemeinderats in einer Kleinstadt wird den Schülern ohne weitere Erklärung vorgelegt. Im Sinn des „entdeckenden Lernens“ (vgl. Wolfgang Hug, Geschichte lehren und lernen, Frankfurt 1977, S. 152 u. a.) sollen sie selbst die Fragen formulieren, durch deren Beantwortung der Text erschlossen werden kann; gleichzeitig wird erwartet, daß sie die Erkenntnisse aus den vorhergehenden Stunden bei der Deutung und Einordnung der geschilderten Vorgänge anwenden. Die Erörterung über den Inhalt des Ermächtigungsgesetzes wird aus zeitökonomischen Gründen sehr kurz gehalten, da sich die Schüler bereits in der Hausaufgabe damit befaßt haben.

Durch diese selbstgefundenen Fragen wird die Stunde strukturiert. Die Überlegung, wie die Nationalsozialisten ihr verfassungswidriges Vorgehen legalisierten, führt ins Zentrum der Stunde: zu den Bestimmungen und Auswirkungen des Ermächtigungsgesetzes. Vorher aber sind die Voraussetzungen für dieses Gesetz zu klären. Die Angaben über die Verteilung der Mandate nach den Reichstagswahlen ermöglichen die Beantwortung der Frage nach den Chancen einer parlamentarischen Mehrheit für die NSDAP und nach ihren Aussichten, die vorgeschriebene Mehrheit für ein verfassungsänderndes Gesetz zu erhalten. Die anschauliche Beschreibung der Situation im Reichstag vor der Beratung des Ermächtigungsgesetzes zeigt, mit welchen Mitteln des Drucks und der Drohung die Regierungspartei arbeitete, um ihren Willen durchzusetzen. Aber erst durch den folgenden Unterrichtsschritt kann den Schülern klar werden, warum es Hitler gelingen konnte, die Deutschnationalen, die bürgerlichen Mittelparteien und das Zentrum für sein verhängnisvolles Gesetz zu gewinnen. Die Analyse verschiedener Auszüge aus Reden, die bei der Beratung des Gesetzes gehalten wurden, zeigt die illusionäre Politik dieser Parteien, die auf vage patriotische Vorstellungen gegründet war. Die Auseinandersetzung zwischen dem Nationalsozialismus und seinen Gegnern kulminierte in der Kontroverse zwischen Hitler und dem SPD-Abgeordneten Wels. Die Untersuchung der zentralen Begriffe in beiden Reden macht einsichtig, daß hier zwei grundsätzlich verschiedene Wertwelten zusammenstießen. Die Folgen dieses Gesetzes waren doppelter Natur: Die Aufhebung der Gewaltenteilung markierte das Ende der Demokratie in Deutschland, und die Kompetenzen, die die Nazis aus diesem Gesetz ableiteten, führten zu einer langen Reihe von Gleichschaltungsmaßnahmen.

Ziele der Stunde

Die Schüler erkennen,

- daß die Bestimmungen der Reichstagsbrandverordnung für die Nazis auch beim Prozeß der Gleichschaltung des öffentlichen Lebens nützlich waren;
- daß die Umbildung der Gemeinderäte entsprechend den Ergebnissen der Märzwahlen verfassungswidrig war, weil der Reichstag noch kein Gesetz beschlossen hatte;
- daß unter dem Begriff „Gleichschaltung“ die Vereinheitlichung und Unterordnung unter die Richtlinien der Zentralgewalt zu verstehen sind;
- daß die NSDAP bei den Reichstagswahlen am 5.3.1933 die absolute Mehrheit verfehlte;
- daß sie auf eine Koalition mit der DNVP angewiesen war, damit sie eine parlamentarische Mehrheit erreichen konnte;
- daß diese Wahlen keine freien Wahlen waren;
- daß die Annahme des Ermächtigungsgesetzes das Ende der Demokratie in Deutschland bedeutete
- und die Gleichschaltung des öffentlichen Lebens ermöglichte.

Die Schüler erarbeiten

- Leitfragen zur Auswertung eines Textes, die gleichzeitig der Strukturierung der Stunde dienen;
- anhand einiger statistischer Angaben die Aussichten der NSDAP für das Erreichen einer parlamentarischen Mehrheit;
- anhand von Redeauszügen einige Standpunkte und deren Begründung in der parlamentarischen Debatte um das Ermächtigungsgesetz.

Die Schüler beurteilen
- die Gesetzmäßigkeit der Umbildung der Gemeinderäte;
- ob die Reichstagswahlen vom 5.3.1933 freie Wahlen waren;
- die Gründe, die einige Politiker für die Annahme des Ermächtigungsgesetzes geltend machten;
- die Auswirkungen dieses Gesetzes.

Verlaufsskizze

Unterrichtsschritt 1
Wie der gesamte Stadtrat in einer Kleinstadt nationalsozialistisch wurde

Der Text (siehe Vorschlag für ein Arbeitsblatt I) wird den Schülern vorgelegt mit der Aufforderung: Fassen Sie den Text in einem Satz zusammen. Anschließend wird folgende Aufgabe gestellt: Formulieren Sie die Fragen, die nach Ihrer Meinung beantwortet werden müssen, damit dieser Bericht eines Augenzeugen in allen Einzelheiten verständlich wird. Im Unterrichtsgespräch einigt man sich schließlich auf Fragen, die an der Tafel festgehalten werden, z. B.:
- Welche Ergebnisse hatte die Märzwahl? (1)
- Was bedeutet „gesetzmäßige" Bildung des neuen Gemeinderats nach den Ergebnissen der Märzwahl? (2)
- Wie kam die Reichsregierung dazu, sich in die Angelegenheiten der Länder und Gemeinden einzumischen? (3)
- Gab es damals eine gesetzliche Grundlage für die Behandlung der „Roten"? (4)
- Was versteht man unter „Gleichschaltung"? (5)

Im Rückgriff auf die Ergebnisse der vorhergehenden Stunde können die Fragen 3 und 4 von den Schülern beantwortet werden:
Die Reichstagsbrandverordnung vom 28.2. 1933 gab der Regierung die Möglichkeit, die freie Meinungsäußerung und die persönliche Freiheit einzuschränken; schließlich boten die Bestimmungen des § 2 dieser Verordnung eine gewisse Handhabe für die Einmischung der Regierung in die Angelegenheiten der Länder.
Ergänzender Hinweis durch den Lehrer: Allerdings fehlte in der ersten Märzhälfte noch ein förmliches Gesetz, das diesen Vorgang, den die Nationalsozialisten selbst als „Gleichschaltung" bezeichneten, legalisiert hätte; immer noch war der Reichstag für die Gesetzgebung zuständig. Somit war das Vorgehen der Regierung in den Kommunen eindeutig verfassungswidrig.
Die Vermutungen der Schüler über die Bedeutung des Begriffs der Gleichschaltung werden präzisiert:
Unter diesem ursprünglich technischen Begriff verstanden die Nazis die Vereinheitlichung und Unterordnung von Einzelnen und Gruppen unter die Richtlinien der politischen Zentralgewalt.

Unterrichtsschritt 2
Die Reichstagswahl vom 5.3.1933

Den Schülern wird ein Foliensatz gezeigt, der folgende Angaben enthält:
1) 5.3.1933: Reichstagswahlen: Mandate der Parteien

Regierungskoalition	NSDAP	288	**340**
	DNVP	52	
BVP		19	**226**
Splitterparteien		9	
DDP (Staatspartei)		5	
Zentrum		73	
SPD		120	
KPD		81	**81**

2) Gesamtzahl der Abgeordneten: 647
Nach § 76 der Weimarer Verfassung müssen bei Verfassungsänderungen 2/3 der Abge-

ordneten anwesend sein, von diesen müssen wiederum $2/3$ dem Gesetz zustimmen.
$2/3$ von 647 = 431 Abgeordnete

3) Die Mandate der Kommunisten wurden nicht „zugeteilt"
Gesamtzahl der Abgeordneten ohne KPD : 566
$2/3$ von 566 = 378

Das anschließende Unterrichtsgespräch konzentriert sich auf folgende Fragen:
- Wie beurteilen Sie den Erfolg der Nationalsozialisten?
- Welche Möglichkeiten hat diese Partei, wenn sie sich eine verfassungsändernde $2/3$-Mehrheit verschaffen will?
- Welche Rolle spielte das Zentrum?

Die Antworten der Schüler könnten so lauten:
- Obwohl die NSDAP als Regierungspartei bei ihrem Wahlkampf alle staatlichen Mittel einsetzen konnte, wählte mehr als die Hälfte der Wahlberechtigten andere Parteien.
- Nur durch eine Koalition mit der DNVP konnte die NSDAP eine knappe parlamentarische Mehrheit von 51 % erreichen.
- Die Stimmen des Zentrums waren für die Annahme oder Ablehnung eines verfassungsändernden Gesetzes ausschlaggebend.

Ergänzung: Die Deutung einer Karikatur zu diesen Wahlen (Struve, vox populi. The German election takes place to-morrow, The Daily Express, 4. März 1933, in: H. und W. Krüger, Geschichte in Karikaturen, a. a. O., S. 142) konzentriert sich auf die Frage: hat Struve die Begleitumstände der Wahl richtig dargestellt? Oder konnten „die Wähler am 5. März 1933 ihre Stimme noch frei und unabhängig abgeben..."? (Alfred Milatz, Wähler und Wahlen in der Weimarer Republik, Bonn, Bundeszentrale für politische Bildung, 1968, S. 148).
Die Schüler diskutieren diese Frage und kommen zu folgenden Einsichten:
- Gegen diese Auffassung spricht die Tatsache, daß damals schon viele führende Sozialdemokraten und Kommunisten verfolgt wurden.
- Die Aberkennung der KPD-Mandate war verfassungswidrig.
- Versammlungs- und Pressefreiheit waren eingeschränkt.
- Die paramilitärischen nationalsozialistischen Organisationen der SA und SS schufen ein Klima der Einschüchterung durch ungesetzliche Maßnahmen der Verfolgung und Unterdrükkung der Nazi-Gegner.

Unterrichtsschritt 3
Die Situation im Reichstag vor der Beratung des Ermächtigungsgesetzes

Ausgehend von einer Fotografie, die den Einmarsch von SA- und SS-Einheiten in die Krolloper in Berlin zeigt (Zeiten und Menschen 4, S. 119; Bild 6 der Dia-Serie „Hitler erringt die Macht" R 456 FWU) berichtet der Lehrer über die Situation im Reichstag am 23. 3. 1933. (Geeignete Dias: „Die Weimarer Republik", Reihe Nr. 1284, Jünger-Verlag; „Das 3. Reich", 1285, Jünger-Verlag):
Die Krolloper in Berlin ist provisorisch als Sitzungssaal des Reichstages hergerichtet worden. Im Foyer und in den Korridoren drängen sich zahlreiche SA- und SS-Leute in Braunhemden mit Hakenkreuzbinden, in Reithosen und Schaftstiefeln, die angeblich den Ordnungsdienst versehen sollen. Auch die 288 nationalsozialistischen Abgeordneten sind in Uniform erschienen; sie begrüßen sich mit ausgerecktem rechten Arm, mit dem sogenannten „Deutschen Gruß": „Heil Hitler". Eine große Hakenkreuzfahne bedeckt die Wand hinter dem Stuhl des Reichstagspräsidenten Göring. Die Stimmung ist erregt, man munkelt von 26 sozialdemokratischen Abgeordneten, die teils verhaftet und teils geflohen waren, um sich einer drohenden Verhaftung zu entziehen. Vor der Oper rufen Sprechchöre der aufmarschierten Parteiverbände: „Wir wollen das Gesetz, sonst Mord und Totschlag!" Die Nationalsozialisten hof-

fen, daß ihnen das Parlament durch die Annahme des Ermächtigungsgesetzes freie Hand in der Führung des Staates geben wird. Eine Sitzung des Reichstags beginnt, die über das zukünftige Schicksal Deutschlands entscheiden wird. (Grosche, Der Nationalsozialismus und der Zweite Weltkrieg, a.a.O., S. 8f.).
Die Frage, welche Wirkungen das Auftreten der Nationalsozialisten auf die übrigen Abgeordneten haben mußte, können die Schüler im anschließenden Unterrichtsgespräch so beantworten: Sie mußten sich seelisch und körperlich unter starken Druck gesetzt fühlen; die Abgeordneten erkannten, daß der Reichstag unter den übermächtigen Einfluß der Regierungspartei geraten war.

Unterrichtsschritt 4
Das Ermächtigungsgesetz

(Systematisierung der Hausaufgabe)
Durch folgende Fragen kann die Hausaufgabe aktiviert werden:
- Was steht im Ermächtigungsgesetz?
- Was ist an diesem Gesetz ungewöhnlich?

Mögliche Antworten der Schüler:
- Die Regierung hat jetzt die ausführende und die gesetzgebende Gewalt; das demokratische Prinzip der Gewaltenteilung ist damit aufgehoben.
- Die Regierung kann die Verfassung ändern.
- Sie kann Verträge mit dem Ausland ohne Zustimmung des Parlaments schließen.

Information durch den Lehrer:
- Das Gesetz wurde mit einer Mehrheit von 444:94 (SPD) Stimmen angenommen.
- Durch das Gesetz, dem mehr als $2/3$ der Abgeordneten zustimmten, wurde die Demokratie auch mit Hilfe der Demokraten abgeschafft.

Unterrichtsschritt 5
Die Debatte über das Ermächtigungsgesetz

In einer Stillarbeitsphase analysieren die Schüler Auszüge aus den Reden von Hitler, Kaas und Wels vom 23. März 1933 (Fundstellen: Rede Hitlers: Dokumente der deutschen Politik, Bd. 1, Berlin 1935, S. 35f.; Conze, Der Nationalsozialismus, Teil I, S. 64; Ripper, Der europäische Faschismus und das Dritte Reich, S. 75f.; Fragen an die Geschichte 4, S. 44; Quellenband II, S. 225ff.; G. v. Norden, Das Dritte Reich im Unterricht, S. 20f.; Wulf, Weltgeschichte 1919–1939, S. 74f.; Hohlfeld, Bd. 4, S. 30ff. Rede von Wels: Quellenband II, S. 227f.; Conze, Der Nationalsozialismus, Teil I, S. 65; Ripper, Der europäische Faschismus und das Dritte Reich, S. 76f.; Krieger, Die Neueste Zeit 1850–1945, S. 232f.; Wulf, Weltgeschichte 1919–1939, S. 75f.; Hey/Radkau, Politische Weltkunde II, S. 32f.; Mikkel/Kampmann, Politik und Gesellschaft, S. 156f.; G. v. Norden, Das Dritte Reich im Unterricht, S. 22; erinnern und urteilen Bd. IV, S. 72f.; Staatensystem und Weltpolitik, S. 101; Menschen in ihrer Zeit 4, S. 85. Rede von Kaas: Quellenband II, S. 229f.; Fragen an die Geschichte 4, S. 45; v. Norden, Das Dritte Reich im Unterricht, S. 23f.).

Arbeitsaufträge zur Rede Hitlers:
- Wie wird die Notwendigkeit des Gesetzes begründet?
- Welche Wertvorstellungen stehen im Vordergrund?
- Welche Drohung wird ausgesprochen?
- Wie wirkte diese Rede wohl auf die Zuhörer?

Arbeitsaufträge zur Rede Wels':
- Warum ist dieses Gesetz nach der Meinung des Redners nicht notwendig?
- Welche wichtigen Aufgaben muß der Reichstag weiterhin wahrnehmen?
- Welche Werte müssen verteidigt werden?

Arbeitsaufträge zur Rede Kaas':
- Welche Bedenken hat die Zentrumspartei?
- Warum will sie trotzdem zustimmen?
- Wie ist die Haltung der Zentrumspartei zu beurteilen?

Im anschließenden Unterrichtsgespräch werden die Ergebnisse gemeinsam erörtert und die Haltung und die Motive der drei Politiker beurteilt. Folgende Aspekte sind wichtig:
- Für Hitler ist die Institution des Parlaments eine störende und hinderliche Einrichtung, die den Handlungsspielraum für seine Regierung ungebührlich einschränkt.
- Leitvorstellungen wie Autorität, Stabilität, Disziplin, Souveränität stehen für ihn im Mittelpunkt seines politischen Handelns.
- Im Fall der Ablehnung des vorgeschlagenen Gesetzes durch die Abgeordneten, droht er offen mit der Anwendung von Gewalt („Krieg").
- Wels wirft den Nazis mit Recht vor, aufgrund der ausreichenden parlamentarischen Mehrheit der Regierungskoalition sei das Gesetz überflüssig.
- Die Ideenwelt des Sozialdemokraten ist bestimmt durch folgende Begriffe: Kritik, Kontrolle (hier: der Regierung durch das Parlament), Recht, Menschlichkeit, Freiheit, Sozialismus.
- Wels hat sich als aufrechter Mann dem Machtanspruch Hitlers und seiner Partei mutig entgegengestellt, er hat das letzte freie Wort im deutschen Reichstag gesprochen.
- Die Zentrumspartei hat starke Bedenken wegen der inhaltlichen Unbestimmtheit und der zeitlichen Ausdehnung des Gesetzes.
- Trotzdem verläßt sie sich auf Hitlers vage Zusicherungen.
- Offensichtlich machten sich die bürgerlichen Parteien Illusionen über die ausschließlich machtpolitisch bedingten Ziele, die Hitler durch die Entmachtung des Parlaments erreichen wollte; man glaubte, im Interesse der nationalen Geschlossenheit zu handeln, wenn man gemeinsam der Regierung weitgehende Vollmachten einräumte.
- Manche Bedenken der bürgerlichen Parteien wurden auch durch die Versprechungen Hitlers beschwichtigt: die Existenz des Reichstags und des Reichsrats und die Rechte des Reichspräsidenten sollten nicht angetastet werden; außerdem wurde die Geltungsdauer des Gesetzes auf vier Jahre festgelegt (Aktivierung der Hausaufgabe).

Erweiterung: Anschließend können Ausschnitte dieser Reden mit Hilfe von Schallplatten vorgespielt werden (Diesterweg Schallplattensammlung, Originalaufnahmen aus den Jahren 1933 und 1934, Hitler an der Macht; Christophorus Verlag Herder, Freiburg „Das Dritte Reich in Dokumenten", dazu Textheft, S. 48 f.).

Ergänzung: Die Reaktion der Parteipresse auf die Kontroverse (Artikel des Völkischen Beobachters vom 24. 3. 1933) kann vom Lehrer vorgelesen werden. Dieser Text ist in gewisser Weise typisch für die gehässige Tonart, in der sich die NSDAP mit ihren Gegnern auseinandersetzte:

Revolutionsstimmung herrschte im Reichstag, als der SPD-Führer Wels eine windelweiche Rede hielt, dabei aber doch die Frechheit besaß, auch für die Sozialdemokratie Kampf um die deutsche Gleichberechtigung und Ehre in Anspruch zu nehmen. Da stand Hitler nochmals auf und hielt Abrechnung mit der vor ihm sitzenden Führerschaft des Marxismus, wie diese sie in solcher Schneidigkeit und verachtungsvollen Überlegenheit noch nie gehört hatte... Das war deutlich. Und die „revolutionäre" Führerschaft saß wie ein Rudel angstvoller Hasen, klein und erbärmlich, wie sie in Wirklichkeit immer gewesen war. (V. B. vom 24. 3. 1933)

Alternative: Wenn weniger Zeit zur Verfügung steht, empfehlen wir eine Beschränkung auf die Rede von Kaas. Die Schüler werden aufgefordert, Vermutungen anzustellen, warum dieses brisante

Gesetz mit der erstaunlichen Mehrheit von 444:94 (SPD) Stimmen angenommen wurde. Darauf folgt eine kurze Informationsphase durch den Lehrer und die Beurteilung der Vorgänge durch die Schüler.

Unterrichtsschritt 6
Stationen der Gleichschaltung

Die Schüler erhalten eine Zeittafel, welche Daten zum Thema Gleichschaltung enthält (vgl. Vorschlag für ein Arbeitsblatt II). Nach der Durchsicht verarbeiten die Schüler die Informationen aus der Zeittafel in einem Arbeitsblatt, bei dem die wichtigsten Daten aufgenommen sind (siehe Arbeitsblatt „Hitler ist eingerahmt – Der Rahmen wird gesprengt"). Die Schüler füllen jedes Kästchen aus und schreiben zu den einzelnen Daten die jeweiligen Ereignisse.

Ergänzung: Der Film „Hitler an der Macht" (Ft 558 FWU, Dauer 12 Minuten) bringt eine zusammenfassende Darstellung der wichtigsten Vorgänge und Maßnahmen, die in den Jahren 1933/34 zur Gleichschaltung von NSDAP und Staat führten.

Hausaufgabe

Stellen Sie zusammen, welche Versprechungen, die die Nationalsozialisten 1933 gaben, Ende 1934 bereits überholt waren.

Vorschlag für ein Arbeitsblatt I (8. Stunde, Unterrichtsschritt 1)

Wie der gesamte Stadtrat einer Kleinstadt nationalsozialistisch wurde

„Zunächst waren die neuen Gemeinderäte gesetzmäßig zu bilden nach dem Ergebnis der Märzwahlen. Demgemäß waren also die gemeindlichen Vertretungen noch nicht... einfarbig braun. Schwarz-weiß-rote (= DNVP) waren da, zwei Stück, Rote (= SPD) ebenfalls zwei Stück, und vier Schwarze (= kath. Bayernpartei) – gegenüber elf Braunen (= NSDAP)... In der zweiten Sitzung folgte man dem Beispiel der großen Städte und schmiß die Roten hinaus. Das geschah so: Die zwei Männlein dieser Farbe, von denen der eine übrigens bereits einige Wochen Konzentrationslager hinter sich hatte, hatten soviel Charakter, nicht mit „Heil Hitler" zu grüßen... Da sie es... nicht taten, ergoß der neue Bürgermeister eine Flut von Beschimpfungen über sie aus und forderte sie auf, in ihrem eigenen Interesse die Sitzungen ein für allemal zu verlassen. Da nahmen sie ihre Hüte und gingen... In der dritten Sitzung waren auch die Schwarzen verschwunden. Auf Befehl des bayerischen Innenministers Wagner hatte man sie im ganzen Land verhaftet und gegen die unterschriftliche Erklärung des Austritts aus der Bayerischen Volkspartei und der Niederlegung ihrer Mandate (in den Gemeinde-Bezirks-, Kreis- und Landtagsvertretungen) wieder freigelassen... Die Deutschnationalen wurden in der Folgezeit ratenweise gleichgeschaltet, bis der Rest bedeutungslos an die Wand gedrückt war... So war am 24. April 1933 der Tag gekommen, da der Rat der Stadt nationalsozialistisch rasserein war."
(Otto Michael Knab, Kleinstadt unterm Hakenkreuz. Groteske Erinnerungen aus Bayern, Luzern 1934, S. 23 ff., abgedr. in: George L. Mosse, Der nationalsozialistische Alltag. So lebte man unter Hitler, Königstein/Ts. 1978 [Athenäum], S. 378 f.).

Vorschlag für ein Arbeitsblatt II (8. Stunde, Unterrichtsschritt 6)

Stationen der Gleichschaltung

Zeittafel

28.2.1933	Reichstagsbrandverordnung
21.3.	Ermächtigungsgesetz
31.3.	Erstes Gesetz „zur Gleichschaltung der Länder mit dem Reich"; alle Landtage und alle kommunalen Selbstverwaltungsorgane werden aufgelöst und entsprechend den Reichstagswahlen vom 5.3.33 umgebildet
7.4.	Zweites Gleichschaltungsgesetz: Einsetzung von Reichsstatthaltern, sie bilden Länderregierungen nach eigenem Ermessen
7.4.	Gesetz zur Wiederherstellung des Berufsbeamtentums: nichtarische und politisch unzuverlässige Beamte werden entlassen
2.5.	Auflösung der freien Gewerkschaften, ihr Vermögen wird beschlagnahmt, Funktionäre werden verhaftet
21.5.	Gründung der „Deutschen Arbeitsfront", einer Zwangsorganisation, die Arbeitgeber und Arbeitnehmer umfaßt, Beseitigung der Tarifautonomie und des Streikrechts (Gesetz v. 20.1.34)
22.6.	Verbot der SPD
30.6.	Papen tritt zurück
5.7.	die Zentrumspartei löst sich auf
14.7.	die NSDAP wird zur Staatspartei erklärt (Einparteienherrschaft)
Sept.	Alle freischaffenden Künstler müssen Mitglieder der „Reichskulturkammer" sein
14.2.34	Aufhebung des Reichsrats
1.8.	Hitler vereinigt als „Führer und Reichskanzler" das Präsidenten- und Kanzleramt in seiner Person
2.8.	nach dem Tod Hindenburgs Vereidigung der Wehrmacht auf Hitler als Obersten Befehlshaber

Vorschlag für ein Arbeitsblatt II zur „Gleichschaltung“ (8. Stunde, Unterrichtsschritt 6, Fortsetzung)

„Hitler ist eingerahmt“: 30. 1. 1933

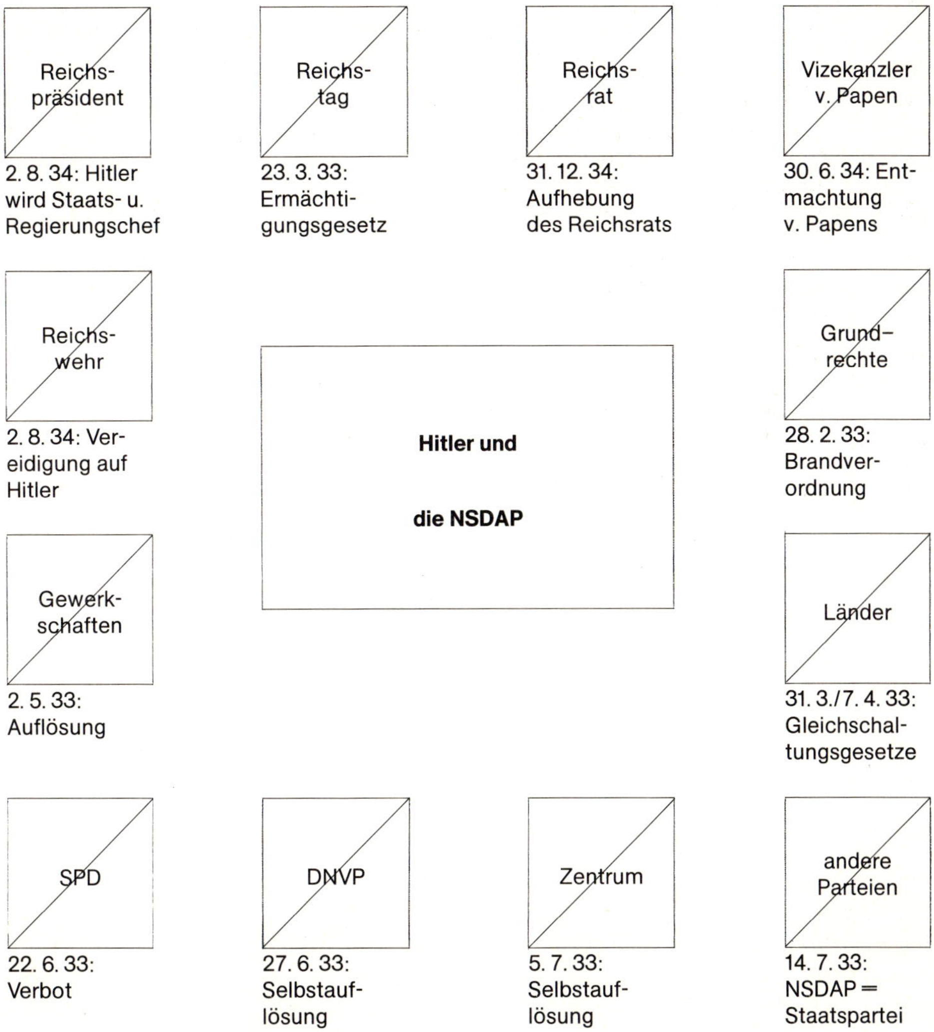

Der Rahmen wird gesprengt: 31. 1. 1933–31. 12. 1934

Arbeitsauftrag:
Vervollständigen Sie aufgrund der Angaben der Zeittafel das Arbeitsblatt, indem Sie zuerst weitere Kästchen beschriften. Streichen Sie dann alle Kästchen nacheinander durch und versehen Sie sie mit einem entsprechenden Vermerk.

9. Stunde: „Führer, wir gehören Dir..."

Vorbemerkungen

Die Geschichte des Nationalsozialismus ist ohne den exzessiven Führerkult, der sich von allen Idolisierungen der neuzeitlichen Geschichte grundlegend unterschied, nicht verständlich. „Nirgends bildete der Führer-Mythos so sehr schon von Anfang an die Mitgift eines politischen Systems und seinen Dreh- und Angelpunkt, sein vorgegebenes Medium und Vehikel, durch das eine neue politische Gruppierung – die Hitler-Bewegung – die ihr eigentümliche Integrations- und Suggestivkraft entfalten und schließlich die kombinierte Macht von Staat und Partei in die Form der ‚Führerherrschaft' bringen konnte." (I. Kershaw, S. 7; vgl. auch Martin Broszat, Soziale Motivation und Führer-Bindung des Nationalsozialismus, Vierteljahrshefte für Zeitgeschichte 4, 1970, S. 409; R. Binion, ... daß ihr mich gefunden habt. Hitler und die Deutschen: eine Psychohistorie, Stuttgart 1978.)

Die letzten Worte von Nationalsozialisten, die die irrationale Bindung an Hitler, die fanatische Hingabe an den Führer im Angesicht des Todes in beklemmender Weise zum Ausdruck bringen, fordern zur Frage nach den Gründen für den Führerkult heraus. Durch die Beschäftigung mit einer Filmaufzeichnung, die Hitler als Redner zeigt, versuchen die Schüler, eine vorläufige Antwort auf diese Frage zu finden. Sie erkennen, daß der Redner mit wirkungsvoll vorgebrachten Behauptungen, Drohungen, Lügen, Versprechungen und Leerformeln arbeitet, die vor allem an die Gefühle der großen Masse gerichtet sind. Anschließend befassen sich die Schüler in einer ausführlichen Gruppenarbeit mit Erlebnisschilderungen und Augenzeugenberichten, in denen Zeitgenossen ihre verschiedenen Begegnungen mit Hitler beschrieben. Die Analyse dieser Texte schafft eine breitere Grundlage für mögliche Antworten auf die Ausgangsfrage. Hitler wird als Retter des Vaterlandes, als berufener Mittler zwischen der Vorsehung und dem deutschen Volk, als Träger einer göttlichen Sendung, als Vater und vor allem als großer Freund der Jugend erlebt. Es ist kein Zufall, daß das Stundenthema ein Zitat aus dem „Weihelied der HJ" ist.

Diese abgöttische Verehrung des Führers fand ihren Ausdruck in Bildern und Büsten, in Liedern und Texten und vor allem in unzähligen Feierstunden, von denen man hätte sagen können: „Denn wo zwei oder drei versammelt waren, war der Führer mitten unter ihnen." (W. S. Allen, Das haben wir nicht gewollt, Gütersloh 1966, S. 222). Doch warum „gehörten" die Menschen Hitler?

Im letzten Teil der Stunde wird versucht, eine tieferdringende Antwort auf diese Frage zu finden. Hitler war nicht groß im Sinne Burkhardts, sondern er war eine Figur, die in der eigenen Person „eine nahezu exemplarische Verbindung aller Ängste, Protestgefühle und Hoffnungen der Zeit" vollzog (Joachim C. Fest, Hitler, Frankfurt, Berlin, München 1973, S. 21). Mit anderen Worten, Hitler war selbst eine Art „Struktur" (I. Kershaw), ein „Sozialcharakter" (W. Benjamin). Viele geängstigte, gedemütigte und verzweifelte Deutsche projizierten ihre Erwartungen auf diesen „Niemand" (J. P. Stern), auf diese „Unperson" (Kershaw), dem es in nahezu perfekter Weise gelang, sich zum Sprachrohr verbreiteter Vorurteile und unklarer Stimmungen zu machen. Nicht die Person Hitler ist von Bedeutung, sondern die Beziehung zwischen Hitler und dem ihn umgebenden Gefüge. „Diese massive politische Irrationalität, die im Führerglauben in Deutschland aufschoß, war... Kompensation für die hochgradige desintegrative politische und gesellschaftliche Wirklichkeit..." (I. Kershaw, S. 14).

Ziele der Stunde

Die Schüler erkennen,
- daß der Redner Hitler ohne Bedenken Gebrauch machte von demagogischen Mitteln;
- daß er sich in wirkungsvoller Weise auf sein jeweiliges Publikum einstellen konnte;
- daß er sich in wechselnden Masken präsentieren konnte, als großer Staatsmann, als Mann der Vorsehung und als einfacher Mann aus dem Volk;
- daß die Wurzeln des Führerkults in die Zeit der absolutistischen Monarchie zurückreichen;
- daß das Vorbild des militärischen Führers, der im Kampf auf Leben und Tod für seine Soldaten verantwortlich ist, die Menschen im Nachkriegsdeutschland für die Faszination durch einen politischen Führer empfänglich machte;
- daß viele Deutsche ihre sozialen und politischen Frustrationen durch den Glauben an einen großen Führer kompensierten.

Die Schüler erarbeiten
- anhand eines Films die Argumentationsweise Hitlers und Elemente seiner Rhetorik;
- anhand von Quellentexten, in welcher Weise verschiedene Menschen die Begegnung mit dem Führer erlebten;
- die geschichtlichen Wurzeln des Führerkults.

Die Schüler beurteilen
- Erscheinung, Auftreten und Wirkung Hitlers als Redner;
- Widersprüche in seiner Argumentation;
- die Reaktion verschiedener Augenzeugen auf Hitler;
- einige Formen der Führer-Verehrung.

Verlaufsskizze

Unterrichtsschritt 1
Letzte Worte von Nationalsozialisten

Zu Beginn liest der Lehrer einige Sätze vor, die überzeugte Nationalsozialisten kurz vor ihrem Tod gesprochen haben:
„Mutter, Mutter, ich sterbe – Hitler, für dich sterbe ich gern!“ Ernst Weinstein, Bremen, gest. 1.1.1931
„Ich bleibe meinem Führer treu bis zum letzten Atemzuge.“ Paul Thewellis, gest. 23.1.1931
„Ich weiß, daß ich recht gehandelt habe, und wenn ich sterbe, dann will ich im Braunhemd begraben werden.“ Johann Gossel, Bremen, gest. 21.6.1931
„Mama, nicht weinen, ich weiß, daß ich für Hitler sterben muß!“ Hitlerjunge Werner Gerhard, Zeitz, gest. 30.6.1932
„Und Hitler siegt doch! Wir siegen ja doch!“ Franz Kopp, Kärnten, gest. 8.3.1933
(Der Schulungsbrief, Nr. 11/1936, S. 414 ff., zit. nach Hans-Jochen Gamm, Der braune Kult, Hamburg 1962, S. 151)

Die Frage: „Welchen Eindruck machen diese Äußerungen auf Sie?“ führt zu spontanen Stellungnahmen der Schüler. Als Ergebnis kann festgehalten werden:
- Diese Menschen starben in dem Gefühl, daß es richtig und sinnvoll ist, für Adolf Hitler das Leben zu lassen.
- Hitlers siegreicher Kampf gibt ihrem Opfer seinen Sinn.
- Ihre Treue zum „Führer“ ist so groß, daß sie sich bis zum letzten Atemzug mit ihm verbunden fühlen.

Wie war es möglich, daß viele Menschen diesem Adolf Hitler geradezu verfallen konnten?
Diese Frage soll in den nächsten Unterrichtsschritten beantwortet werden.

Unterrichtsschritt 2
Der Führer spricht

Information durch den Lehrer: Mit der Kundgebung vom 10.2.1933 eröffnete die NSDAP den Wahlkampf für die Reichstagswahl am 5.3.1933. Auf einer Parteiveranstaltung im Berliner Sportpalast sprach Hitler zum ersten Mal als Parteiführer und Reichskanzler.

Anschließend wird ein Ausschnitt aus dem Film „Hitler spricht" mit Hitlers Rede vom 10.2.1933 vorgeführt (FT 2093, FWU, Gesamtdauer des Films 20 Min., Ausschnitt ca. 4 Minuten).

Es empfiehlt sich, den Schülern den gekürzten Text der Rede in die Hand zu geben (abgedruckt im Beiheft zum Film FT 2093, FWU „Hitler spricht", S.26f.; Fragen an die Geschichte 4, S.44).

Inhalt der Rede: Hitler ist davon überzeugt, daß durch die Bildung der neuen „Regierung der nationalen Konzentration" die Voraussetzungen für die wirkungsvolle Bekämpfung des Marxismus geschaffen wurden. Sein Ziel war es schon immer, den Marxismus in Deutschland vollkommen auszuschalten. Er hat sich entschlossen, seine Bewegung, die inzwischen von ursprünglich 7 Mitgliedern auf 12 Millionen Parteigenossen angewachsen ist, zur Rettung Deutschlands einzusetzen. Billige Versprechungen lehnt er ebenso ab, wie er auch die Lüge ablehnt. Durch eigene Anstrengungen muß sich das deutsche Volk emporarbeiten, es darf sich nicht auf fremde Hilfe verlassen. Hitler bittet das deutsche Volk um eine Frist von vier Jahren, nach Ablauf dieser Zeit ist er bereit, sein Amt aufzugeben.

Besprechungsvorschläge:
- Was ist mit der Beseitigung des Marxismus „aus dem deutschen Leben" gemeint?
- Welchen Sinn hat es wohl, daß der Redner die Geschichte der NSDAP ins Spiel bringt?
- In einer Rede vom 17.10.1932 in Königsberg hatte Hitler geäußert: „Wenn wir einmal die Macht bekommen, dann werden wir sie, so wahr Gott helfe, behalten." (Max Domarus, Hitler. Reden und Proklamationen 1932–1945, 2 Bde., Würzburg 1962/3, Bd. I, S. 14, zit. nach Beiheft a.a.O., S.14)
  Vergleichen Sie diesen Ausspruch mit Hitlers Äußerungen in der vorliegenden Rede.
- Wie beurteilen Sie den gedanklichen Gehalt der gesamten Rede?
- Worauf beruht ihre Wirkung, von welchen rednerischen Mitteln macht Hitler Gebrauch?

Die Antworten der Schüler:
- Ganz offen kündigt Hitler die Auflösung der „marxistischen" Parteien, SPD und KPD, an. Er spekuliert auf die Furcht seiner Zuhörer vor einem marxistischen Umsturz und bietet sich und seine Partei als Retter aus der Not an.
- Mit dem Hinweis auf die Geschichte der NSDAP (sog. Parteierzählung) will er den Menschen suggerieren: so wie die Partei einen unwahrscheinlichen Aufstieg erlebte, so wird auch Deutschland erfolgreich sein, wenn es sich von Hitler und seinen Nationalsozialisten führen läßt.
- Im übrigen besteht der Inhalt der Rede aus Leerformeln;
- der Hinweis auf die Vierjahresfrist soll an demokratische Spielregeln erinnern (Dauer einer Legislaturperiode) und somit dem bürgerlichen Wähler das Risiko einer Stimmabgabe für die NSDAP als gering erscheinen lassen.
- Sein wahres Ziel zeigt Hitlers Ausspruch vom 17.10.1932: Er will die Macht, die er errungen hat, mit allen Mitteln behaupten.
- Die Frage nach den rhetorischen Mitteln kann so beantwortet werden: durch Wiederholungen und parallel gebaute Sätze will er die Eindringlichkeit seiner Worte

verstärken; durch die Anrede der Zuhörer („du deutsches Volk") werden sie in eine Art vorgetäuschten Dialogs einbezogen und persönlich angesprochen.

- Hitler stellt sich bewußt auf die Erwartungen der Masse ein: Seine „Gedanken" sind äußerst schlicht, jeder kann ihm folgen, gefühlsbetonte Wendungen bewirken bei den Zuhörern ein Zurückdrängen verstandesmäßiger Kritik, so daß sie gar nicht merken, daß Hitler vor allem Behauptungen aufstellt, die er nicht beweist, Versprechungen macht, die man einfach glauben soll, und mit Analogien arbeitet (Parteierzählung), die keinerlei Beweiskraft haben können. (Dazu: Hildegard von Kotze und Helmut Krausnick [Hrsg.], „Es spricht der Führer", 7 exemplarische Hitler-Reden, Gütersloh 1966, S. 46 ff.)
- Ein besonders wirkungsvolles Mittel, von dem Hitler nicht selten Gebrauch macht, wenn es gilt, die Deutschen zu überzeugen, ist die Vorspiegelung falscher Tatsachen, denn „die Vorstellung, daß die Regierung lügen könne, geht nicht leicht in die Köpfe der Deutschen ein. Die angeborene Achtung, die sie vor der gesetzmäßigen Autorität haben, bringt sie dazu, sich allem unterzuordnen, was von ihr ausgeht, und dies erst recht, wenn es sich um einen so besonderen Mann handelt, den der Marschall als Reichskanzler berief und der sich als Retter der Bedrängten ausgibt..." (der damalige französische Botschafter in Berlin, André François Poncet, in seinen Erinnerungen „Als Botschafter in Berlin 1931–1938", Mainz 1947, S. 160.) Dieses Zitat wird vom Lehrer vorgelesen.

Bei der Besprechung dieser Wochenschau-Aufzeichnungen ergibt sich die Gelegenheit, auch auf die filmische Präsentation einzugehen. Die Frage nach den filmischen Gestaltungsmitteln kann so beantwortet werden:

- Auffällig ist die geschickte Kameraführung, sie bezweckt teilweise eine Umsetzung verbaler Informationen in optische. Beispiel: beim Hinweis Hitlers auf das Anwachsen seiner Partei von 7 auf 12 Millionen Mitglieder macht die Kamera einen Schwenk: zuerst zeigt sie 7 SA-Leute und bringt dann die Masse der Menschen ins Bild. Auf diese Weise soll die nationalsozialistische Vorstellung von der „Volksgemeinschaft" dokumentiert werden.

Folgende Gesichtspunkte können erörtert werden:

- Was fällt Ihnen bei Hitlers Gestik auf?
- Wie wirkt seine Stimme?
- Wie reagieren die Zuhörer?
- Inwiefern trägt der äußere Rahmen der Veranstaltung zur Gesamtwirkung bei?

Erwartete Beiträge der Schüler:

- Hitler beginnt mit gedämpfter Stimme und verharrt zuerst in Grundstellung, dann steigern sich seine Bewegungen, mit seinen Armen vollführt er beschwörende Gesten, sie fahren empor, die Stimme wird kehlig-laut, überschlägt sich vor innerer Erregung, er schleudert die Sätze heraus, auf die es ihm ankommt, er reckt sich auf den Fußballen, die Zuhörer sind gebannt, Fahnen und Uniformen verstärken die Faszination.
  „Das magische Band ist geknüpft, der Stromkreis geschlossen." (Hildegard von Kotze, Helmut Krausnick, a. a. O., S. 47).

Alternative: Wenn weniger Zeit zur Verfügung steht, kann statt des Films die Schallplatte mit der (gekürzten) Rede Hitlers eingesetzt werden, die im Gegensatz zur Wochenschau-Aufzeichnung den „religiös" gehaltenen Schluß der Rede bringt (Diesterweg Schallplattensammlung, „Hitler an der Macht", Dauer ca. 1 Min.).

Ergänzung: Aufschlußreich ist ein Hinweis auf Hitlers Wahlkampfstil. Im 2. Wahlgang zur Reichspräsidentenwahl 1932 charterte Hitler zum ersten Mal ein Flugzeug, damit er an möglichst vielen Orten in Deutschland Reden halten konnte. Vorher, als er seinen 7-Liter-Mercedes-Kompressor benutzte (Reisegeschwindigkeit 170 km), hatte er an 11 Tagen in 12 Städten gesprochen, jetzt schaffte er in 6 Tagen Kundgebungen in 20 Städten; zwischen April und November 1932 sprach er auf 148 Massenkundgebungen, pro Tag brachte er es auf 3 Großveranstaltungen, in den Großstädten sprach er nicht selten vor 20000–30000 Menschen. „Auf diese Weise sahen und hörten ihn buchstäblich Millionen Deutsche." (Kershaw, S. 41)

Unterrichtsschritt 3
Der Führer und sein Volk

In einem arbeitsteiligen Verfahren werden fünf Quellen ausgewertet. Die einzelnen Gruppen beschäftigen sich mit folgenden Texten (siehe Vorschlag für ein Arbeitsblatt):

Gruppe 1: Albert Speer: Hitler als Bürger (Albert Speer, Erinnerungen, Berlin 1970, S. 32).

Gruppe 2: Besuch beim Führer (Hilf mit! Nr. 7, 1937, zitiert nach: Ingeborg Bayer [Hrsg.], Ehe alles Legende wird. Das 3. Reich in Erzählungen, Berichten, Dokumenten, Baden-Baden 1979, S. 64f.).

Gruppe 3: Der Abgesandte des Himmels (Aus dem politischen Testament Julius Streichers, Vierteljahrshefte für Zeitgeschichte 1978, 4, S. 622f.).

Gruppe 4: Diktat in der Volksschule („Jesus und Hitler", abgedr. in: Johann Neuhäusler, Kreuz und Hakenkreuz. Der Kampf des Nationalsozialismus gegen die katholische Kirche und der kirchliche Widerstand, Teil I, München 1946, S. 11f.; vgl. auch Krieger, Handbuch V, S. 239f.; Hofer, S. 128).

Gruppe 5: Zu Führers Geburtstag (Facsimile Querschnitt durch das Schwarze Korps, Zeitung der Schutzstaffeln in der NSDAP, Organ der Reichsführung SS, hrsg. von Helmut Heiber und Hildegard von Kotze, München, Bern, Wien, 1968, S. 148).

Unterrichtsschritt 4
Zusammenstellung der Ergebnisse der Gruppenarbeit

Wir schlagen dabei folgendes Verfahren vor: Die einzelnen Gruppen halten die Ergebnisse ihrer Arbeit auf Folien fest (wobei der Wortlaut der im folgenden vorgeschlagenen Einzelbefunde entsprechend gekürzt werden muß) und führen auf diese Weise der Klasse ihre Resultate vor. Diese beschrifteten Folien sind dann Grundlage des Tafelbildes, das während des Unterrichtsgesprächs entsteht und die Einzelbefunde strukturiert und systematisiert.

Gruppe 1
- Hitler hatte offensichtlich das besondere Talent, daß er sich durch seine außerordentlich geschickte Art zu sprechen und sich zu bewegen auf die jeweilige Zuhörerschaft einstellen konnte. Die verschiedensten gesellschaftlichen Gruppen konnten so den Eindruck haben, daß der Führer gerade für ihre Wünsche und Nöte ein besonderes Verständnis besitze.
- Allerdings darf dieser Bericht nicht ganz wörtlich genommen werden: Speer versuchte, sich – vielleicht unbewußt – für seine exponierte Nazi-Vergangenheit zu rechtfertigen, im nachhinein ist es ihm sicher sympathischer, einem charmanten, kultivierten Mann auf den Leim gegangen zu sein, als einem primitiven Fanatiker (vgl. Matthias Schmidt, Albert Speer, Das Ende eines Mythos, München 1982).

Gruppe 2:
- Die Jungmädelführerin ist ganz hingerissen von ihrem Erlebnis; der Besuch ihrer Jugendgruppe auf dem Obersalzberg war der Höhepunkt ihrer Wanderfahrt.

- Als die Mädchen ihrem Führer gegenüberstehen, geraten sie in eine Art Verzükkung: das Sprechen fällt schwer, „alles zuckt in mir“; die Mädchen fühlen, wie der Blick des „großen Mannes“ in ihr Innerstes dringt. Noch längere Zeit nach ihrer Rückkehr vom Führer strahlen ihre Gesichter.
- Alle empfanden das intensive Glück dieser Begegnung, und zum Dank schwören die Mädchen dem Führer aufs neue Treue und Gefolgschaft.
- Hitler ist der Retter Deutschlands aus dem Abgrund, die gütige Vaterfigur, der überlegene Menschenkenner, die ehrfurchtgebietende Gestalt.
- Trotzdem ist Hitler aber keineswegs hoheitsvoll und unnahbar. Als Mann des Volkes und Freund der Jugend bewegt er sich unter seinen Bewunderern locker und natürlich; verständnisvoll erkundigt er sich nach dem Stand der Fahrtenkasse, für die er sofort einen Zuschuß gibt.
- Der Darstellung des Erlebnisses geben Wendungen wie „ewig“, „unendliche Freude“ einen gewissen schwärmerischen, pseudo-religiösen Akzent.

Ergänzung: In diesem Zusammenhang kann der Lehrer über Herkunft und Bedeutung des Titels „Führer“ berichten. Schon im Dezember 1922 konnte man im Parteiorgan „Völkischer Beobachter“ lesen, Hitler sei der „Führer Deutschlands“ (Kershaw, S. 28); 1922/3 bürgerte sich in Analogie zum „Duce“ die Bezeichnung „Führer“ für Adolf Hitler ein.
Der Hitler-Gruß wurde in der NSDAP seit 1923 vereinzelt gebraucht und ab 1926 dann offiziell eingeführt. Ein Erlaß vom 13. 3. 1933 schrieb den „Deutschen Gruß“ bei nationalen Kundgebungen zwingend vor (Kershaw, S. 30). Schon kurze Zeit nach der Machtergreifung las man auf Schildern in vielen Geschäften folgende gereimte Aufforderung: „Heil Hitler!
Beim Kommen und beim Gehen
Laß von Herzen du es geschehen
und heb mit Stolz die rechte Hand,
wie man grüßt im Vaterland:
Heil Hitler!“
(H. J. Gamm, S. 160)

Gruppe 3
- Hitler ist der Träger einer geheimnisvollen Kraft, deren Wurzeln in seiner göttlichen Sendung zu suchen sind, er ist der Mittler zwischen der Vorsehung und dem deutschen Volk.
- Religiösem Sprachgebrauch entsprechend, wird von „Segen“, göttlicher Berufung, „Himmel“ und „Hölle“ gesprochen.
- Die Stimmung im Versammlungsraum ist gekennzeichnet durch eine starke innere Spannung und hochgradige Erregung: die Menschen hoffen auf den, der da kommt und im Namen des Himmels die Mächte der Hölle besiegt. Sein Kämpfertum wird gefeiert und zugleich bestätigt durch die begeisterten Segenswünsche der Tausende, die ihrem Führer zujubeln.
- Streicher erlebt eine Art Bekehrung und erfährt seine Berufung zum Dienst für den Großen, der gläubige Helfer braucht.
- Auch hier wieder das typische Verhalten Hitlers: forschender, durchbohrender Blick aus blauen Augen, der warme Händedruck; der Jünger ist aufgenommen in die große Gefolgschaft des Meisters.

Gruppe 4
- Im Gegensatz zu Jesus hatte Hitler Gefolgsleute, die ihn nicht im Stich ließen, z. B. die gefallenen Kameraden vom Novemberputsch 1923.
- Er scheiterte auch nicht, sondern wurde Reichskanzler;
- er muß auch nicht auf Apostel warten, die seinen Auftrag ausführen, er wird selbst sein Befreiungswerk vollenden.
- Jesus ist (nur) für den Himmel, Hitler aber für die deutsche Erde zuständig. Es wird eine Art Arbeitsteilung festgestellt.

Mögliche Ergänzung durch den Lehrer: Aus den genannten Gründen hielten die Nationalsozialisten ihre Lehre, welche sie als Wissenschaft ansahen, für überlegen.

Gruppe 5

- Hitler ist unermeßlich groß und gewaltig, dabei aber gütig und schlicht, gewissermaßen göttlich und menschlich zugleich.
- Er ist Gesetz; deswegen muß er nicht befehlen, nach diesem Muster werden in diesem inbrünstig formulierten Text Behauptungen durch neue Behauptungen „begründet".
- Das Ganze ist ein unerträglicher, pseudoreligiöser Kitsch, ein pervertiertes Vaterunser im Dienst der Vergöttlichung Hitlers.
- Der Verfasser ist ein alter Kämpfer, ein fanatischer Nationalsozialist der ersten Stunde.

Unterrichtsschritt 5
Der Führerkult

Es wird ein Foto betrachtet, das eine nationalsozialistische „Schulungsfeier" zeigt und auf dem dargestellt ist, wie die versammelte Nazi-Gemeinde dem Bild des abwesenden Diktators durch den Hitler-Gruß Ehrerbietung erweist (Zeiten und Menschen 4, S. 127; weitere Hitler-Bilder finden sich in: Menschen in ihrer Zeit 4, S. 101; Zeiten und Menschen 4, S. 151 und 142; Die Reise in die Vergangenheit Bd. 4, S. 131; Spiegel der Zeiten 4, S. 80; Zeitaufnahme 3, S. 55). Der Lehrer berichtet über die Allgegenwart des geliebten Führers im nationalsozialistischen Deutschland:

- Nicht nur in allen Amtszimmern und Schulen, sondern auch in vielen Wohnzimmern hing Hitlers Bild, stand seine Büste in Bronze und Stein.
- Jeder Hitlerjunge war mit Hitlers Lebensweg vertraut, jeder Schüler erfuhr im Geschichtsunterricht von der Bedeutung des großen Mannes.
- In Liedern und Versen wurde sein Ruhm besungen, die Briefmarken waren mit seinem Bild geschmückt.
- Sein Buch „Mein Kampf", das viele für einen genialen Wurf hielten, erreichte eine Millionenauflage.
- Sogar im Vorwort wissenschaftlicher Werke wurde Hitler und seiner Partei für ihr „nationales Rettungswerk" ehrfürchtiger Dank abgestattet.
- Viele Menschen nahmen an, daß Hitler über gewisse Mißstände nicht informiert sei, und lasteten sie der Partei und ihren „Bonzen" an („Wenn das der Führer wüßte...").

Ergänzung: Ein typisches Beispiel für die Verherrlichung des Führers in der Literatur der Nazi-Zeit ist Herbert Böhmes Gedicht, das vom Lehrer oder einem Schüler vorgelesen wird.

„Eine Trommel geht in Deutschland um
und der sie schlägt, der führt,
und die ihm folgen, folgen stumm,
sie sind von ihm gekürt.
Sie schwören ihm den Fahnenschwur,
Gefolgschaft und Gericht,
er wirbelt ihres Schicksals Spur
mit ehernem Gesicht.
Er schreitet hart der Sonne zu
mit angespannter Kraft.
Seine Trommel, Deutschland, das bist du!
Volk werde Leidenschaft!"
(Albrecht Schöne, Über politische Lyrik im 20. Jahrhundert, Göttingen 1965, S. 4)

Unterrichtsschritt 6
Geschichtliche Wurzeln des Führerkults

Die Frage: Warum begegnet uns eine solche kritiklose Verherrlichung eines Mannes gerade in Deutschland (und nicht etwa in England oder in den Vereinigten Staaten)? erinnert die Schüler an die Ergebnisse der 6. Stunde (Unterrichtsschritt 3). Das Unterrichtsgespräch macht folgende Zusammenhänge bewußt (notwendige Ergänzungen durch den Lehrer):

- In Deutschland war die Tradition der absolutistischen Monarchie besonders lange wirksam (Obrigkeitsstaat bis 1918; vgl. 6. Stunde).
- Das Kriegserlebnis in den Schützengräben des Ersten Weltkriegs machte die wichtige

Rolle des militärischen Führers deutlich, der absolute Befehlsgewalt über seine Untergebenen beanspruchen konnte.

- In der Zeit politischer Ohnmacht nach der großen militärischen Niederlage erlebten viele Menschen in Deutschland eine Erschütterung ihres religiösen Glaubens. Die ursprüngliche christliche Hoffnung auf den göttlichen Erlöser wurde auf einen politischen Heiland übertragen, der Deutschland erretten sollte (Kershaw, S. 36f.). (Siehe Tafelbild, Stundenblatt.)

Hausaufgabe

Informieren Sie sich in einem Lexikon über Herkunft und Bedeutung des Begriffs „Propaganda".
Wodurch unterscheidet sich nach heutigem Sprachgebrauch „Propaganda" von „Werbung"? (schriftliche Fixierung)

Vorschlag für ein Arbeitsblatt (9. Stunde, Unterrichtsschritt 3)

Gruppe 1
Albert Speer: Hitler als Bürger

Information: Albert Speer, 1905–1981, Hitlers Architekt, ab 1942 sehr erfolgreicher Rüstungsminister, im Nürnberger Kriegsverbrecher-Prozeß zu 20 Jahren Gefängnis verurteilt, 1966 entlassen.

Um diese Zeit sprach Hitler in der Berliner „Hasenheide" zu den Studenten der Berliner Universität und der Technischen Hochschule... sein Auftreten überraschte mich. Von den Plakaten und den Karikaturen kannte ich ihn in Uniform und Schulterriemen, mit Hakenkreuzbinde am Arm und einer wilden Mähne in der Stirn. Hier aber trat er in gutsitzendem blauen Anzug auf, auffallend demonstrierte er bürgerliche Korrektheit, alles unterstrich den Eindruck vernünftiger Bescheidenheit... Die minutenlangen Ovationen trachtete er, fast abwehrend, zu beenden. Wie er dann, mit leiser Stimme, zögernd und etwas schüchtern, nicht etwa eine Rede, sondern eine Art geschichtlichen Vortrags begann, hatte für mich etwas Gewinnendes; um so mehr, als es allem widersprach, was ich aufgrund der gegnerischen Propaganda erwartet hatte: einen hysterischen Demagogen (= Volksverführer), einen schreienden, gestikulierenden Fanatiker in Uniform... Seine Ironie war durch einen selbstbewußten Humor gemildert, sein süddeutscher Charme heimelte mich an.
(Albert Speer, Erinnerungen, Berlin 1970 [Propyläen], S. 32)

Arbeitsaufträge:
- Warum war der junge Speer vom Auftreten Hitlers überrascht?
- Welche Eigenschaften des Redners sind ihm wichtig?
- Welche verborgene Absicht steht wohl hinter Speers Schilderung?

Gruppe 2
Besuch beim Führer

Information: Eine Jungmädelführerin schickte an die Schriftleitung der „Illustrierten deutschen Schülerzeitung Hilf mit!" einen Bericht über ihre Begegnung mit dem „Führer" auf dem Obersalzberg im Herbst 1935.

Wir waren beim Führer. Der Höhepunkt unserer Fahrt! Wir haben unseren Führer gesehen! erzählten wir immer wieder strahlend und berichteten jedem, der davon hören wollte. Wie das nun eigentlich kam und was wir dort oben in Bayern erlebt haben, das will ich jetzt erzählen:... In verhältnismäßig kurzer Zeit waren wir oben (auf dem Obersalzberg)... Sofort stellten wir uns auf und marschierten

mit der HJ im Gleichschritt zu unserem Führer. Von weitem sahen wir seinen Kopf. Alles zuckte in mir, ich konnte kaum etwas sagen, denn zum ersten Mal sah ich unseren Führer, ihn, der Deutschland vor dem sicheren Untergang errettete... Wir alle sahen den Führer an, aber keine von uns konnte seinen Blick lange ertragen. Er schien unsere innersten Gedanken zu lesen, nickte leicht mit dem Kopf, und ich glaube, jede von uns Mädels hat sich in diesen Sekunden zugeschworen, daß sie ihm ewig die Treue halten und immer für seine Sache kämpfen wird. Dann fragte der Führer nach unserer Fahrtenkasse. Zuerst wagten wir nicht, etwas zu sagen, aber als die HJ... „schlecht" rief, bekamen auch wir Mut, die Wahrheit zu gestehen. Wir bekamen einen tüchtigen Zuschuß. Der Führer verabschiedete sich mit einem kräftigen Heilgruß von uns, und wir marschierten nicht, sondern wir flogen beinahe nach Berchtesgaden, und ich glaube, man konnte es unseren Gesichtern ansehen, wo wir gewesen waren.
(„Hilf mit!" Illustrierte deutsche Schülerzeitung, Nr. 7, 1937, abgedr. in: Ingeborg Bayer [Hrsg.], Ehe alles Legende wird. Das 3. Reich in Erzählungen, Berichten, Dokumenten, Baden-Baden 1979, S. 64 f.)

Arbeitsaufträge:
- Beschreiben Sie die Reaktion der Verfasserin.
- Welche Vorstellung hat sie von Hitler?
- Wie verhält sich der „Führer" gegenüber den Jugendlichen?
- Charakterisieren Sie den Stil des Berichts.

Gruppe 3:
Julius Streicher: Der Abgesandte des Himmels

Information: Julius Streicher seit 1923 Herausgeber des antisemitischen Hetzblattes „Der Stürmer", 1924–1940 Gauleiter in Franken, seit 1932 Mitglied des Reichstags, 1946 in Nürnberg zum Tod verurteilt; leistete noch unter dem Galgen einen theatralischen Eid auf Hitler.

Ich saß in einer Massenversammlung im Saal des „Bürgerbräus"... zu München. Eine ungeheure Spannung der Erwartung lag über dem mächtigen Versammlungsraum. Plötzlich kam der Ruf von außen her: „Hitler kommt." Wie vom Strahl einer geheimnisvollen Kraft getroffen, erhoben sich die vielen Tausende von Männern und Frauen von den Stühlen, streckten ihren rechten Arm wie zum Segen empor, und wie der Schrei einer Urgewalt brauste immer wieder der Ruf „Heil Hitler" dem Herankommenden entgegen... Nun sprach er. Erst langsam und kaum betont, dann aber immer schneller und kraftvoller und schließlich weiterwachsend zu großer Stärke... Jeder fühlte es: Dieser Mann spricht aus einer göttlichen Berufung heraus, er spricht als Abgesandter des Himmels in einem Augenblick, in dem die Hölle sich auftat, alles zu verschlingen... Ich eilte... zum Podium und stand nun vor ihm: „Herr Hitler! Ich heiße Julius Streicher! In dieser Stunde weiß ich es: Ich kann nur ein Helfer sein, Sie aber sind ein Führer!"... Fragend schaute er mich aus der blauen Tiefe seiner Augen an... Dann aber ergriff er mit großer Wärme meine Hände: „Streicher, ich danke Dir!" (Vierteljahrshefte für Zeitgeschichte, Okt. 1978, 4, S. 682 f., Jay W. Baird, Das politische Testament Julius Streichers).

Arbeitsaufträge:
- Woran erinnert Sie der geschilderte Vorgang?
- Welche Eigenschaften werden Hitler zugeschrieben?
- Suchen Sie die Wendungen heraus, die aus dem religiösen Bereich stammen.

Gruppe 4
„Jesus und Hitler"

Diktat in der 3. Volksschulklasse an der Blumenschule in München am 16. 3. 1934
Wie Jesus die Menschen von der Sünde und Hölle befreite, so rettete Hitler das deutsche Volk von dem Verderben. Jesus und Hitler wurden verfolgt, aber während Jesus gekreuzigt wurde, wurde Hit-

ler zum Kanzler erhoben. Während die Jünger Jesu ihren Meister verleugneten und ihn im Stiche ließen, fielen die 16 Kameraden für ihren Führer. Die Apostel vollendeten das Werk ihres Herrn. Wir hoffen, daß Hitler sein Werk selbst zu Ende führen darf. Jesus baute für den Himmel, Hitler für die deutsche Erde.
(Johann Neuhäusler, Kreuz und Hakenkreuz. Der Kampf des Nationalsozialismus gegen die katholische Kirche und der kirchliche Widerstand, Teil I, München 1946, S. 111 f.)

Arbeitsaufträge:
- Was hat Hitler mit Jesus gemeinsam?
- In welcher Hinsicht ist er Jesus überlegen?
- Erklären Sie den Hinweis auf die 16 Kameraden.

Gruppe 5
Zu Führers Geburtstag am 20. 4. 1939

Festausgabe des „Schwarzen Korps" zu Führers Geburtstag am 20. 4. 1939: „So trete ich an diesem Tag vor Dein Bild. Dies Bild ist übergroß und ohne Grenzen, es ist gewaltig, hart, schön und erhaben, es ist einfach, gütig, schlicht und warm, ja, es ist Vater, Mutter, Bruder in einem... Du bist der Führer, ohne zu befehlen, Du lebst und bist Gesetz, Du bist die Liebe und die Kraft... Du bist die Freiheit, denn Du gabst der Pflicht den Sinn, der allem Schaffen Freude, Kraft und Inhalt gibt. Du nahmst den Fluch des Schweißes, der Mühsal weg von diesem Volk... Wir alten Grenadiere Deines Weges, die oft Dein Auge unterwegs gesehn, wir sind an diesem Tage ganz bei Dir, mit uns die treuen Toten und Millionen Kinder, die auf das freie Leben warten, das Du für sie und ihre späten Enkel mit Sonne und mit wahrem Sinn erfüllst."
(Facsimile Querschnitt durch das Schwarze Korps, Zeitung der Schutzstaffeln in der NSDAP, Organ der Reichsführung SS, hrsg. von Helmut Heiber und Hildegard von Kotze, München, Bern, Wien 1968, S. 74)

Arbeitsaufträge:
- Welche Eigenschaften werden Hitler zugeschrieben?
- Prüfen Sie nach, wie die Behauptungen begründet sind.
- Was sagt der Verfasser über sich selbst aus?
- Inwiefern verdient der Text die Bezeichnung „Führer-unser"?

10. Stunde: Wie ein ganzes Volk von einer Idee erfaßt wird

Vorbemerkungen

Diese Stunde hat im Rahmen dieser Unterrichtseinheit eine zentrale Funktion. Während in den vorhergehenden Stunden die Maßnahmen und Aktionen der NS-Regierung im Vordergrund standen, Maßnahmen, die das Regime durch geschickte Täuschungsmanöver, durch eine doppeldeutige Informationspolitik, durch propagandistisch geschönte Halbwahrheiten und auch durch skrupellose Lügen als rechtsstaatlich zwingend und den Interessen des deutschen Volkes dienlich darzustellen versuchte, stehen in dieser Stunde die Täuschungsmanöver selbst im Mittelpunkt. Der Unterrichtsentwurf befaßt sich mit den wichtigsten Mitteln und Methoden nationalsozialistischer Propaganda, mit deren Hilfe die öffentliche Meinung gelenkt und das deutsche Volk für die Ziele Hitlers und seiner Partei gewonnen wurde. Der einleitende Bericht aus „Psychology Today" soll den Schülern klarmachen, daß gewisse Methoden, die faschistische Staaten anwandten und anwenden, auch heute noch erfolgreich sein können, wenn es gilt, Menschen zu beeinflussen und sie durch unterschwellig wirkende Techniken gefügig zu machen. Nach diesem aktuellen Bezug erarbeiten die Schüler aus den Darstellungen nationalsozialistischer Massenkundgebungen, die sie in den Lehrbüchern finden, Prinzipien für die Einordnung der Propagandamittel, deren sich die Nationalsozialisten bedienten. Motorische, akustische und optische Mittel wurden eingesetzt, damit das Ziel erreicht werden konnte, das Hitler einmal sehr zutreffend „die Gewinnung der Seele des Volkes" nannte (Mein Kampf, S. 371). In besonderer Weise diente diesem Ziel die umfassende Verwendung von Symbolen, d.h. optischer oder akustischer Zeichen, die stellvertretend für einen nicht wahrnehmbaren geistigen Sachverhalt stehen. „Die Verbindung von sinnlich wahrnehmbaren Phänomenen und spezifischen Sinngehalten erwächst aus zwischenmenschlichen Handlungen und Beziehungen und ist nur im Zusammenhang mit einem solchen Beziehungssystem zu verstehen. Symbole sind also soziale Schöpfungen; ihre Geltung ist zeitlich und räumlich begrenzt..." (E. Willems, in: Wörterbuch der Soziologie, hrsg. von Wilh. Bernsdorf, Frankfurt 1975, Bd. 3, S. 839f.; vgl. auch A. Friedel, Deutsche Staatssymbole, Herkunft und Bedeutung der politischen Symbolik in Deutschland, Frankfurt 1968). In unserem Zusammenhang ist die Tatsache wichtig, daß religiöse und politische Symbole besonders wirksam sind, weil sie die tieferen Schichten der Person ansprechen. „Ein an sich triviales oder alltägliches Zeichen bewirkt infolge seiner Bezogenheit auf einen religiösen oder politischen Wert eine Gefühlswallung bei denjenigen, die mit der assoziativen Bedeutung des Symbols vertraut sind." (Karl Löwenstein, Betrachtungen über politischen Symbolismus; in: Gegenwartsprobleme des Internationalen Rechts und der Rechtsphilosophie, Festschrift Rudolf Laun, 1953, S. 559).

Die Schüler erarbeiten Bedeutung und Hintergrund von vier nationalsozialistischen Symbolen (Fahne, Hakenkreuz, Sonne, Adler). Die neuheidnischen, antichristlichen Elemente einer Weltanschauung werden deutlich, die sich einem romantisch verstandenen Germanentum verpflichtet fühlte und eine artgemäße, mystische Naturreligion ins Leben rufen wollte. Doch auch diese pseudoreligiösen Propagandaformen waren in gewisser Weise Mittel zum Zweck. „Erziehung und Propaganda hatten in Hitlers Staatsordnung die Aufgabe, der nationalsozialistischen Führung die nicht diskutierende, die kritiklose, die nichts in Frage stellende, die nichts bezweifelnde, die möglichst bedingungslos und willig gehorchende Gefolgschaft sicherzustellen. Für Hitler war die kommende kriegerische Auseinandersetzung lediglich eine Frage der Zeit, und in der totalen Einheit des Volkes sah er eine wesentliche Voraussetzung für den Sieg." (Chr. Zentner, Adolf Hitlers Mein Kampf. Eine kommentierte Auswahl, München 1974, S. 119).

Ziele der Stunde

Die Schüler erkennen,
- daß auch heute noch Menschen durch propagandistische Mittel manipuliert werden können;
- daß die nationalsozialistische Propaganda von motorischen, akustischen und optischen Mitteln Gebrauch machte;
- daß politische Symbole die nationalsozialistische Weltanschauung stellvertretend darstellten und wirkungsvoll vermittelten;
- die wichtigsten Unterschiede zwischen den Begriffen „Propaganda" und „Werbung".

Die Schüler erarbeiten
- Kategorien zur Einordnung propagandistischer Mittel;

- Wirkungen, die von diesen Mitteln auf die Menschen ausgehen;
- Sinngehalte und Bedeutungen, die von vier verschiedenen politischen Symbolen verkörpert wurden.

Die Schüler beurteilen
- die Problematik eines geschilderten Experiments zur Manipulation;
- die Bedeutung der heidnischen Elemente für die Weltanschauung der Nationalsozialisten;
- die Zielsetzung der nationalsozialistischen Propaganda.

Verlaufsskizze

Unterrichtsschritt 1
Test im Klassenzimmer

Der Lehrer liest nachstehenden Bericht vor und fordert dann die Schüler zu Meinungsäußerungen auf:
Das US-Fachblatt „Psychology Today" berichtet von einem Experiment, das der amerikanische Geschichtslehrer Ron Jones in seiner Klasse durchführte:
„Am Montag befahl er eine neue Sitzhaltung: Füße flach auf den Boden, die Hände hinter dem Rücken gekreuzt, um die Wirbelsäule zu strecken. ‚Könnt ihr so nicht freier atmen?' fragte er, ‚fühlt ihr euch nicht besser?'... Als der Lehrer am Dienstag das Klassenzimmer betrat, fand er alle in der vorgeschriebenen Position vor... Jones ging zur Tafel und schrieb mit großen Buchstaben zwei Sätze: ‚Stark durch Disziplin' – ‚Mächtig in der Gemeinschaft'... Schließlich, gegen Ende der Stunde, zeigte er ihnen einen neuen Gruß...: die rechte Hand in Schulterhöhe erhoben, die Finger angewinkelt. Das sei, erläuterte er, der ‚Gruß der Dritten Welle'. Die gebogenen Finger symbolisierten die Welle, die ‚dritte' heiße sie deshalb, weil jede dritte der heranrollenden Wogen am Strand kräftiger als die anderen sei... Am Mittwochmorgen... verteilte [Jones] Mitgliederkarten und beauftragte drei Schüler, ihm jeglichen Verstoß gegen die Regeln zu melden... Allein am Mittwoch meldeten sich rund 20 Schüler bei ihm, um Klassenkameraden zu denunzieren... Den vierten Tag, den Donnerstag, nutzte Jones, um den... Schülern das ‚wahre Anliegen' der ‚Dritten Welle' zu erklären... dahinter stehe ein ‚nationales Konzept', für das es Schüler zu gewinnen gelte, die bereit seien, ‚an einer politischen Veränderung mitzuwirken'. Für die Mittagsstunde des nächsten Tages kündigte er einen Präsidentschaftskandidaten der ‚Dritten Welle' an, der im Fernsehen auftreten werde. Gleichzeitig solle in der Schule eine Kundgebung stattfinden... Mehr als 200 Schüler strömten am Freitagnachmittag in den Saal. Jones... stellte Wachen auf, um Nicht-Mitglieder fernzuhalten... Er grüßte – und 200 Arme erhoben sich, um zurückzugrüßen. Beschwörend rief er ‚stark durch Disziplin', immer wieder, und jedesmal donnerte die Antwort lauter als zuvor.
Um zwölf Uhr schaltete er das Fernsehgerät ein. Alle starrten auf die flimmernde Scheibe. Fast zehn Minuten vergingen, bis einer der Schüler plötzlich rief: ‚Da ist doch gar kein Führer – seht ihr einen?' Ungläubig drehten sich die anderen ihm zu..."
(Der Spiegel 31/1976, S. 128)

Gesprächsimpulse:
- Wie beurteilen Sie dieses Experiment?
- Lehrer Jones sagte, daß dieser Test ihn selbst „krank und schuldbewußt" gemacht habe. Können Sie das verstehen?
- Mit welchen Methoden werden die Schüler zu blinder Gefolgschaft verführt?
- Welchen Zusammenhang sehen Sie zwischen diesem Experiment und dem Thema unserer Unterrichtseinheit?

Die Antworten der Schüler könnten so lauten:

- Das Experiment, das Mr. Jones wohl nicht ganz zu Unrecht als problematisch empfunden hat, zeigt, daß auch heute noch in einer demokratischen Gesellschaft junge Menschen durch gewisse bewährte Methoden manipuliert, d.h. auf undurchschaubare Weise gezielt beeinflußt werden können.
- Folgende Mittel wurden eingesetzt:
  1. Drill und Disziplin
  2. Ideologische Elemente (Gemeinschaft als Selbstzweck, Dritte Welle, nationales Konzept)
  3. Ein besonderer Gruß als Symbol des Auserwähltseins und der Zugehörigkeit zu einer Gemeinschaft
  4. Anprangerung und Ablehnung abweichender Meinungen
  5. Eine Kundgebung mit festgelegten Verhaltensweisen.
- Durch diese Maßnahmen wurden die Teilnehmer eingestimmt auf das erwartete Auftreten eines „Führers“.
- Fazit: Fünf Tage lang waren die Schüler sozusagen Versuchs-Untergebene eines faschistischen Regimes.

Unterrichtsschritt 2
Die Selbstdarstellung des nationalsozialistischen Regimes

Mit Hilfe des Episkops werden Bilder von nationalsozialistischen Massenkundgebungen projiziert, wie sie sich in vielen Lehrbüchern finden (Zeitaufnahme 3, S. 64, 66, 69; erinnern und urteilen 4, S. 79, 87; Die Reise in die Vergangenheit 4, S. 132; Zeiten und Menschen 4, S. 114; Staatensystem und Weltpolitik, S. 98, S. 110; Fragen an die Geschichte 4, S. 55; dazu auch Mickel/Kampmann/Wiegand, Politik und Gesellschaft 2, S. 152; zahlreiche Abbildungen zum Thema bringt das von Chr. Zentner herausgegebene Sammelwerk „Das III. Reich“ auf den Seiten 72, 73, 94, 180, 181, 185; vgl. auch Heinz Huber und Artur Müller, Das Dritte Reich, seine Geschichte in Texten, Bildern und Dokumenten, München, Wien, Basel, Bd. 1, 1964, S. 144, 145, 163, 168, 170, 184).

Impuls:
- Beschreiben Sie die propagandistischen Mittel, die bei diesen Kundgebungen und Feiern auf die Menschen einwirkten.

1. Ergänzung: Der Bericht des „Niederelbischen Tageblatts“ vom 12. 9. 36 über den Aufmarsch der 140 000 „Politischen Leiter“ auf der Zeppelinwiese in Nürnberg wird unter dem gleichen Gesichtspunkt im Unterrichtsgespräch analysiert:

Nationalsozialistische Feier
„Wir haben viele Aufmärsche und Feierlichkeiten miterlebt. Packender und zugleich erhebender als der gestrige Appell der 140 000 Politischen Leiter ... war bisher keines der Ereignisse ... Das Quadrat des Zeppelinfeldes durchschneiden 20 gerade Säulen, in denen 140 000 ... in Zwölferreihen angetreten sind. Auf den Tribünen flattern, von Scheinwerfern der Dunkelheit entrissen, unzählige Hakenkreuzfahnen im leichten Abendwind ... Die Schüler der Ordensburg Vogelsang rücken an ... Gleichmäßig ist der Schritt, einwandfrei Richtung und Haltung ... Ein fernes Brausen wird stärker und kommt näher. Der Führer ist da! ... Als Adolf Hitler das Zeppelinfeld betritt, flammen 150 Scheinwerfer der Luftwaffe auf, die um das gesamte Quadrat verteilt sind und die einen Baldachin von Licht aus der Nacht herausschneiden ... Wie ein gewaltiger gotischer Dom aus Licht wirkt jetzt das weite Feld. Bläulichviolett strahlen die Scheinwerfer, zwischen deren Lichtkegel das schwarze Tuch der Nacht hängt ... Dr. Ley meldet den ‚Fahneneinmarsch‘ ... Man ... erblickt nur einen wallenden roten breiten Strom, dessen Oberfläche golden und silbern glitzert und der sich wie feurige Lava langsam nähert ... 25 000 Fahnen, das sind 25 000 Ortsgruppen, Kreise und Betriebe überall im Reich, die sich um die Fahne scharen. Jeder von diesen Tausenden von Bannerträgern ist bereit, jedes dieser Tücher mit seinem Leben zu verteidigen. Keiner darunter, dem diese Fahne nicht letzter Befehl und höchste Verpflichtung ist ... Das Schwurlied steigt auf in den unendlichen Lichtkegel. – Die Ordensschüler singen es. Es ist wie eine große Andacht ...“
(Niederelbisches Tageblatt vom 12. September 1936, zitiert nach Hans-Jochen Gamm, Der braune Kult, S. 55 f.; vgl. auch H. Huber, Das Dritte Reich, Bd. 1, S. 224 f.)

Besprechungsvorschläge:
- Versuchen Sie die Wirkungen zu beschreiben, die von den einzelnen Propagandamitteln ausgehen.
- Vergleichen Sie diesen Zeitungsbericht mit dem Bericht über den Test im Klassenzimmer.

2. Ergänzung: Ein Ausschnitt aus einer Feierstunde der HJ anläßlich einer Fahnenweihe auf dem großen Remter der Marienburg am 24. 1. 1935 kann den Schülern auf einer Schallplatte vorgeführt werden. Die Wirkung des feierlichen Gelöbnisses, das die Abwendung vom Christentum und die Hinwendung zum neuen Glauben zum Ausdruck bringt, wird vertieft durch den rhythmisch markanten Gesang des „HJ-Weihelieds" („Vorwärts, vorwärts..."). (Diesterweg Schallplattensammlung, Dokumentarische Reihe, Dem Krieg entgegen, hrsg. v. H. Siebecke)

Ergebnis der Besprechung: Folgende Mittel appellieren an das Gefühl der Teilnehmer und wecken ihre Bereitschaft, sich mit den nationalsozialistischen Zielen zu identifizieren:
- Motorische Mittel: die Bewegung der marschierenden Massen. Die marschierende Kolonne, „die Grundfigur" des Dritten Reiches (H. Huber, a. a. O., S. 166), soll Einheit, Kraft und Geschlossenheit demonstrieren, Andersdenkende einschüchtern und Außenstehende in den Bann der „Bewegung" ziehen.
- Optische Mittel: Lichtdom (nach einer Idee von Albert Speer, vgl. Speers „Erinnerungen", S. 71 f., Abbildung eines Lichtdoms in H. Huber, S. 227), Fahnenwald, Spruchbänder, Plakate. Das Heilige und Erhabene wird abgegrenzt gegen das Alltägliche und Gewöhnliche; der Einzelne fühlt sich als kleiner Teil eines großen Ganzen.
- Akustische Mittel: Marschmusik, Lieder der Bewegung, Signale rütteln den Menschen auf, beziehen ihn ein in das Geschehen und erwecken ein Gefühl der Zusammengehörigkeit und Gemeinschaft.

Unterrichtsschritt 3
Nationalsozialistische Symbole

Der Hinweis auf den Satz im Zeitungsartikel vom 12. 9. 1936: „Keiner darunter, dem diese Fahne nicht letzter Befehl und höchste Verpflichtung ist" vermittelt den Schülern folgende Einsicht: dem Gegenstand „Fahne" wird offensichtlich von den Nazis eine ganz besondere Bedeutung beigemessen, die mit der Sache nicht unmittelbar gegeben ist. Mit anderen Worten: im Bewußtsein der Nationalsozialisten weist die Fahne über sich hinaus, sie ist ein Zeichen, das die nationalsozialistische Weltanschauung symbolisiert. Das Wesen der Symbole besteht darin, „daß eine politische Institution oder Ideologie, die an sich nicht unmittelbar faßbar ist, durch Hilfsvorstellungen – Symbole versinnbildlicht wird." (Karl Löwenstein, Betrachtungen über politischen Symbolismus, in: Gegenwartsprobleme des Internationalen Rechts und der Rechtsphilosophie, Festschrift Rudolf Laun, 1953, S. 559; vgl. auch P. E. Schramm, Herrschaftszeichen und Staatssymbolik, Bd. 3 [1955], S. 1064 ff. und Raabow, Lexikon politischer Symbole A–Z [dtv 1970])
Nach diesen Erläuterungen werden vier politische Symbole des Nationalsozialismus in einem arbeitsteiligen Verfahren untersucht (vgl. Vorschlag für ein Arbeitsblatt).

Unterrichtsschritt 4
Ergebnisse der Gruppenarbeit

Die einzelnen Sprecher tragen die Ergebnisse ihrer Arbeitsgruppe vor:

Gruppe 1
- Dem überzeugten Nationalsozialisten weist die Fahne den Weg in die Zukunft, sie symbolisiert Freiheit und Existenzsicherung, sie verkündet den Aufbruch in eine neue Zeit und fordert eine heroische Haltung. Wie die Verehrung der „Blutfahne" mit ihrer gleichsam weiterwirken-

den Heilswirkung zeigt, ist die Fahne darüber hinaus ein pseudoreligiöses Symbol, eine Art Reliquie, die Unsterblichkeit verleiht.
- Auch die Farben der Fahne sind sinnbildlich zu verstehen (notwendige Ergänzungen durch den Lehrer): Rot ist die Farbe der Revolution, die Farben Schwarz-Weiß-Rot erinnern an die Farben des Zweiten Reiches.

(Bildmaterial zur Hakenkreuzfahne in: Staatensystem und Weltpolitik S. 104, 110; Zeiten und Menschen 4, S. 126, 151; Menschen in ihrer Zeit S. 98, 110; Die Reise in die Vergangenheit 4, S. 132; Spiegel der Zeiten 4, S. 81; erinnern und urteilen 4, S. 79, 87; Politik und Gesellschaft, S. 152; Fragen an die Geschichte 4, S. 55; Zeitaufnahme 3, S. 66)

1. Erweiterung: Der Lehrer weist auf die symbolische Bedeutung von Hitlers persönlicher Standarte hin (Menschen in ihrer Zeit 4. S. 101; erinnern und urteilen 4, S. 89; Spiegel der Zeiten 4, S. 96; Grundzüge der Geschichte 4, S. 187). Sie zeigt ein Hakenkreuz, das von einer goldenen Eichenlaubkrone umgeben ist, in den Ecken sind die Hoheitszeichen der Partei und das Zeichen der Wehrmacht abgebildet. Die symbolische Bedeutung ist klar: Partei und Wehrmacht, die Säulen des Staates, sind in der Person des Führers und Reichskanzlers zur übergeordneten Einheit zusammengefügt.

Gruppe 2
- Das Hakenkreuz ist ein sehr altes kulturgeschichtliches Symbol, das bei vielen indogermanischen und asiatischen Völkern bekannt war.
- Ursprünglich stellt das Hakenkreuz das kreisende Sonnenrad dar.
- Das kultische Zeichen wurde in der Folgezeit auch als Glücksbringer verstanden.
- Erst der nationalistisch eingestellte Teil der Jugendbewegung deutete das Zeichen als ursprünglich germanisches Symbol; auch für gewisse Gruppen der Freikorps war das Hakenkreuz ein Sinnbild für die Reinhaltung deutscher Art im Kampf gegen die jüdischen Feinde.
- Hitler, der schon früh die propagandistische Bedeutung politischer Symbole für die Lenkung der Massen erkannte, verschärfte den antisemitischen Akzent, für ihn symbolisiert das Hakenkreuz den siegreichen Kampf des schaffenden Ariers über den schmarotzenden Juden (vgl. Mein Kampf, S. 557).

Gruppe 3
- Die Kraft und Ausdauer des „Königs der Vögel", sein Flug in die Richtung der Sonne haben den Adler als Wappentier beliebt gemacht.
- Von den Feldzeichen der römischen Legionäre wurde der Adler als Wappentier des deutschen Reiches übernommen, die Tradition reicht bis zum Bundesadler der Bundesrepublik Deutschland.
- Bei den Nationalsozialisten wurde zwar der alte Reichsgedanke weitergeführt, aber die Verbindung von Adler und Hakenkreuz verdeutlichte die Vorstellung, daß Staat und Partei, Deutschland und der Nationalsozialismus zu einer Einheit verbunden sein sollten.
- Die Idee Hitlers, das Hakenkreuz in den Fängen des Adlers auf der Spitze der „Großen Halle" durch die Darstellung der Weltkugel zu ersetzen, könnte so verstanden werden: das nationalsozialistische Deutschland erstrebt die Herrschaft über die ganze Welt. (Der Adler mit Hakenkreuz ist abgebildet in: erinnern und urteilen 4, S. 87, 91; Die Reise in die Vergangenheit 4, S. 132; Fragen an die Geschichte 4, S. 63; Menschen in ihrer Zeit 4, S. 110; Staatensystem und Weltpolitik S. 110.)

Gruppe 4
- Die Nazis wollten dem Christentum eine „artgemäße" Religion gegenüberstellen, die dem Denken und Fühlen der germanischen Rasse entsprechen sollte.
- Nach germanischem Vorbild wurde die

Sonnwende in einer rituellen Handlung begangen.

- Auf die Sonne bezogen sind Hakenkreuz und Adler, die Sonne wurde als „kosmische Mutter“, als Spenderin der Lebenskraft von den Nationalsozialisten verehrt.
- Der Kult der Sonne soll folgenden Gedankengang zum Ausdruck bringen: Wie die Sonne das Dunkel siegreich überwindet, so hat auch der Nationalsozialismus im Kampf gegen seine Feinde gleichsam mit naturgesetzlicher Notwendigkeit den Sieg errungen, denn die Nationalsozialisten stehen in Übereinstimmung mit den Gesetzen der Natur (Blut, Scholle).
- Voraussetzung für diesen Sieg ist es aber, daß der Einzelne in der Gemeinschaft aufgeht; er soll sich gläubig hingeben im Dienst für die Ziele des Nationalsozialismus und seines Führers.

2. Erweiterung: Als die Nationalsozialisten im Jahre 1934 bei Verden an der Aller den Sachsenhain anlegten, wobei sie in Erinnerung an die von Karl dem Großen getöteten Sachsen unter ihrem Herzog Widukind 4500 Findlinge aufstellen ließen, errichteten sie dort auch ein niedersächsisches Bauernhaus als Schulungsstätte der NSDAP. Die Verlängerung der Hauptachse dieses Hauses war genau auf den Altar des Verdener Doms gerichtet.

Frage:
- Wie deuten Sie diese Beziehung?

(Auch dies war ein politisches Symbol: der Nationalsozialismus betrachtete sich als eine Weltanschauung, die das Christentum ablösen sollte.)
(Enno Meyer, Germanenromantik und Drittes Reich: Die Anlage des Sachsenhains bei Verden an der Aller [1934], in: Aus dem kaiserlichen Deutschland, Stuttgart 1981, S. 46ff.).

3. Erweiterung: Besonders motivierend hat sich die Interpretation von NS-Liedern erwiesen. Die Klasse wird in Arbeitsgruppen aufgeteilt, jeder Gruppe wird ein Lied zugewiesen. Es wird empfohlen, die Schüler ihren Eindruck bei der Lektüre der Lieder formulieren zu lassen und als Impuls allenfalls zu einem Vergleich mit heute gesungenen Jugendliedern anzuregen.

Beispiele für geeignete NS-Lieder:

Das Horst-Wessel-Lied:

Die Fahne hoch! Die Reihen dicht geschlossen!
SA marschiert mit ruhig festem Schritt.
Kameraden, die Rotfront und Reaktion erschossen,
marschiern im Geist in unsern Reihen mit.

Die Straße frei den braunen Bataillonen!
Die Straße frei dem Sturmabteilungsmann!
Es schau'n aufs Hakenkreuz voll Hoffnung schon Millionen,
Der Tag für Freiheit und für Brot bricht an.

Zum letztenmal wird nun Appell geblasen!
Zum Kampfe stehn wir alle schon bereit.
Bald flattern Hitlerfahnen über allen Straßen,
Die Knechtschaft dauert nur noch kurze Zeit!

Die Fahne hoch! Die Reihen dicht geschlossen!...

Das NSDAP-Kampflied:

Volk ans Gewehr!
Siehst du im Osten das Morgenrot, ein Zeichen zur Freiheit, zur Sonne.
Wir halten zusammen, ob lebend ob tot, mag kommen, was immer da wolle.
Warum jetzt noch zweifeln, hört auf mit dem Hadern,
noch fließt uns deutsches Blut in den Adern.
Volk ans Gewehr! Volk ans Gewehr!

Viele Jahre zogen dahin, geknechtet das Volk und betrogen,
Verräter und Juden hatten Gewinn, sie forderten Opfer Legionen.
Im Volk uns geboren, erstand uns ein Führer,
gab Glauben und Hoffnung an Deutschland uns wieder.
Volk ans Gewehr! Volk ans Gewehr!

Deutscher wach' auf nun und reihe dich ein,
wir schreiten der Sonne entgegen.
Frei soll die Arbeit und frei woll'n wir sein
und mutig und trotzig verwegen.
Wir ballen die Faust und werden es wagen,
es gibt kein Zurück mehr und keiner darf zagen.
Volk ans Gewehr! Volk ans Gewehr!

Jugend und Alter und Mann für Mann
umklammern das Hakenkreuzbanner.
Ob Bürger, ob Bauer, ob Arbeitsmann,
sie schwingen das Schwert und den Hammer
für Hitler, für Freiheit, für Arbeit und Brot.
Deutschland erwache! Juda den Tod!
Volk ans Gewehr! Volk ans Gewehr.

Es zittern die morschen Knochen

Es zittern die morschen Knochen
der Welt vor dem großen Krieg.
Wir haben den Schrecken gebrochen,
für uns wars ein großer Sieg.
Wir werden weitermarschieren,
wenn alles in Scherben fällt,
denn heute, da hört uns Deutschland
und morgen die ganze Welt.

Und liegt vom Kampfe in Trümmern
die ganze Welt zuhauf,
das soll uns den Teufel kümmern,
wir bauen sie wieder auf.
Wir werden weitermarschieren...

Und mögen die Alten auch schelten,
wir lassen sie toben und schrein,
und stemmen sich gegen uns Welten,
wir werden doch Sieger sein.
Wir werden weitermarschieren...

Sie wollen das Lied nicht begreifen,
sie denken an Knechtschaft und Krieg –
derweil unsre Äcker reifen.
Du Fahne der Freiheit, flieg!
Wir werden weitermarschieren,
wenn alles in Scherben fällt;
die Freiheit stand auf in Deutschland
und morgen gehört ihr die Welt.

Unterrichtsschritt 5
Das letzte Ziel der nationalsozialistischen Propaganda

Bei der Klärung der Frage, wie der Begriff „Propaganda" etwa im Unterschied zur Werbung zu bestimmen sei, bringen die Schüler die Ergebnisse ihrer Hausaufgabe in das Unterrichtsgespräch ein:

– Unter Propaganda versteht man die gezielte Beeinflussung der öffentlichen Meinung und des einzelnen durch Wort (Rede, Rundfunkvortrag, Nachrichten, Bühne), Schrift (Zeitungen, Zeitschriften, Literaturwerke), Bild (Film, Plakate, Fotos), Musik (Lieder, Marschmusik, Nationalhymne) und Symbole (Fahnen, Abzeichen, Hoheitszeichen, Wappen, Uniformen, Bauwerke).
– Propaganda ist die Werbung mit häufig vergröbernden und die Menschen manipulierenden Mitteln für politische und ideologische Ziele und Vorstellungen. (Vgl.: Das moderne Lexikon, Gütersloh, Berlin, München, Wien, Bd. 15, S. 113; Brockhaus Enzyklopädie, Wiesbaden 1972, Bd. 15, S. 177, und Bd. 20, S. 224; Handwörterbuch der Sozialwissenschaften, hrsg. v. E. v. Beckenrath u. a., Stuttgart / Tübingen / Göttingen 1964, Bd. 8, S. 623–626)
  Welche Ziele wollte Hitler durch den massiven Einsatz propagandistischer Mittel erreichen?

Als Grundlage für die Beantwortung dieser Frage dienen zwei Zitate aus „Mein Kampf", die entweder vorgelesen oder auf einer Folie festgehalten werden können:

1. „Wenn die Propaganda ein ganzes Volk mit einer Idee erfüllt hat, kann die Organisation mit einer Handvoll Menschen die Konsequenzen ziehen" (Mein Kampf, S. 653).
2. „Die Propaganda war im Kriege ein Mittel zum Zweck, dieser aber war der Kampf um das Dasein des deutschen Volkes..." (S. 196).

Erwartete Schülerantworten
– Durch die Propaganda wird gewährleistet, daß eine kritiklose Masse einer zielbewußten Führung willig Gehorsam leistet.
– Das Ziel: der siegreiche Kampf ums Dasein, ein Kampf, der nach Meinung der Führung ohne die totale Einheit des Volkes nicht gewonnen werden kann (siehe auch Tafelbild, Stundenblatt.) (Christian Zentner, Adolf Hitlers Mein Kampf, Eine kommentierte Auswahl, München 1974, S. 119)

Erweiterung: Folgende hektographierte Zitate werden den Schülern vorgelegt und im Unterrichtsgespräch ausgewertet:

„Die Propaganda an sich hat keine grundsätzliche Methode. Sie hat nur ein Ziel; und zwar heißt dieses Ziel in der Politik immer: Eroberung der Masse. Jedes Mittel, das diesem Ziel dient, ist gut... Die Methoden der Propaganda entwickeln sich ursächlich aus dem Tageskampf selbst heraus... Wir haben die Mittel und Möglichkeiten einer wirksamen Massenpropaganda aus der täglichen Erfahrung gelernt und sie erst in der immer sich wiederholenden Anwendung zum System erhoben. Auch die moderne Propaganda beruht noch im wesentlichen auf der Wirkung des gesprochenen Wortes. Revolutionäre Bewegungen werden nicht von großen Schriftstellern, sondern von großen Rednern gemacht."
(Joseph Goebbels: Kampf um Berlin, Teil 1, München 1932; zitiert nach: Landesbildstelle Berlin [Hrsg.]: Zeitgeschichte im Film, Berlin 1974, S. 37)

„Die breite Masse wünscht das gar nicht, daß man viel Rücksicht auf Tagesdinge nimmt und jeden Tag mit einem neuen Programm kommt...Was aber die breite Masse wünscht, ist eine Plattform, die dauernd unter ihren Füßen steht... Der Mensch wünscht einen Glauben, auch in politischer Hinsicht, eine Weltanschauung, die ihn trägt..., in wenigen Dogmen."
(Adolf Hitler vor dem Hamburger Nationalklub 1926; zitiert nach: Landesbildstelle Berlin [Hrsg.]: Zeitgeschichte im Film, Berlin 1974, S. 37)

Gesprächsimpulse:
- Warum ist das gesprochene Wort für die Propaganda wichtiger als das geschriebene?
- Wie schätzt der Redner Hitler seine Zuhörer ein?
- Warum braucht der Mensch nach seiner Meinung einen Glauben?

Hausaufgabe

Vorbereitung von Schülerreferaten zum Thema „nationalsozialistischer Terror“

Vorschlag für ein Arbeitsblatt (10. Stunde, Unterrichtsschritt 3)

Nationalsozialistische Symbole (Gruppenarbeit)

1. Gruppe: Die Fahne / Hakenkreuzfahne
Hitlerjugend-Weihelied
(Text Baldur von Schirach, Melodie Hans Otto Borgmann, aus dem Ufa-Film „Hitlerjunge Quex“, Gamm, S. 48)
Vorwärts, vorwärts! schmettern die hellen Fanfaren
Vorwärts, vorwärts! Jugend kennt keine Gefahren
Deutschland, du wirst leuchtend stehn, mögen wir auch untergehn
...
Unsre Fahne flattert uns voran. In die Zukunft
ziehn wir Mann für Mann. Wir marschieren für Hitler
durch Nacht und durch Not
mit der Fahne der Jugend für Freiheit und Brot.
Unsre Fahne flattert uns voran, unsre Fahne ist die neue Zeit
Und die Fahne führt uns in die Ewigkeit!
Ja, die Fahne ist mehr als der Tod!

Arbeitsaufträge:
Ursprünglich war die Fahne ein Heereszeichen im Felde, ein Orientierungspunkt für die Soldaten, wenn sie in der Schlacht abgedrängt wurden.
- Erklären Sie, welche Bedeutung die Fahne für den überzeugten Nationalsozialisten hat.
- Welche sinnbildliche Bedeutung könnte die Farbgebung der Hakenkreuz-Fahne haben? (Vgl. schwarz-weiß-rot)
- Setzen Sie die Fotografie „Fahnenweihe mit der Blutfahne“ (Politik und Gesellschaft 2, S. 153; H. Huber, S. 225) mit dem Text dieses Liedes in Beziehung.

2. Gruppe: Hakenkreuz
„Das Hakenkreuz, auch die Swastika genannt (aus dem Sanskrit = „alles, was gut ist“)... versinnbildlicht... die Sonne. Die neuzeitliche Geschichte des Hakenkreuzes beginnt mit der Turnbewegung des „Turnvaters“ Jahn. Auf der Suche nach einer sinnfälligen bildlichen Darstellung der vier großen F seiner „Turnerei“ – frisch, fromm, froh, frei – schrieb er den vierfachen Buchstaben in Hakenkreuzform... Aber auch der deutschvölkische Teil der Wandervogelbewegung benutzte das Hakenkreuz als Wahrzeichen: hier jedoch schon mit eindeutig antisemitischer Stoßrichtung und unter ausdrücklichem Rückbezug auf die Tradition der germanisch-altdeutschen Vorväter. Nach dem Ersten Weltkrieg benutzten Freikorpskämpfer... das Hakenkreuz als politisches Signal: Deutschland über alles! Und von hier übernahm es die nationalsozialistische Bewegung. Als magischer Glücksbringer gehörte das Hakenkreuz jedoch keineswegs ausschließlich der deutschvölkischen oder gar nationalsozialistischen Bewegung. Das Divisionszeichen der amerikanischen 45. Division im Ersten Weltkrieg: ein Hakenkreuz... Aus seiner Vieldeutigkeit erlöste Adolf Hitler das Hakenkreuz... In ‚Mein Kampf‘ schrieb er, für den Nationalsozialismus versinnbildliche das Hakenkreuz die Mission des Kampfes für den Sieg des arischen Menschen und zugleich mit ihm auch den Sieg des Gedan-

kens der schaffenden Arbeit, die selbst ewig antisemitisch war und antisemitisch sein wird."
(Jochen R. Klicker, Die Geschichte eines Symbols, in: Chr. Zentner, Das III. Reich, Bd. 1, Hamburg 1975 [John Jahr Verlag], S. 259)

Arbeitsaufträge:
- Nennen Sie die verschiedenen Bedeutungen, die diesem Zeichen beigemessen wurden.
- Wie deutete Hitler das Hakenkreuz?
- Was schließen Sie aus der Tatsache, daß Hitler selbst die Form des nationalsozialistischen Hakenkreuzes entworfen hat? (Vgl. M. K., S. 557)

3. Gruppe: Der nationalsozialistische „Hoheitsadler" / Adler mit Hakenkreuz
„Adler, als Symbol-Tier sehr weit verbreitet, meist mit der Sonne und dem Himmel... in Zshg. gebracht. Symbolprägend waren vor allem seine Kraft und Ausdauer u. sein dem Himmel zustrebender Flug... Der A. gilt als „König" der Vögel u. war bereits im Altertum ein Königs- und Götter-Symbol... Die röm. Legionen hatten den A. als Feldzeichen... Der A. war in Fortführung der röm. Tradition dt. Reichsadler, heute ist er dt. Bundesadler; als Zeichen der Souveränität steht er auch in vielen anderen Staatswappen."
(Herder Lexikon, Symbole, Freiburg, Basel, Wien, 1978, S. 11)

Arbeitsaufträge:
- Welche Eigenschaften des Adlers bestimmten seine Verwendung als Wappentier?
- An welche Tradition knüpfte der deutsche Reichsadler an?
- Charakterisieren Sie den nationalsozialistischen „Hoheitsadler", und erörtern Sie seinen Symbolgehalt.
- Als Hitler im Jahre 1939 die Pläne seines Architekten Speer für den Bau der „Großen Halle" (290 m) in Berlin sah, die von einem Reichsadler gekrönt sein sollte, sagte er: „Als Bekrönung dieses größten Gebäudes der Welt muß der Adler nicht das Hakenkreuz, sondern die Weltkugel in den Fängen halten" (Speer, Erinnerungen, S. 160, dort auch eine Abbildung des Modells).
  Wie deuten Sie Hitlers Vorschlag?

4. Gruppe: Sonne
Ansprache bei einer Sonnwendfeier mit „Feuerspruch"
„Wir sind als Volk aus unserem Blute und aus unserer Scholle heraus durch Nacht und Not zu neuem Leben wiedergeboren... Das tiefe Wissen um die Ordnung der Welt macht die Kraft der Idee des Führers aus, aus ihr fließt uns unerschütterlicher Wille für die Erhaltung unseres Reiches... Wir wollen immer stärker der Gemeinschaft dienen...
Sonne wendet
Altes endet,
neu beginnt der Pfad.
Alte Treue
mag aufs neue
leiten unsre Tat.
Wir zwingen es nicht, wenn wir uns nicht ganz
hingeben und aus allen Grenzen steigen."
(Sommersonnenwende, Schriftenreihe, Texte und Feiern im Jahresring, Berlin o. J., Verlag der Deutschen Arbeitsfront, hrsg. von der NSG „Kraft durch Freude", Amt Feierabend, Abteilung Volkstum/Brauchtum, gemeinsam mit dem Hauptschulungsamt der NSDAP, Amt Kultur, der Reichsjugendführung, dem Reichsnährstand und der Arbeitsgemeinschaft für deutsche Volkskunde, zitiert nach Gamm, Der braune Kult, Hamburg 1962, S. 106 ff.)

Arbeitsaufträge:
- Warum feierten die Nationalsozialisten die Sonnwende?
- Welche Parallelen sahen sie zwischen der Sonne und ihrer Weltanschauung?
- Versuchen Sie, den Feuerspruch zu deuten.

11. Stunde: Terror (mit Kopiervorlage)

Vorbemerkungen

Durch diese Stunde soll deutlich werden, daß die Nationalsozialisten den Terror ganz bewußt als Waffe gegen ihre Feinde einsetzten im Hinblick auf ihr oberstes Ziel: die Durchsetzung und Befestigung der eigenen Macht mit allen Mitteln; der Berufung auf die Interessen des Volkes kam dabei nur eine Art Alibifunktion zu.

Der Schwerpunkt der Stunde liegt auf den Informationen und Berichten über die Einrichtung und Bedeutung der Konzentrationslager. Als exemplarisches Beispiel dient das KZ Dachau, das die Funktion eines Musterlagers für alle anderen Lager hatte.

Die Auswertung eines Berichts im „Völkischen Beobachter" vermittelt einige Informationen über die politische Herkunft der ersten Häftlinge und veranlaßt die Schüler, über den euphemistischen Charakter des Begriffs „Schutzhaft" nachzudenken. Es wird deutlich, daß die KZ-Häftlinge in einem rechtsfreien Raum lebten und daß durch die Berufung auf die Reichstagsbrandverordnung nur der Schein eines gesetzmäßigen Vorgehens gewahrt werden sollte (dazu: Shlomo Aronson, Reinhard Heydrich und die Frühgeschichte von Gestapo und SD, Studien zur Zeitgeschichte, hrsg. vom Institut für Zeitgeschichte, Stuttgart 1971; M. Broszat und H. A. Jacobson, H. Krausnick [Hrsg.], Konzentrationslager, Kommissarbefehl, Judenverfolgung, Freiburg 1965).

Im Lehrervortrag wird über die Lebensverhältnisse im KZ Dachau und über die Ziele berichtet, die die Nazis durch die Haft erreichen wollten: Die Bedrohung, die von der Existenz der Konzentrationslager ausging, lähmte den Widerstandswillen vieler Bürger und war eine wichtige psychologische Waffe gegen die Gegner des NS-Regimes.

Auf diesen mehr informativen Teil der Stunde folgt ein anschaulicher Erlebnisbericht eines ehemaligen KZ-Häftlings in Dachau, der durch einen Auszug aus der Lagerordnung ergänzt wird.

In einem provozierenden Kontrast zu diesem Bild einer niederdrückenden Wirklichkeit, das die beiden Texte vermitteln, steht ein schönfärbender Zeitungsartikel, der die Vorgänge verharmlosen und die Leser beschwichtigen will. Dieser offensichtliche Widerspruch soll die Schüler zu Meinungsäußerungen anregen.

Im abschließenden Teil der Stunde ändert sich die Blickrichtung: Die Basis der Darstellung wird verbreitert. Einige Schüler berichten über die Schicksale von Verfolgten, die außerhalb der Konzentrationslager den Mißhandlungen und Schikanen der Gestapo ausgeliefert waren.

Ziele der Stunde

Die Schüler erkennen,
- daß Hitler den Terror ganz bewußt als Waffe gegen politische Gegner einsetzte;
- daß das NS-Regime durch die Einrichtung von KZ die Verfolgten der ordentlichen Gerichtsbarkeit entzog;
- daß als Ziel der KZ-Haft die „Umerziehung" der Nazi-Gegner zu Volksgenossen ausgegeben wurde.

Die Schüler erarbeiten
- aus einem Zeitungsartikel des „Völkischen Beobachters", wie die Einlieferung eines Häftlings ins KZ begründet wurde;
- welcher Personenkreis verhaftet wurde;
- die „rechtlichen" Grundlagen dieses Verfahrens;
- aus einem Auszug der Disziplinar- und Strafordnung für das KZ-Dachau Strafandrohungen und deren Begründung;

– die Entsprechung von Textinhalt und Sprachform.

Die Schüler beurteilen
– die Begründung des Terrors durch Hitler;
– die Bedeutung der Einrichtung von Konzentrationslagern für das innenpolitische Klima in Deutschland;
– die Minimalforderungen, die an einen Volksgenossen von den Nazis gestellt wurden;
– die Lebensbedingungen im KZ Dachau;
– das Verhalten der Verfolger gegenüber den Verfolgten.

Verlaufsskizze

Unterrichtsschritt 1
Hitler begründet die Notwendigkeit des Terrors

Mit Hilfe einer Folie wird ein Zitat aus Hitlers „Mein Kampf" in den Unterricht eingebracht:
„Die Gewinnung der Seele des Volkes kann nur gelingen, wenn man neben der Führung des positiven Kampfes für die eigenen Ziele den Gegner dieser Ziele vernichtet. Das Volk sieht zu allen Zeiten im rücksichtslosen Angriff auf einen Widersacher den Beweis des eigenen Rechtes." (Mein Kampf, S. 371)
Besprechungsvorschläge:
– Nehmen Sie zu diesem Zitat Stellung.
– Wie begründet Hitler die Notwendigkeit des Terrors?
– Wie beurteilt angeblich das Volk den rücksichtslosen Kampf gegen den Gegner?
– Welche Vorstellung von Recht und Unrecht wird deutlich?
– Was ist das Ziel des Kampfes?

Folgende Antworten sind möglich:
– Nach Hitlers Meinung genügt es nicht, wenn sich eine Bewegung mit aller Kraft für die Erreichung ihrer politischen Ziele einsetzt. Dieses Streben muß ergänzt werden durch einen Vernichtungskampf gegen diejenigen, die diese Ziele ablehnen. Es gibt also keinen Pluralismus der Meinungen, die Devise muß lauten: Wer nicht für mich ist, ist wider mich, und wer wider mich ist, ist nicht ein Gegner, mit dem man sich politisch auseinandersetzen muß, sondern ein Feind, der sein Lebensrecht verwirkt hat.
– Das „Volk" wird zum Zeugen aufgerufen für die Notwendigkeit des Terrors. Angeblich will das Volk den rücksichtslosen Kampf gegen den Gegner, denn wer Terror ausübt, beweist, daß er im Recht ist. Somit wird die Frage nach Recht und Unrecht zu einer bloßen Machtfrage. Wer die Macht hat, hat das Recht und umgekehrt.
– Das NS-Regime will, daß sich das Volk aus innerer Überzeugung mit seiner Führung identifiziert.

Unterrichtsschritt 2
Schutzhaft

Unter der Überschrift „Konzentrationslager für Schutzhäftlinge in Bayern" erschien am 21.3.1933 ein Artikel im „Völkischen Beobachter", der den Schülern als Hektographie (siehe Kopiervorlage, Arbeitsblatt) vorgelegt wird (Konzentrationslager Dachau 1933–1945, Katalog hrsg. vom Comité International de Dachau, Brüssel o.J., S. 43; Ingeborg Bayer, a. a. O., S. 77). Der Text wird in einer Stillarbeitsphase ausgewertet und anschließend im Unterricht besprochen.
Mögliche Ergebnisse:
Zu den ersten Verhafteten gehörten Funktionäre der KPD, der SPD und des „Reichsbanners" (sozialdemokratische Schutzformation zur Verteidigung der Weimarer Republik). Die Bezeichnung „Schutzhaft" bezieht sich auf den angeblichen Schutz des Staates vor Unruhestiftern; in Wirklichkeit wird durch diese Wortwahl der wahre Sachverhalt verschleiert: ohne Gerichtsurteil, nur

aufgrund der „Verordnung des Reichspräsidenten zum Schutz von Volk und Staat“ (vgl. 7. Stunde, Unterrichtsschritt 4) wurden tatsächliche und mögliche Gegner des Nazi-Regimes ihrer Freiheit auf unbestimmte Zeit beraubt, „ohne Rücksicht auf kleinliche Bedenken“, d.h. ohne Einschaltung der regulären Justiz, ohne rechtsstaatliches Verfahren, ohne Überprüfungsmöglichkeiten durch neutrale Instanzen rechneten die Nazis mit ihren schutzlosen Feinden ab.

Erweiterung: Ein Hinweis auf das Schicksal der Abgeordneten des letzten frei gewählten deutschen Reichstags macht deutlich, wie viele Abgeordnete im Konzentrationslager eingesperrt wurden. Von 492 Abgeordneten wurden 311 ins KZ, 58 ins Zuchthaus eingeliefert, davon wurden mindestens 186 getötet, 113 konnten fliehen (Hermann Glaser, Das Dritte Reich, Anspruch und Wirklichkeit, Freiburg 1961, S. 120).

Unterrichtsschritt 3
Das Konzentrationslager Dachau

Lehrervortrag:
- Unmittelbar nach der Machtübernahme wurde am 22.3.1933 in Dachau bei München auf dem Gelände einer ehemaligen Pulverfabrik das erste KZ für 5000 Menschen errichtet.
- Zuerst waren dort kommunistische und sozialdemokratische Häftlinge interniert, später kamen dazu: Bibelforscher (eine religiöse Sekte), Pfarrer, Juden, Emigranten, Zigeuner, Berufsverbrecher, Homosexuelle, Asoziale.
- Die Häftlinge wurden im Moor beim Eschenhof zum Torfstechen eingesetzt (Arbeitszeit von 6.00–18.30).
- Das Wachpersonal gehörte den SS-Totenkopfverbänden an.
- Das angebliche Ziel der Haft war die Umerziehung: „Es verlangt niemand von Euch, daß ihr Nationalsozialisten werdet, das überlaßt uns; aber es wird dagegen verlangt, daß ihr 100%ige Volksgenossen werdet“ (Dachau-Katalog, S. 52).
- Folgende „Erziehungsmethoden“ wurden angewandt: Strafstehen, Essensentzug, Baumhängen, Strafexerzieren, Prügelstrafe; nicht selten starben Häftlinge an den Folgen der Mißhandlungen.
- Bei Strafe der Wiedereinlieferung und entsprechender Haftverschärfung war es den Entlassenen verboten, über ihre Erlebnisse im KZ mit irgend jemandem zu sprechen.

Ergänzung (zur Unterstützung des Lehrervortrags): Bilder aus dem KZ Dachau sind in der Dia-Serie „KZ Dachau“ zusammengefaßt (FWU 102436, 24 Dias); Bilder aus anderen Konzentrationslagern finden sich in der Dia-Serie „Hitler erringt die Macht“ (FWU R 456) und in der Serie „Militarisierung des öffentlichen Lebens (FWU R457).

Gesprächsimpulse:
- Warum wurden politische und kriminelle Gefangene zusammen in den Konzentrationslagern interniert?
- Welche Wirkungen gingen von der Einrichtung des KZs aus?
- Wie muß sich ein hundertprozentiger Volksgenosse verhalten?

Erwartete Antworten (notwendige Ergänzungen durch den Lehrer):
- Durch die Einlieferung politischer und krimineller Häftlinge sollten die politischen Gefangenen als asoziale Volksschädlinge diskriminiert werden. Das völlig andere Verhalten vieler Krimineller in der Haft sollte die politischen Gefangenen noch mehr verunsichern (Spitzelwesen, Kriminelle als Vorarbeiter u.a.).
- Die nicht nachprüfbaren Gerüchte (keine freie Presse!) von der Existenz der Konzentrationslager, von den Haftbedingungen in den Lagern sowie den Gründen und Umständen, die zur Verhaftung führen konnten, hatten eine einschüchternde und lähmende Wirkung auf die Menschen in Deutschland. Kritisch Eingestellte fühlten sich bespitzelt, Mißtrauen herrschte, das

freie Wort war zu einer riskanten Sache geworden.

- Aber die Mehrheit paßte sich an die neuen Verhältnisse an, die Drohung tat ihre Wirkung.
- „Solch permanenter Ausnahmezustand als Herrschaftstechnik, diese Angst vor der Angst des Mitbürgers zermürbte die Entschlußkraft zur Auflehnung, beschränkte die Befähigung zum aktiven Widerstand auf wenige." (Manfred Funke, Der Verfall politischer Vernunft in Monarchie, Republik und Diktatur, in: Aus Politik und Zeitgeschichte B 2/80 vom 12. Januar 1980, S. 11).
- So entschlossen sich die meisten Bürger, die Minimalforderungen, die die Nazis an einen „Volksgenossen" stellten, zu erfüllen: Hitler-Gruß, Beflaggung bei Kundgebungen und staatlichen Feiertagen, Spenden für die Nationalsozialistische Volkswohlfahrt (NSV) und für das Winterhilfswerk (WHW), keine kritischen Äußerungen über Hitler und seine Partei und keine abweichende politische Meinung.

Unterrichtsschritt 4
Ein Tag im KZ Dachau

Der Bericht Ernst Michels, eines ehemaligen Dachau-Häftlings, vom Tagesablauf in Dachau wird den Schülern als Arbeitsblatt (siehe Kopiervorlage, Arbeitsblatt) vorgelegt und im Unterrichtsgespräch ausgewertet (Bettina Wenke, Interviews mit Überlebenden, Stuttgart 1980, S. 147 ff.).
(Berichte ehemaliger Häftlinge über die Verhältnisse in anderen deutschen Konzentrationslagern: Gerhard Seger, KZ Oranienburg – Augenzeugenbericht, in: Chr. Zentner, Bd. 1, S. 144 ff.; Augenzeugenbericht über die Ermordung des sozialdemokratischen Reichstagsabgeordneten Fritz Husemann im KZ Papenburg (Ostfriesland) am 13.4.1935, in: Geschichtsdidaktik 2/80, S. 187; Ernst Wiechert – 1938 Häftling in Buchenwald – berichtet über seine Erlebnisse in seinem Buch „Der Totenwald", Zürich 1946, S. 75 ff., abgedr. in: Focke/Reimer, Alltag der Entrechteten, S. 148 ff.)

Ergebnis:
- Die Allmacht der Wachmannschaft zeigte sich u. a. in der willkürlichen Festsetzung des jeweiligen Tagesbeginns, auch die Dauer des Appells (= Antreten der Häftlinge zum Abzählen) hing von ihrer Laune ab, der Tagesablauf wurde für die Gefangenen unberechenbar.
- Sie wurden durch „sportliche" und „militärische" Übungen gequält und mußten stundenlang „strafstehen", wenn einer von ihnen einen Fluchtversuch gemacht hatte. – Michels, der damals 22 Jahre alt war, ertrug das fast Unerträgliche mit einer Art Fatalismus („Glück": „Pech")

Ergänzung: An dieser Stelle empfiehlt sich die Analyse der Einleitung zur „Disziplinar- und Strafordnung" des KZ Dachau (Auszug):
Toleranz bedeutet Schwäche. Aus dieser Erkenntnis heraus wird rücksichtslos zugegriffen werden, wo es im Interesse des Vaterlandes notwendig erscheint. Der anständige, verhetzte Volksgenosse wird mit diesen Strafbestimmungen nicht in Berührung kommen. Den politisierenden Hetzern und intellektuellen Wühlern – gleich, welcher Richtung – aber sei gesagt, hütet euch, daß man euch nicht erwischt, man wird euch sonst nach den Hälsen greifen und nach eurem eigenen Rezept zum Schweigen bringen.
(Dachau-Katalog, S. 68)

Fragen und Aufgaben:
- Erörtern Sie den Satz „Toleranz bedeutet Schwäche".
- Welchen Unterschied zwischen den Häftlingen trifft die Strafordnung?
- Wer ist der Hauptfeind?
- Weisen Sie nach, wie sich die angedrohte Gewalt in der Sprache spiegelt.

Diese Analyse erfolgt in einer Stillarbeitsphase. Folgende Einsichten können dabei vermittelt werden:
- Der einfache, verhetzte, aber „anständige" Mensch wird gegen den Hauptfeind der Nazis, den Intellektuellen ausgespielt (vgl. Dolf Stern-

berger, Gerhard Storz, W. E. Süskind, Aus dem Wörterbuch des Unmenschen, dtv 48, S. 62: „Die Verteufelung des Intellekts und die wirkliche Herstellung des Chaos auf Erden – das sind nur zwei Seiten einer und derselben Sache.").
- Die Sprache des Textes verrät den Hang der NS-Schergen zur brutalen Gewalt bis hin zum bedenkenlosen Mord („rücksichtslos zugegriffen", „erwischt", „nach den Hälsen greifen", „zum Schweigen bringen").

Erweiterung: Ein Artikel im „Bayerischen Heimgarten" Nr. 25 vom 22. Juni 1933 unter dem Titel „Ein Gang durch das Konzentrationslager Dachau" (Verfasser: H. Larcher), der vom Lehrer vorgelesen werden kann, macht die Verlogenheit der gleichgeschalteten nationalsozialistischen Presse deutlich:
Sie arbeiten gern und willig, und wohl die meisten sind froh, daß sie nun ein geregeltes Leben, gutes Essen und ein Dach über sich haben. Freilich gibt es... auch solche, die anders denken mögen, aber es sind nur wenige... Während wir zusehen, wie die Inhaftierten den Wald ausroden... zieht ein großer Trupp mit etwa 100 Mann vorbei. Singend geht es an die Arbeit. Alles singt, und man könnte fast glauben, daß es sich hier um Soldaten im Drillich handelt... Man muß immer wieder staunen, was hier in der kurzen Zeit aus diesen einst von kommunistischen Hetzern verführten Arbeitern geworden ist, man sieht aber auch, wie ein guter Einfluß auf die Hetzer selbst hier seinen Zweck nicht verfehlt und sie wieder an ehrliche Arbeit gewöhnt... Zusammenfassend können wir sagen, daß mit dem Konzentrationslager ein Werk geschaffen worden ist, das seinem Zweck in bester Weise gerecht wird...
Alle jene aber, welche glauben, daß sie die friedliche Aufwärtsentwicklung des deutschen Volkes stören können, oder daß sie gegen die Bewegung oder deren Funktionäre etwas unternehmen können, denen möge als Trost dienen, daß das Konzentrationslager Dachau so ausgebaut werden kann, daß etwa 6000 Menschen Platz haben. Da bis jetzt erst ein gutes Drittel belegt ist, besteht ja genügend Aussicht für solche volksfeindlichen Elemente, daß sie noch einen Freiplatz bekommen...

Besprechungsvorschläge:
- Vergleichen Sie diese Darstellung mit dem Bericht von Ernst Michels.
- Warum ist nach Meinung Larchers das KZ Dachau eine lobenswerte Sache?
- Welche Absichten verfolgt der Verfasser mit seinem Artikel?

Mögliche Antworten:
- Das einzige Erziehungsmittel ist nach den Darlegungen des Zeitungsschreibers ehrliche und sinnvolle Arbeit, die aus verhetzten Faulenzern nützliche Mitglieder der Volksgemeinschaft macht.
- Angeblich sind die meisten Häftlinge mit ihrem Los zufrieden, denn sie haben eine geregelte Arbeit und werden gut ernährt.
- Gemessen an dieser perfiden Schönfärberei ist es dann wenig logisch, wenn der Autor zum Schluß die Feinde der Partei mit einem Zwangsaufenthalt in Dachau bedroht. So verbindet Larcher in seinem Artikel nach bewährtem Rezept Beschwichtigung und Bedrohung.

Unterrichtsschritt 5
Schicksale von Verfolgten

In kurzen Referaten berichten einige Schüler, mit welchen Methoden die Nazis ihre Gegner verfolgten:

1. Bericht eines Jugendlichen, der von der Gestapo gefoltert wurde.
Als sich der Junge weigerte, die gewünschten Angaben zu machen, führten ihn die Gestapo-Leute in ein Nebenzimmer. Dort wurden ihm Stahlruten, Totschläger, Gummiknüppel, Reitpeitschen, Pistolen und Stricke gezeigt. Man fragte ihn, welches Folterwerkzeug er bevorzuge. Als er erklärte, das sei ihm gleichgültig, wurde er auf einen Tisch geschnallt und mit einer Nilpferdpeitsche bewußtlos geschlagen. Ein Eimer Wasser brachte ihn wieder zur Besinnung. Als er sich später immer noch weigerte, ein vorbereitetes Geständnis zu unterschreiben, wurde er in eine Gefängniszelle gebracht, wo er auf dem kalten Zementfußboden schlafen mußte. Nachts hörte er das Schreien und Toben der anderen Gefangenen, die an der Grenze des Wahnsinns standen. Immer wenn das Licht ausgemacht wurde, trug man einen Toten hinaus; er zählte in drei Wochen vierzig Tote.
(Aus den in Holland erschienenen „Sonderinformationen deutscher Jugend", herausgegeben von emigrierten antinazistischen Ju-

gendführern, Mai 1938, zitiert nach Arno Klönne, Gegen den Strom. Bericht über den Jugendwiderstand im Dritten Reich, Hannover/Frankfurt, o.J., S. 139f.)

2. Kommunist und Jude – das war zuviel
Am 8.5.1933 wurde der Hamburger Kommunist Dagobert Biermann verhaftet, weil er im Auftrag seiner Partei eine illegale Zeitung gedruckt hatte. Vom Hanseatischen Sondergericht wurde ihm der Prozeß gemacht: zwei Jahre Gefängnis wegen „Vorbereitung zum Hochverrat". Daraufhin verlor auch seine Frau ihre Arbeit als Maschinenstrickerin in einer Blindenanstalt. Der Direktor (liberal, Freimaurer) verweigert seine Hilfe, als er hört, daß Biermann nicht nur Kommunist, sondern auch Jude war.
(Nach H. Focke/U. Reimer, Alltag der Entrechteten, rororo 4625, S. 26f.).

Alternative: Der Brief der Eltern eines sechzehnjährigen Jungen aus Trier an den Regierungspräsidenten vom 26. April 1933 wird vorgelesen. Sie bitten flehentlich um die Freilassung ihres kranken Sohnes, der als Mitglied der kommunistischen Jugendbewegung von den Nazis in Schutzhaft genommen wurde. (Franz Josef Heyen, Nationalsozialismus im Alltag, Boppard 1967, S. 91)

3. „Wie ein Hund"
Der frühere Oberpräsident von Niederschlesien, der Sozialdemokrat Lüdemann, wurde am 30.6.1933 verhaftet, vom SA-Führer und Breslauer Polizeipräsidenten Heines beschimpft: „Abtreten, Schutzhaftgefangener Lüdemann!", im Triumphzug von grölenden SA-Leuten zu seinem früheren Amtssitz geführt, auf den Straßen Breslaus von verhetzten Nazis angepöbelt und schließlich ins Lager Dürrgoy eingeliefert. Der kranke Lüdemann weigert sich, schwere Erdarbeiten zu verrichten, dafür wird er vom Wachpersonal geprügelt, „man hielt ihn wie einen Hund".
(Walter Tausk, Breslauer Tagebuch, Berlin [Ost], 1975, S. 82f., zitiert nach: Thomas Berger, Lebenssituationen unter der Herrschaft des Nationalsozialismus, Frankfurt, o.J. [1982], S. 37).

Gesprächsimpulse:
- Welche Instanzen und Organisationen übernahmen die Verfolgung der Gegner des NS-Regimes?
- Wie verhielten sich die Verfolger gegenüber den Verfolgten?
- Welche Methoden wurden angewandt?
- Was versteht man unter „Hochverrat"?
- Welche Aufgaben hatte die Geheime Staatspolizei (Gestapo)?

Ergebnis (notwendige Ergänzungen durch den Lehrer):
- Im Fall Biermann vertrat auch das Gericht ganz entschieden die Interessen der Machthaber, indem es den Angeklagten wegen Hochverrat (= Angriff auf die innere Staatsordnung) verurteilte und das niedere Strafmaß bedauerte.
- Die Verhaftungen und Vernehmungen wurden von der SA und später von der Gestapo vorgenommen, die auch vor der Anwendung von Foltermaßnahmen nicht zurückschreckten.

Information durch den Lehrer:
Chef der Gestapo war ab 1934 der Reichsführer-SS Heinrich Himmler. Die Aufgabe der Geheimen Staatspolizei war neben der Ermittlung politischer Straftaten die Verfolgung aller Personen, die das NS-Regime als seine Gegner betrachtete (Marxisten, Juden, Freimaurer, später „östliche Untermenschen" u.a.).
(Siehe auch Tafelbild, Stundenblatt)

Hausaufgabe

Vorbereitung von Schülerreferaten über Goebbels, Himmler und Göring.

12. Stunde: Der Aufbau des Führerstaates

Vorbemerkungen

Das Ziel der 12. Stunde ist es, einen Einblick zu geben in die Organisationsstruktur des nationalsozialistischen Staates. Dem „Normenstaat“ der staatlichen Behörden stand der durch die Partei repräsentierte „Maßnahmenstaat“ gegenüber (E. Fraenkel, Der Doppelstaat, Frankfurt 1945). Das Nebeneinander von Partei und Staat wurde häufig zu einem Gegeneinander, zu einer „Kompetenz-Anarchie“ (M. Funke, Führerprinzip und Kompetenz-Anarchie im nationalsozialistischen Herrschaftssystem, in: Neue Politische Literatur 20, 1975, S. 60–67). Innerhalb der Führungsschicht kam es häufig zu Machtkämpfen. „Der Führerstaat bot das Bild“ eines „institutionellen Darwinismus...“ (K. D. Erdmann, a.a.O., S. 101).

Zu Beginn der Stunde versuchen die Schüler, sich anhand einer kleinen Skizze selbst ein Bild zu machen von der Herrschaftsordnung im NS-Staat. Es ist zu erwarten, daß sie in Erinnerung an die Bilder und Berichte von dem eindrucksvollen, disziplinierten Aufmarsch der Parteiorganisationen (vgl. 10. Stunde, Unterrichtsschritt 2) in der NSDAP die eigentliche Herrin des Staates sehen, die den staatlichen Behörden übergeordnet war, die die Befehle des Führers an die staatliche Verwaltung weiterleitete, deren Ausführung kontrollierte und die so für die Einheit und Leistungsfähigkeit des Gesamtstaates sorgte. Aber welche Aufgaben hatte die NSDAP tatsächlich? Für welche Bereiche war die staatliche Verwaltung zuständig? Wie waren die Kompetenzen abgegrenzt? Diese Fragen versuchen die Schüler mit Hilfe von Organigrammen über die Organisation der Partei und über den Aufbau der Staatsorgane zu beantworten. Die vergleichende Auswertung beider Darstellungen zeigt: Die Zuständigkeiten waren nicht eindeutig abgegrenzt, die Kompetenzen von Partei und Staat überschnitten sich zum Teil, eine Tatsache, die ein Beschwerdebrief des Landrats von Bad Kreuznach bestätigt.

Am Beispiel der Kultusverwaltung soll den Schülern die Einsicht vermittelt werden, daß aber nicht nur die Rivalität zwischen NSDAP und staatlichen Behörden für den Kompetenzwirrwarr im Führerstaat verantwortlich war. Auch innerhalb der Parteiführung rivalisierten verschiedene Herrschaftsbereiche um die Zuständigkeit für dasselbe Fachgebiet: typisch für den NS-Staat ist seine „polykratische“ Struktur (P. Hüttenberger, Nationalsozialistische Polykratie, in: Geschichte und Gesellschaft 2, 1976, S. 417–442). So rivalisierte nicht nur der Propagandaminister Goebbels mit dem Kultusminister, sondern auch der Reichsführer-SS Himmler mit den Wehrmachtsführern und der Generalbevollmächtigte für den Vierjahresplan Göring mit dem Reichswirtschaftsminister. Der Exkurs, in dem Goebbels, Himmler und Göring vorgestellt werden, soll den Schülern einen anschaulichen Eindruck vermitteln von Lebenslauf und Machtstellung dieser drei einflußreichen Naziführer.

Als Folge der Rivalität in der Führungsschicht kam es im NS-Staat häufig zu Doppelarbeit, Verwaltungsleerlauf und Entscheidungsschwäche. Im Anschluß an diese Feststellung macht die Frage nach dem Verhältnis zwischen Führerallmacht und Kompetenzwirrwarr auf die Vorteile der polykratischen Struktur für die Stellung Hitlers aufmerksam. Ihm war daran gelegen, daß sein Wille als oberstes Gesetz und letzte Instanz von den konkurrierenden Machtgruppen anerkannt wurde (Gerhard Hirschfeld / Lothar Kettenacker [Hrsg.], Der „Führerstaat“: Mythos und Realität – Studien zur Struktur und Politik des Dritten Reiches, Stuttgart 1981).

Ziele der Stunde

Die Schüler erkennen
- daß die Partei nach dem Führerprinzip organisiert war
- daß sie alle Bereiche des öffentlichen und privaten Lebens durchdrang;
- die Aufgaben der SA und der SS;
- die Funktion der angeschlossenen Verbände;
- die polykratische Struktur des NS-Staats;
- daß Hitler aus machtpolitischen Gründen die Kompetenz-Anarchie begünstigte.

Die Schüler erarbeiten
- durch die vergleichende Auswertung zweier Organigramme die Überschneidung der Zuständigkeiten zwischen Partei- und Staatsorganen;
- anhand eines Lageberichts Informationen über die Rivalität zwischen Parteidienststellen und Behörden;
- anhand eines Tagebucheintrags von Goebbels eine Bestätigung dieser unklaren Kompetenzverteilung.

Die Schüler beurteilen
- die Struktur der NSDAP im Vergleich mit einer demokratischen Partei;
- die Auswirkungen der Kompetenz-Anarchie für das Funktionieren der Verwaltung;
- die Folgen der polykratischen Struktur des NS-Staats für die Machtstellung Hitlers.

Verlaufsskizze

Unterrichtsschritt 1
Entwürfe und Vermutungen

Die Schüler werden aufgefordert, folgenden Versuch zu machen: Sie sollen in Kleingruppen den Aufbau des Führerstaats ohne weitere Vorkenntnisse so skizzieren, wie sie ihn sich vorstellen. Ihre Vorschläge malen sie auf Folien, die sie dann anschließend der Klasse erläutern.
Einige Fragen des Lehrers sind als Anregung und Arbeitshilfe gedacht:
- Welche Herrschaftsgruppen entscheiden?
- Wie sind die Zuständigkeiten zwischen Partei und Behörden verteilt?
- Wer befiehlt, wer gehorcht?
- Welche Rolle spielte Hitler im nationalsozialistischen Staat?

Unterrichtsschritt 2
Die Organisation der NSDAP

Eine Folie zeigt die Organisation der Partei (Vorschlag für eine Folie I).
Die Auswertung erfolgt im Unterrichtsgespräch:
Besprechungsvorschläge:
- Was fällt beim Betrachten der Graphik auf?
- Welches Ziel setzt sich offenbar die NSDAP?
- Welche Aufgaben können die angeschlossenen Verbände übernehmen?
- Welche Rolle spielte Hitler?
- Worin unterscheidet sich eine demokratische Partei von der NSDAP?

Die Antworten der Schüler könnten so lauten:
- Die Partei ist nach dem Führerprinzip von oben nach unten straff organisiert.
- Sie durchdringt alle Gebiete des öffentlichen und privaten Lebens, ihrem totalitären Zugriff soll sich kein Volksgenosse einziehen können.
- Die angeschlossenen Verbände erfaßten fast alle berufstätigen Deutsche.
- Hitler war der oberste Führer der Partei, bei ihm liefen alle Fäden zusammen.
- Im Gegensatz zu einer demokratischen Partei gab es in der NSDAP keine Wahlen, keine demokratische Willensbildung von unten nach oben, keine Ämterbesetzung

auf Zeit. Sie war eine anti-parlamentarische Einheitspartei, in der allein das Führerprinzip Geltung hatte.

Ergänzende Erläuterungen durch den Lehrer: Seit 1936 mußte jeder junge Deutsche in die Hitlerjugend eintreten, auch der Arbeitsdienst und der Dienst in der Wehrmacht (seit 1935) waren für jeden vorgeschrieben. Die SA (Sturmabteilung), die aus Mitgliedern der seit 1920 bestehenden Parteikampfgruppen entstanden war, hatte den Auftrag, Störungen von Parteiversammlungen mit Gewalt zu bekämpfen. Schon 1932 umfaßte diese Parteiarmee 300000 Mitglieder. Sie verlor aber nach 1934 ihre politische Bedeutung und diente dann vor allem der militärischen Weiterbildung und der Selbstdarstellung des Regimes.
Die SS (Schutzstaffel) wurde 1925 zum Schutz Hitlers und der nationalsozialistischen Führer gegründet. 1929 wurde sie zur Eliteformation ausgebaut (Nachweis der arischen Abstammung bis 1750, Auslese der Mitglieder nach körperlichen Merkmalen des nordischen Typus, besonderer Treueid auf die Person Hitlers). Die Aufgabe der SS: Staatssicherung und Staatsbeherrschung. „Die SA symbolisierte die Anarchie, die SS das System" (Charles Bloch, Die SA und die Krise des NS-Regimes 1934, Frankfurt 1970, S. 158). Der Sicherheitsdienst (SD) der SS übernahm nach 1933 den staatlichen Polizeiapparat; die SS-Totenkopfverbände waren für die Bewachung der Konzentrationslager zuständig. Seit 1936 war der Reichsführer-SS Heinrich Himmler zugleich „Chef der deutschen Polizei".
Die DAF (Deutsche Arbeitsfront) war eine Zwangsorganisation, die Arbeitgeber und Arbeitnehmer (die alle gewerkschaftlichen Rechte verloren hatten) umfaßte; die NSV (NS-Volkswohlfahrt) war für die soziale Betreuung aller Hilfsbedürftigen zuständig. Auch Ärzte, Juristen, Lehrer, Verwaltungsbeamte u. a. wurden durch nationalsozialistische Organisationen erfaßt. Viele Frauen waren im „Deutschen Frauenwerk" organisiert.
Im Tafelbild (siehe Stundenblatt) wird der Aufbau der Partei vom Blockleiter zum Reichsleiter und die Stellung Hitlers als Oberster Parteiführer festgehalten.

Unterrichtsschritt 3
Die Staatsorgane des Dritten Reiches

Die Folie „Die Staatsorgane des Dritten Reiches (vgl. Vorschlag für eine Folie II) wird im Unterrichtsgespräch ausgewertet.
Gesprächsimpulse:
– Welchen Eindruck macht diese Darstellung auf den ersten Blick, was fällt ihnen auf?
– Vergleichen Sie dieses Organigramm mit dem vorhergehenden. Auf welchen Ebenen gibt es offensichtliche Überschneidungen der Zuständigkeiten?
– Welche zentrale Frage muß jetzt beantwortet werden?

Erwartete Schülerbeiträge:
– Auf den ersten Blick könnte diese Darstellung den Eindruck von effektiver Organisation und systematischer Geschlossenheit vermitteln, der Führerstaat wirkt wie ein einheitlicher Machtblock.
– Beim Vergleich der beiden Organigramme zeigen sich jedoch gewisse Überschneidungen zwischen den Zuständigkeitsbereichen von Partei und staatlicher Verwaltung. So ist z. B. für den Kreis der Kreisleiter der NSDAP und gleichzeitig der Landrat als staatlicher Beamter zuständig; ähnliches gilt für die Oberpräsidenten und die Gauleiter. Im Tafelbild (siehe Stundenblatt) werden der Behördenaufbau eingetragen und die Angaben über Hitlers Machtstellung ergänzt.

Welches Verhältnis bestand zwischen Partei und Staat? Wie stand es mit der Verwirklichung von Hitlers Forderung „Die Partei befiehlt dem Staat“? (Reichsparteitag in Nürnberg 1935). Die Antwort auf diese Fragen gibt der nächste Unterrichtsschritt.

Unterrichtsschritt 4
Der Dualismus von Partei und Staat

Die Schüler erhalten einen Auszug aus einem Lagebericht des Landrats von Bad Kreuznach vom Dezember 1935 (siehe Vorschlag für ein Arbeitsblatt und: Franz Joseph Heyen, Nationalsozialismus im Alltag, Quellen zur Geschichte des Nationalsozialismus vornehmlich im Raum Mainz – Koblenz – Trier, Boppard 1967, S. 264, abgedr. in: Peter Meyers/Dieter Riesenberger [Hrsg.], Der Nationalsozialismus in der historisch-politischen Bildung. Göttingen 1979, S. 67 f.) Der Text wird in einer Stillarbeitsphase ausgewertet.

Mögliche Ergebnisse:
- Der Landrat beschwert sich über die Einmischung der Parteidienststellen in die Verwaltungsangelegenheiten, für die er als Landrat zuständig ist.
- Die Parteileute nehmen Beschwerden einiger Bürger über die Arbeit der Verwaltungsbehörden auf und machen auf diese Weise ihren Machtanspruch gegenüber den Beamten geltend.
- Vor allem der Kreisleiter fühlt sich nicht nur als Rivale des Landrats, sondern darüber hinaus behandelt er die Behörden als ausführende Organe des Parteiwillens getreu der Maxime Hitlers.
- Gegen dieses angestrebte Unterordnungsverhältnis setzt sich aber der Landrat entschieden zur Wehr. Die Rivalität zwischen Partei und Staat wird im Tafelbild (siehe Stundenblatt) deutlich gemacht.

Information durch den Lehrer:
In Wirklichkeit war die Lage noch verwickelter. Nicht selten hatten verschiedene Behörden und verschiedene Minister oder Parteiführer ähnliche Aufgaben wahrzunehmen. Ein Beispiel: Für das Gebiet der Kultusverwaltung waren Rust als Kultusminister, Goebbels als Propagandaminister, Rosenberg als Beauftragter für Weltanschauungsfragen und Ley als Führer der Arbeitsfront zuständig.
Impuls:
- Welche Folgen hatte diese Aufgabenverteilung für die Funktion der Verwaltung? Eine Skizze (Nebentafel, siehe Stundenblatt) macht diesen Kompetenzwirrwarr anschaulich.

Ergänzender Hinweis durch den Lehrer: Man bezeichnet diesen „Zustand von Herrschaft, der nicht auf einer allseits anerkannten Verfassung beruht, sondern sich entsprechend einem Wildwuchs der jeweiligen Kräfteverhältnisse entwickelt“ als Polykratie (= Herrschaft der vielen) (P. Hüttenberger, Nationalsozialistische Polykratie, in: Geschichte und Gesellschaft 2, 1976, S. 421).

Erweiterung: Selbst Goebbels beklagte in einer Tagebuchnotiz vom 16. 3. 43 die unklare Kompetenzverteilung und die sich daraus ergebenden Rivalitäten in der deutschen Innenpolitik:

„Ein neuer Erlaß des Führers gibt Sauckel die Verfügungsgewalt über die seiner Führung unterstehenden Abteilungen des Arbeitsministeriums. Es wird hier wiederum ein Ministerium Stück um Stück ausgehöhlt, ohne daß der Chef beseitigt wird. Es ist das ein gefährliches und auf die Dauer der Autorität sehr abträgliches Verfahren. Wir leben in einem Staatswesen, in dem die Kompetenzen sehr unklar verteilt sind. Daraus entwickeln sich die meisten Zwistigkeiten unter den führenden Personen wie unter den führenden Behörden... Die Folge ist eine völlige Direktionslosigkeit in der deutschen Innenpolitik.“
(L. P. Lochner [Hrsg.], Goebbels Tagebücher. Aus den Jahren 1942–43, Zürich 1948, S. 274, abgedr. in: P. Meyers/D. Riesenberger, a. a. O., S. 68)

Frage:
- Welche bedenklichen Auswirkungen hat dieser Zustand nach Goebbels Meinung?

Exkurs: Drei einflußreiche Naziführer, die als „Paladine des Führers" maßgeblichen Anteil an der Durchsetzung des Führerwillens und an der Etablierung und Konsolidierung des Führerstaats hatten, werden in Schülerreferaten vorgestellt.

1. Joseph Goebbels
- geb. am 29.10.1897 in Rheydt (Rheinland), endete mitsamt seiner ganzen Familie durch Selbstmord im Bunker der Reichskanzlei am 1.5.1945;
- studierte Germanistik an der Universität Bonn, war nach seiner Promotion ohne feste Anstellung, versuchte sich in verschiedenen schriftstellerischen Arbeiten ohne Erfolg (Roman „Michael");
- 1925 Schriftleiter der „Nationalsozialistischen Briefe", wird zum gefragten Parteiredner;
- lernt 1926 Hitler persönlich kennen und ist von ihm fasziniert;
- 1926 Gauleiter von Berlin-Brandenburg;
- 1929 Reichspropagandaleiter;
- 1933 Reichsminister für Volksaufklärung und Propaganda. Goebbels stellte neben der Presse die damals neuen Medien Rundfunk und Film in den Dienst der Propaganda und bestimmte durch eine rigorose Gleichschaltung von Presse, Funk und Film, Literatur und bildender Kunst die öffentliche Meinung. Neben Hitler war Goebbels der erfolgreichste Redner und Demagoge der NS-Zeit und zeigte sich auch als Meister in der Inszenierung opernhafter Feiern und Kundgebungen. Er wechselte oft seinen Standpunkt. „Nur in zwei Punkten blieb er sich immer treu, in seiner Anhänglichkeit und Bewunderung für den Führer und in dem kalten, unmenschlichen, pathologischen Judenhaß, den er mit Hitler teilte." (Ernest K. Bramsted, Fanatisch und bedingungslos. Goebbels und die NS-Propaganda, in: Chr. Zentner, a.a.O., Bd. 2, S. 472 ff.).
- ab 1944 als „Generalbevollmächtigter für den totalen Kriegseinsatz" auf dem Höhepunkt seiner Macht;
- 1945 von Hitler testamentarisch zu seinem Nachfolger als Reichskanzler bestimmt.

(Siehe auch: Biographisches Wörterbuch zur Deutschen Geschichte, begr. von Hellmuth Rössler und Günter Franz, Bd. I, München o. J. [1973], S. 905 ff.; Helmut Heiber, Joseph Goebbels, dtv 271/2; E. K. Bramsted, Goebbels und die nationalsozialistische Propaganda 1925–1945, Frankfurt 1971; V. Reimann, Dr. Joseph Goebbels, Wien, München 1971)

2. Heinrich Himmler
- geb. am 7.10.1900 in München, endete durch Selbstmord am 23.5.1945 im britischen Vernehmungslager bei Lüneburg;
- 1917 Fahnenjunker, 1919 Studium der Agrarwissenschaft, 1922 Dipl.-Landwirt
- nimmt 1923 als Röhms Fahnenträger am Hitler-Putsch teil;
- 1927 stellvertretender Reichsführer der Schutzstaffel der NSDAP mit der SS-Nummer 168;
- 1929 Reichsführer SS;
- 1933 Polizeipräsident in München und Kommandeur der gesamten Polizei in Bayern, dann Inspekteur der gesamten Gestapo im Reich;
- 1936 Chef der deutschen Polizei und Staatssekretär im Reichsinnenministerium, organisierte die „vorbeugende Verbrechensbekämpfung", entzog die politischen Gegner der Nationalsozialisten der ordentlichen Justiz;
- im Krieg leitete Himmler die nationalsozialistische Ausrottungs- und Germanisierungspolitik in den besetzten Ostgebieten und war maßgeblich beteiligt an der Vernichtung der Juden; seine Waffen-SS umfaßte 950000 Mann, sie sollte der Kern eines Großgermanischen Reiches werden.
- 1945 Oberbefehlshaber des Ersatzheeres und Chef der Heeresrüstung. Als Oberbefehlshaber der Heeresgruppe Weichsel versagte er völlig und entzog sich der Verantwortung durch Flucht in das SS-Lazarett Hohenlychen;
- nahm im Frühjahr 1945 Kontakt mit den Vertretern des Weltjudenrates auf, Hitler erließ gegen ihn einen Haftbefehl. Himmler tauchte mit falschen Papieren unter und nahm nach der Demaskierung Gift.
- Himmler trieb einen mythischen Ordenskult und verherrlichte das altgermanische Bauerntum und die mittelalterlichen deutschen Könige und Kaiser. Er war ein sektiererischer Fanatiker, er glaubte an die „Welteislehre", an Magnetismus, Zauberei und Gesundbeten.

(Siehe auch: Biographisches Wörterbuch zur Deutschen Geschichte, Bd. I, S. 1159 ff.; J. Akkermann, Heinrich Himmler als Ideologe, Göttingen 1970; H. Fraenkel, Himmler, Kleinbürger und Massenmörder, Frankfurt 1965; J. Wulf, Heinrich Himmler. Eine biographische Studie, Berlin 1960)

3. Hermann Göring
- geb. am 12.1.1893,
- Ausbildung im Kadettenkorps, 1915 Jagdflieger, 1917 hochdekorierter Kommandeur des Jagdgeschwaders Richthofen;
- nach dem Krieg Testpilot und Kunstflieger in Dänemark;

- 1922 Bekanntschaft mit Hitler in München, Hitler übertrug ihm den Aufbau der SA;
- 1923 Teilnahme am Hitlerputsch, schwere Oberschenkelverletzung, die nie ganz ausheilte und ihn zum Morphinisten machte (täglich 100 Paracodein-Tabletten = 0,18–0,24 Gramm Morphium), Flucht ins Ausland;
- 1928 verschaffte ihm Hitler ein Reichstagsmandat;
- am 30. 8. 1932 mit Hilfe der Bayerischen Volkspartei und des Zentrums zum Reichstagspräsidenten gewählt;
- am 30. 1. 1933 wurde Göring Reichsminister ohne Geschäftsbereich, Reichskommissar für die Luftfahrt, Reichskommissar für Preußen und damit Chef der preußischen Polizei; er ließ die ersten Konzentrationslager einrichten und begründete die Gastapo;
- Oktober 1936 Generalbevollmächtigter für den Vierjahresplan, 1938 Generalfeldmarschall;
- Göring häufte Schmuck, Orden und prächtige Uniformen, baute sich den luxuriösen Landsitz Karinhall. Dorthin brachte er Gemälde, Statuen, Juwelen und Gobelins, die er z. T. auf dem Weg der Zwangsschenkung von der Industrie und von Kommunen erhalten hatte. Er führte ein Leben mit üppigen Festen und aufwendigen Staatsjagden. Göring war populär als Gegenpol zu den Parteifanatikern. Er wollte keinen Krieg, denn er „hatte zu viel zu verlieren, Macht, Titel, Ämter, Orden, Reichtum und ein angenehmes Leben." (Karlludwig Opitz, Hermann Göring – Ein Portrait. Mit Hirschfänger und Brillanten, in: Chr. Zentner, a. a. O., Bd. 2, S. 542 ff.)
- 1940 „Reichsmarschall des Großdeutschen Reiches", verantwortlich für die Niederlage der Luftwaffe in der Luftschlacht um England. Göring konnte auch die versprochene Luftversorgung der 6. Armee in Stalingrad nicht durchführen. Seit 1942 (alliierte Luftangriffe auf Deutschland) hatte er seine politische Glaubwürdigkeit vollkommen verspielt.
- 1945 stellte er Hitler ein Ultimatum, wollte mit Eisenhower über die Kapitulation verhandeln. Hitler ächtete ihn als Verräter;
- in Nürnberg zum Tod durch den Strang verurteilt, nahm zwei Stunden vor der Hinrichtung Gift (15. 10. 1946).

(Siehe auch: Biographisches Wörterbuch zur Deutschen Geschichte, Bd. I, a. a. O., S. 910 ff.; Ch. Bewley, Hermann Göring, Göttingen 1956; L. Mosley, Göring, München 1975)

Unterrichtsschritt 5
Polykratie und Diktatur

Das abschließende Unterrichtsgespräch beschäftigt sich mit der Machtstellung Hitlers. Die graphische Darstellung (Unterrichtsschritt 3) zeigt: Hitler war Staatsoberhaupt und Reichskanzler, er vertrat das Reich nach außen, hatte den Oberbefehl über die Wehrmacht, berief und entließ die hohen Parteiführer und ernannte Beamte und Offiziere.

Der Lehrer weist darauf hin, daß er sich auch die Rechte eines Obersten Gerichtsherren anmaßte. Ihm war Himmler, der Reichsführer-SS und Chef der deutschen Polizei, direkt unterstellt.

Der Hinweis auf die starke Machtstellung Hitlers legt die Frage nahe: Warum unternahm er nichts, um durch klare Entscheidungen die Auseinandersetzungen der miteinander konkurrierenden Machtgruppen in seinem Staat zu beenden? Die Erörterung dieser zentralen Frage kann zu folgenden Einsichten führen:

In diesem ständigen Rivalitätskampf blieb schließlich nur eine Bezugsgröße unangetastet, Adolf Hitler. Er konnte seine Macht erhalten und festigen, indem er eine Gruppe gegen die andere und einen Parteiführer gegen den anderen ausspielte und sich selbst nach dem Grundsatz „teile und herrsche" das Amt des Schiedsrichters vorbehielt. Nur unter Berufung auf seine Autorität konnten die ihm Untergebenen ihre Machtansprüche durchsetzen. Die Polykratie des Führerstaats ermöglichte und erleichterte die persönliche Diktatur Hitlers.

„Die wildwüchsige innere Struktur des Systems war keineswegs nur ein Ausdruck der Planlosigkeit, sondern zugleich Resultat und Voraussetzung einer bewußten Taktik Hitlers, dessen Stellung um so gesicherter war, je mehr er die Ausbildung von stabilen Verhältnissen auf der Ebene der Zwischenschichten von Machtträgern zu verhindern

wußte.“ (Martin Drees, Herrschaftstechnik und Instrumente der Machtsicherung, in: P. Meyers/D. Riesenberger, a. a. O., S. 57).
Das Tafelbild wird vervollständigt.

Hausaufgabe

Vorbereitung von Schülerreferaten über folgende Themen:

1. Geschichte des Volkswagens im Dritten Reich
   (dazu: Paul Kluke, Hitler und das Volkswagenprojekt, in: Vierteljahrshefte für Zeitgeschichte 1960, 4, S. 341 ff.; ausführlich: F. Holzapfel, Volkswagenwerk – Demagogie und Wahrheit, Berlin 1962)
2. Der Bau der Autobahnen
   (R. Barth, Die Straßen des Führers, Autobahnen in Deutschland, in: Chr. Zentner, Bd. 2, S. 521; ausführlich: K. Kaftan, Der Kampf um die Autobahnen. Geschichte und Entwicklung des Autobahngedankens in Deutschland von 1907–1935 unter Berücksichtigung ähnlicher Pläne und Bestrebungen im übrigen Europa, Berlin 1955; K. Lärmer, Die Wahrheit über den Autobahnbau, Berlin 1963).

Vorschlag für Folien (12. Stunde, Unterrichtsschritte 2 und 3)

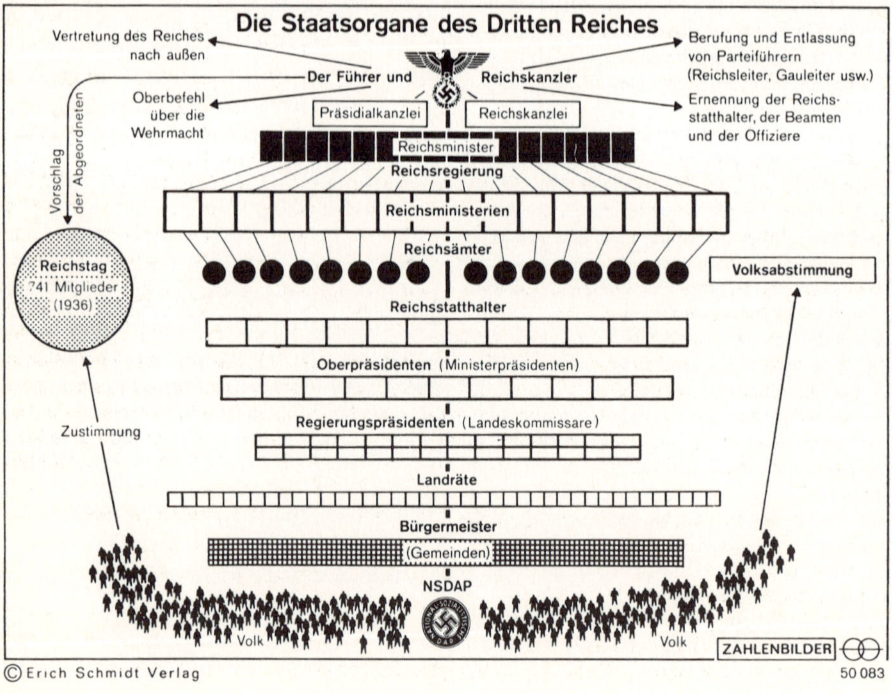

50 083

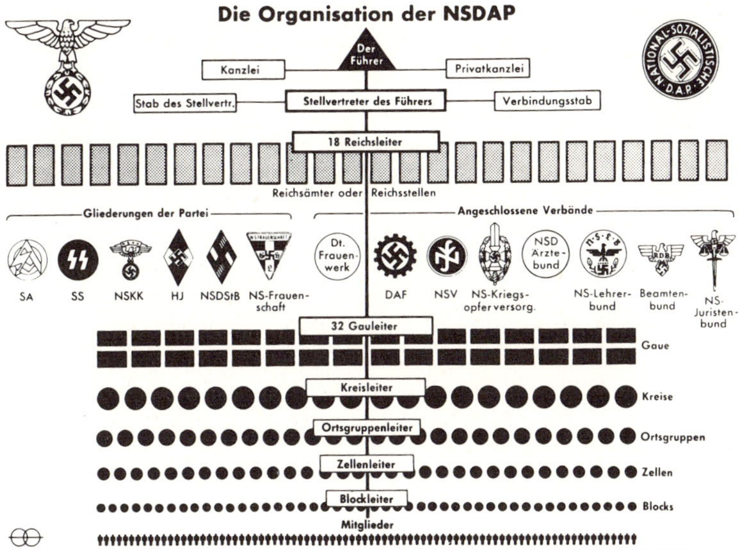

NSKK – Nationalsozialistisches Kraftfahrtkorps
NSDSTB – Nationalsozialistischer Deutscher Studentenbund
NSV – Nationalsozialistische Volkswohlfahrt

1939 hatte die NSDAP 40 Gaue, 808 Kreise, 28 376 Ortsgruppen und Stützpunkte mit je höchstens 1500 Haushalten, 89 378 Zellen mit 160 bis 480 Haushalten und 463 048 Blocks mit je 40 bis 60 Haushalten.

Die Organigramme sind abgedruckt in: Drei Jahrzehnte deutscher Geschichte 1918–1948, E. Schmidt-Verlag 3/1963, S. 35 und S. 37

Vorschlag für ein Arbeitsblatt (12. Stunde, Unterrichtsschritt 4)

Auszug aus einem Lagebericht des Landrats von Bad Kreuznach vom Dezember 1935

„Nach meiner Auffassung ist das Verhältnis zwischen Partei und Behörden dahin zu charakterisieren, daß die Behördenleiter, namentlich der öffentlichen Verwaltung, sich allmählich an das ständige Hineinreden politischer Leiter in reine Verwaltungsangelegenheiten so gewöhnt haben, daß sie diesen Zustand dann als erträglich ansehen, wenn allzu heftige Auseinandersetzungen vermieden werden. Es ist aber ein ungesunder Zustand, wenn ... immer nur von den Behörden Nachgiebigkeit ... geübt wird. Nach einer bald dreijährigen Dienstzeit im Kreise fühle ich mich verpflichtet, hier nochmals mit aller Deutlichkeit zu sagen, daß der Dualismus [= Gegeneinander zweier Faktoren] von Partei- und Behördenarbeit ... auf die Dauer unerträglich ... ist ... Diese Auffassung wird nicht nur von mir, sondern auch von alten Parteigenossen, die als langjährige Verwaltungsbeamte leitende Stellungen bekleiden, ausgesprochen. Denn gerade diese sind es, die sich mir gegenüber in besonderem Maße beklagen, daß die ... Parteidienststellen ... den Standpunkt vertreten, die Behörden seien lediglich ihre Ausführungsorgane. In der Tat ist die Meinung des hiesigen Kreisleiters die: ‚es darf im Kreise Kreuznach keinen anderen Willen geben als den seinen' ... Oft werden geradezu Beschwerdefälle und Eingriffsmöglichkeiten gesucht, um den [!] Behörden die Parteiaufsicht fühlen zu lassen ..."
(F. J. Heyen, Nationalsozialismus im Alltag, S. 264, abgedr. in: Meyers / Riesenberger, S. 67 f.)

Arbeitsaufträge:
- Worüber beschwert sich der Landrat?
- Welches Ziel verfolgen die Parteidienststellen?
- Welche Methoden wenden sie an?
- Warum zitiert der Landrat die Kritik der „alten Parteigenossen"?

13. Stunde: Die nationalsozialistische Wirtschaftspolitik (mit Kopiervorlage)

Vorbemerkungen

Die offensichtlich erfolgreiche Wirtschaftspolitik verschaffte dem NS-Regime in den ersten Jahren der Konsolidierung seiner Herrschaft das Vertrauen und die Unterstützung breiter Volkskreise. Bis zum heutigen Tag wird die Geschichte vom nationalsozialistischen Wirtschaftswunder weitererzählt. Die Überprüfung dieses Urteils ist die Aufgabe, die den Schülern in dieser Stunde gestellt ist. Folgende Gesichtspunkte bestimmen den Verlauf der Stunde:

- Der Kampf gegen die Arbeitslosigkeit wurde von der NS-Regierung als zentraler Erfolg ihres Kurses mit allen Mitteln propagandistisch ausgeschlachtet.
- Das Ziel der Wirtschaftspolitik war die Vorbereitung eines Lebensraumkrieges gegen die UdSSR. Die Mittel: Eine rigorose Autarkiepolitik ohne Rücksicht auf ökonomische Bedingungen.
- Die Auswertung einiger Tabellen zeigt das rapide Anwachsen der Rüstungsausgaben in den Jahren nach 1933 und bestätigt so den engen Zusammenhang zwischen Aufrüstung und Beseitigung der Arbeitslosigkeit.
- Die Konsumgüterproduktion wurde gedrosselt zugunsten der Herstellung kriegswichtiger Güter.
- Die Wirtschaftspolitik der nationalsozialistischen Arbeiterpartei war unternehmer- und besitzfreundlich, die materiellen Lebensbedingungen der Arbeiter blieben auf einem bescheidenen Stand.

Die Schüler erkennen: Die nationalsozialistische Wirtschaftsblüte war eine Scheinblüte, das NS-Regime arbeitete mit ungedeckten Wechseln auf die Zukunft. Das angebliche Wirtschaftswunder war eine von einer geschickten Propaganda hochstilisierte Legende. Als zentrale Mythen fungierten die „Straßen des Führers“ und der Bau des Volkswagens (Ch. Bettelheim, Die deutsche Wirtschaft unter den Nationalsozialisten, München 1974; F. Blaich, Probleme der nationalsozialistischen Wirtschaftspolitik, Berlin 1976).

Ziele der Stunde

Die Schüler erkennen,

- daß der Hinweis auf die Beseitigung der Arbeitslosigkeit ein überzeugendes Argument für die Politik Hitlers und seiner Partei war;
- daß die Finanzierung der Arbeitsbeschaffungsmaßnahmen mit unseriösen Mitteln erfolgte;
- daß der Bau der Autobahnen und das VW-Projekt von der Propaganda zu Unrecht als große Leistungen des Nationalsozialisten herausgestellt wurden;
- daß die Vorbereitung eines Krieges das wichtigste Ziel der Wirtschaftspolitik war;
- daß der Motor der wirtschaftlichen Erholung eine forcierte Aufrüstung war;
- daß auch in anderen Ländern das Abflauen der Weltwirtschaftskrise für eine Belebung der Konjunktur sorgte.

Die Schüler erarbeiten

- aus einer Zeittafel die Arbeitsbeschaffungsmaßnahmen der NS-Regierung;
- den Zusammenhang zwischen Hitlers außenpolitischen Vorstellungen und den Zielen seiner Wirtschaftspolitik;
- die Gründe für die wirtschaftlich unvernünftige Autarkiepolitik;
- aus statistischem Material die Entwicklung der Arbeitslosigkeit, das Anwachsen der Rüstungsausgaben, die Verteilung des

Volkseinkommens und die Entwicklung der Konsumgüterindustrie im Vergleich zur kriegswichtigen Industrie.

Die Schüler beurteilen
- die Methoden der Arbeitsbeschaffung;
- Hitlers außenpolitische Vorstellungen im Zusammenhang mit seinem Wirtschaftsprogramm;
- die Wirksamkeit der zivilen Arbeitsbeschaffungsmaßnahmen im Vergleich mit der Wirksamkeit der Aufrüstungspolitik;
- Anspruch und Wirklichkeit der nationalsozialistischen Wirtschafts- und Gesellschaftspolitik.

Verlaufsskizze

Unterrichtsschritt 1
Die „Erfolgsbilanz“ des NS-Regimes

Die Analyse eines NS-Plakats für die Reichstagswahlen vom 12.11.1933 (Erich Kosthorst, Das nationalsozialistische Regime, S.18; Fragen an die Geschichte 4, S.51; erinnern und urteilen Bd.IV, S.75) erfolgt im Unterrichtsgespräch.
Mögliche Gesichtspunkte:
- Diskutieren Sie die Leistungen, die das Nazi-Regime für sich in Anspruch nahm.
- Überprüfen Sie aufgrund Ihrer bisherigen Kenntnisse die positiven Aussagen auf ihren Wahrheitsgehalt.
- Welche Gedankenverbindung soll mit dem Schlagwort „Ein Volk, ein Reich, ein Führer“ nahegelegt werden?

Erwartete Beiträge der Schüler:
- Die Reduzierung der Zahl der Arbeitslosen wird als größte Leistung der neuen Regierung in den Vordergrund gerückt.
- Hinter den Hinweisen auf die Beseitigung des Klassenkampfs und seiner Parteien und auf die Zerschlagung des Bolschewismus verbirgt sich das Verbot und die Verfolgung von SPD und KPD und die Abschaffung der gewerkschaftlichen Rechte der Arbeitnehmer.
- Die angebliche „Kleinstaaterei“, die überwunden wurde, bezieht sich auf die von der Weimarer Verfassung garantierte föderalistische Struktur des Deutschen Reiches, die Hitler entgegen seinen Versprechungen und im Widerspruch zu seinem Amtseid auf diese Verfassung beseitigte.
- Das angeführte Schlagwort suggeriert die Vorstellung von der Geschlossenheit und Einheitlichkeit des Reiches, die durch die Übereinstimmung von Volkswillen und Führerwillen garantiert ist, eine Übereinstimmung, die die Voraussetzungen für den nationalen Aufstieg geschaffen hat (vgl. dagegen die tatsächliche Polykratie des Führerstaats, 12. Stunde).

Unterrichtsschritt 2
Endlich wieder Arbeit

Welcher enorme Druck von den einzelnen Menschen genommen wurde, als sie nach langer Arbeitslosigkeit endlich wieder Arbeit fanden, macht ein Stimmungsbericht eines Blockleiters der NSDAP Ortsgruppe 1 in Mühldorf anschaulich. Der Bericht wird vom Lehrer vorgelesen, die Auswertung erfolgt im Unterrichtsgespräch.
Die Frau eines ehemaligen Kommunisten erzählt (aus dem Stimmungsbericht eines Blockleiters der NSDAP-Ortsgruppe 1 in Mühldorf, wahrscheinlich vom Herbst 1935):
„Anfangs haben wir uns schon hart getan, denn Du weißt selbst, daß wir als Kommunisten verschrien waren. Aber wenn einmal andere vier Jahre arbeitslos sind, dann werden's auch radikal. Seit zwei Jahren arbeitet nun mein Mann in Töging. Da schau her, da her, da hängt nun der Führer (sie zeigte auf ein Führerbild) in unserer ehemaligen Kommunistenbude, und unter dem Bild hab ich

meinem Dirndl das Vaterunser gelernt, ich, die ich 1932 aus der Kirche ausgetreten bin. Alle Tage muß mein Dirndl für den Führer ein Vaterunser beten, weil er uns das tägliche Brot wiedergegeben hat.“ (Kershaw, S. 62)

Besprechungsvorschläge:
- Welche Rolle spielte Hitler im Leben dieser Familie?
- Welche Haltung nimmt die Frau jetzt gegenüber dem Kommunismus ein?
- Ist der Bericht in allen Einzelheiten glaubwürdig?

„Nichts hat im Anfang werbender für Hitler gewirkt, nichts stärker den Eindruck eines wirklichen Wandels in den deutschen Verhältnissen erweckt, als die „Ankurbelung“ der Produktion, die Beseitigung der Arbeitslosigkeit, das Herunterholen der unbeschäftigten Männer und vor allem der Jugendlichen von der Straße, mit welchen Mitteln es auch immer geschah.“ (Rudolf Vierhaus, Auswirkungen der Krise um 1930 in Deutschland. Beiträge zu einer historisch-psychologischen Analyse. In: W. Conze/H. Raupach [Hrsg.], Die Staats- und Wirtschaftskrise des Deutschen Reiches 1929/33, Stuttgart 1967, S. 156).

Unterrichtsschritt 3
Ereignisse und Maßnahmen, die sich auf die deutsche Wirtschaft auswirkten

Die Schüler erhalten eine hektographierte Zeittafel, die folgende Daten enthält:

2.5.1933	Zerschlagung der Gewerkschaften
10.5.1933	Gründung der Deutschen Arbeitsfront (DAF). Zum Aufgabenbereich der DAF gehörte auch die Freizeitgestaltung durch die ihr angeschlossene Organisation „Kraft durch Freude“ (KdF) (Veranstaltung stark verbilligter Gemeinschaftsreisen auf eigenen Schiffen). Die KdF-Organisation finanzierte auch das Volkswagenprojekt.
1.6.1933	Erstes Gesetz zur Verminderung der Arbeitslosigkeit: Bau von Kanälen, Straßen, Flugplätzen, Kasernen, Instandsetzung und Errichtung öffentlicher Gebäude, Bau der Reichsautobahn. Maschinen durften nur in zwingenden Fällen eingesetzt werden, die Handarbeit, der Einsatz von Menschenkraft sollte begünstigt werden. Steuervergünstigungen für bestimmte Investitionen (z. B. Ausrüstungen in Industrie und Landwirtschaft); auch die Beschäftigung weiblicher Arbeitskräfte in Haushalten wurde steuerlich begünstigt; Vergabe von Ehestandsdarlehen; Abschaffung der Kfz-Steuer. 1 Mrd. RM wurde bereitgestellt, um 1 Mill. Arbeitslosen wieder Arbeit zu verschaffen.
29.9.1933	Reicherbhofgesetz: Bauernhöfe gehen ungeteilt auf den nächsten Erben über; Bauernhöfe dürfen nicht durch Grundschulden belastet werden.
März 1935	Einführung der allgemeinen Wehrpflicht Zuerst einjährige, ab 1936 zweijährige Dienstpflicht
26.6.1935	Einführung einer sechsmonatigen Arbeitsdienstpflicht für 18jährige Jungen und Mädchen (Straßen- und Deichbau, Landverbesserung, Erntehilfe, soziale Betreuungsaufgaben usw.)
Aug. 1936	Hitlers geheime Denkschrift über die Aufgaben eines Vierjahresplans

Okt. 1936	Verordnung über den Vierjahresplan, der die Kriegsbereitschaft Deutschlands innerhalb von vier Jahren herbeiführen soll (Leitung: Göring)
17.10.1936	Lohn- und Preisstopp
10.2.1937	Die Reichsbank verliert ihre Unabhängigkeit und wird direkt Hitler unterstellt.

Die Zeittafel wird in Stillarbeit (Partnerarbeit) ausgewertet.

Arbeitsaufträge:
- Erläutern Sie die Arbeitsbeschaffungsmaßnahmen der nationalsozialistischen Regierung.
- Könnten diese Arbeitsbeschaffungsmaßnahmen auch für eine demokratische Regierung vorbildlich sein?
- Welches zentrale Problem hatten die Nationalsozialisten vorerst noch nicht gelöst?
- Wie wirkten sich die Einführung der allgemeinen Wehrpflicht und der Arbeitsdienstpflicht in wirtschaftlicher und sozialer Hinsicht aus?
- Welche Möglichkeiten hatte das NS-Regime, sich Geld für die Durchführung seines Programms zu verschaffen?

Erwartete Schülerbeiträge:
- Schon die forcierte Förderung der Handarbeit auf Kosten einer zeitgemäßen Rationalisierung zeigt, daß nicht die Produktivität der Arbeit, sondern die Reduzierung der Zahl der Arbeitslosen mit allen Mitteln im Vordergrund stand.
- Nachfrageweckend dagegen waren der Erlaß der Kfz-Steuer und der Bau der Autobahn, dadurch wurde ein Anreiz für die weitere Motorisierung geschaffen.
- Auch die Einführung der allgemeinen Wehrpflicht und der Arbeitsdienstpflicht bewirkte eine Senkung der Arbeitslosenzahl.
- In die gleiche Richtung zielte die Abdrängung der Frauen in die Familien und in die Hausarbeit. Die Begünstigung der nichtberufstätigen Frau entsprach außerdem der Vorstellung der Nationalsozialisten von den minderen Rechten und Pflichten der Frauen gegenüber den Männern (vgl. dagegen die Gleichberechtigungsforderung des Grundgesetzes).
- Ein Mittel, das auch demokratische Regierungen zur Konjunkturförderung anwenden, ist die steuerliche Begünstigung von Investitionen.
- Wie die Arbeitsbeschaffungsmaßnahmen finanziert werden sollten, war vorerst ein ungelöstes Problem. Eine Vermehrung des Geldumlaufs durch Neuausgabe von Banknoten hätte zu politisch bedenklichen inflationären Tendenzen geführt. Beim wirtschaftlich kritischen Zustand der öffentlichen Finanzen konnte man nicht auf Anleihen zählen, und Steuererhöhungen hätten das neue Regime beim Volk von Anfang an unbeliebt gemacht.

Information durch den Lehrer: Nach einer Idee des Reichsbankpräsidenten Schacht wurde eine spezielle Methode zur Finanzierung angewandt. Die Reichsbank, das Reichswehrministerium und vier große Rüstungsfirmen gründeten die „Metallurgische Forschungs-G.m.b.H." (Mefo). Diese Scheinfirma gab Unternehmen, die Forderungen an das Deutsche Reich hatten, sogenannte Mefo-Wechsel. Die Reichsbank garantierte die Einlösung dieser Wechsel. Mit diesen Wechseln wurde insgeheim neues Geld geschaffen, insgesamt 12 Mrd. RM, denn sie wurden der Reichsbank nur selten zur Einlösung in Reichsmark präsentiert. Gleichzeitig verhinderte ein Preis- und Lohnstopp eine inflationäre Entwicklung.

Exkurs (Schülerreferate): Autobahnen und Volkswagen, die propagandistischen Paradepferde der nationalsozialistischen Wirtschaftspolitik.

1. Autobahnen
- Schon 1912 hatte die „Automobil-Verkehrs- und Übungsstraße GmbH (Avus) in Berlin mit dem Bau der ersten Autobahn der Welt begonnen (Länge 9,8 km).
- 1924 entstand in Italien die erste Auto-Strada von Mailand zu den lombardischen Seen.
- Anfang 1933 baute der „Verein zur Vorbereitung der Autostraße Hansestädte – Frankfurt – Basel (HAFRABA)" die Kreuzungsacht von Chemnitz und die Autobahn Köln – Bonn. 60 dicke Bände mit baureifen Plänen für den Weiterbau der Autobahnen lagen bereits vor.
- Hitler griff auf diese Pläne aus der Zeit der Weimarer Republik zurück. Er finanzierte die Autobahnen „zum geringen Teil aus Ölzöllen, Krediten und Sondersteuern, zum größeren Teil aber aus den Beiträgen der Arbeitslosenversicherung." (R. Barth, Die Straßen des Führers, Autobahnen in Deutschland, in: Chr. Zentner, Bd.2, S.521).
- Geplant waren 6900 km, 1939 waren 2100 km fertig.
- Die Autobahnen hatten auch eine strategische Bedeutung, sie ermöglichten im Kriegsfall schnelle Truppenverschiebungen.
- Die „Straßen des Führers" wurden von der nationalsozialistischen Propaganda zu einem Mythos hochstilisiert, der bis heute ebenso nachwirkt wie der Mythos vom Volkswagen.

2. Volkswagen
- Der von F. Porsche entwickelte VW sollte für jeden Volksgenossen erschwinglich sein (Preis: 1000 RM, Betriebskosten 6 Rpf pro km).
- Durch ein Ansparsystem wurde ein vertraglicher Anspruch auf die Zuteilung eines Volkswagen geschaffen; 1940: 140 000 Anspruchsberechtigte, davon hatten 60 000 bereits voll bezahlt.
- Aber die Sache hatte einen Haken: „Kein einziger Volkswagen eines privaten Besitzers ist je über die Straßen des Dritten Reiches gerollt. Und doch war die packende Verheißung des Autos für jeden deutschen Volksgenossen zu einer Zeit, als die Motorisierung erst in ihren Anfängen steckte und der eigene Wagen erst einer sehr kaufkräftigen kleinen Schicht des gehobenen Mittelstandes erreichbar war, ein Kernstück der nationalsozialistischen Propaganda..." (Paul Kluke, Hitler und das Volkswagenprojekt. Vierteljahrshefte für Zeitgeschichte 1960, 4, S.341).
- Nach Entfernung des Aufbaus bot der VW Platz für ein MG und Munition. Im Krieg wurde der Volkswagen zum „Kübelwagen" der deutschen Wehrmacht.

Gesprächsimpuls:
- Inwiefern verkörperten Autobahn und Volkswagen in geradezu sinnbildlicher Weise das „Doppelgesicht" des Dritten Reiches?

Im Tafelbild (siehe Stundenblatt) wird die erste Spalte ausgefüllt.

Unterrichtsschritt 4
Hitlers geheime Denkschrift über die Aufgaben eines Vierjahresplans vom August 1936

Der Textauszug aus Hitlers Denkschrift (siehe Kopiervorlage, Arbeitsblatt) wird in Stillarbeit ausgewertet und die Ergebnisse werden im Unterrichtsgespräch besprochen. (Weitere Fundstellen: Jacobsen/Jochmann [Hrsg.], Ausgewählte Dokumente zur Geschichte des Nationalsozialismus, Bielefeld 1961, S. 1–5; Hofer, S. 84ff.; Ripper, Der europäische Faschismus und das Dritte Reich, S. 99f.; Hey/Radkau, Nationalsozialismus und Faschismus, S. 86f.; Fragen an die Geschichte 4, S. 57; W. Conze, Der Nationalsozialismus, Teil II, S. 30ff.; Mickel/Kampmann/Wiegand, Politik und Gesellschaft 2, S. 165f.; Spiegel der Zeiten Bd. 4, S. 102; Geschichtliche Weltkunde Bd. 3, S. 265f.)

Erwartete Beiträge der Schüler:
- Zur Gewinnung von Lebensraum und zur Abwehr der bolschewistischen Gefahr muß Deutschland in den nächsten Jahren Krieg führen.
- Durch diese Annahme, die auf rein ideologischen Voraussetzungen beruht, wird der deutschen Wirtschaft die Zielsetzung vorgegeben, sie wird in den Dienst der Kriegsvorbereitung gestellt.
- Damit die Wirtschaft in der Phase der Aufrüstung Devisen spart, und damit sie im Kriegsfall von der Versorgung durch das Ausland weitgehend unabhängig wird, soll sich Deutschland auf dem Gebiet der Benzingewinnung (durch Kohleverflüssigung), durch die Herstellung von synthetischem Gummi, durch den Ersatz von

Edelmetallen und durch eine gezielte Förderung der deutschen Landwirtschaft weitgehend selbst versorgen können.
- Die höheren Kosten, die diese Autarkiepolitik mit sich bringt, sind belanglos. Göring erklärt auch, warum: Der Feind, der im nächsten Krieg besiegt wird, soll die Zeche bezahlen.
- Der Motor der nationalsozialistischen Wirtschaft war die Aufrüstung, die Vorbereitung des nächsten Krieges. Die Kosten des gigantischen Unternehmens hoffte die nationalsozialistische Führung durch die zu erwartende Kriegsbeute zu decken.

Ergänzung des Tafelbilds: Spalte 2 und 3 (siehe Stundenblatt).

Unterrichtsschritt 5
Auswirkungen der Wirtschaftspolitik auf die Gesellschaft

In einer Stillarbeitsphase werden vier Tabellen ausgewertet, (siehe Kopiervorlage, Arbeitsblatt), nachdem die Fragestellung zuerst gemeinsam erarbeitet wurde.
Impuls:
- Welche verbreiteten Vorurteile werden durch das vorliegende Zahlenmaterial widerlegt?

Ergebnisse:
- In der Zeit von 1933–1934 stiegen die Rüstungsausgaben um 500%, in der Zeit von Februar 1933 bis Oktober 1934 fiel die Zahl der Arbeitslosen zwar um stattliche 56%, aber im Oktober 1934 zählte man immer noch 2 Millionen Arbeitslose, eine Zahl, die sich 1935 noch um 1 Million erhöhte.
- Auffällig ist der Zusammenhang zwischen der Durchführung der Aufrüstung im Zuge des Vierjahresplans und der vollständigen Beseitigung der Arbeitslosigkeit. Von 1936 bis 1938 stiegen die Rüstungsausgaben um 66%, die Zahl der Arbeitslosen verringerte sich im gleichen Zeitraum um 79%.
- „Die internen monatlichen Lageberichte der Gestapostelle...dokumentieren..., daß nicht die spektakulären zivilen Arbeitsbeschaffungsprogramme Hitlers... die Arbeitslosigkeit beseitigt haben, sondern sie belegen anschaulich..., daß die Vollbeschäftigung erst in der zweiten Hälfte des Vierjahresplans, also im Gefolge hektischer Aufrüstung eintrat." (Detlev Peukert, Der deutsche Arbeiterwiderstand. Aus Politik und Zeitgeschichte B 28/29 1979, S. 33).
- Die Arbeitslosigkeit wurde nicht schlagartig beseitigt, denn die Rüstungsindustrien brauchten infolge von Rationalisierungsmaßnahmen weniger Arbeiter, so daß die Zahl der Arbeitslosen zwischenzeitlich auch wieder zunahm.
- Die Wirtschaftspolitik der Nationalsozialisten bevorzugte die Unternehmer auf Kosten der Lohnabhängigen. Während das gesamte Volkseinkommen von 1929–1939 um 36% wuchs, betrug der Zuwachs bei den unverteilten Gewinnen 533%, im gleichen Zeitraum stiegen Löhne und Gehälter nur um 8%, die Renten wurden um 11% erhöht.
- Durch die niedrig gehaltenen Löhne (Lohnstopp) wurde Kaufkraft abgeschöpft und damit der Konsum gedrosselt. So konnte auf Kosten der Konsumgüterproduktion der Aufbau der kriegswichtigen Industrien beschleunigt werden. Während sich der Index der Produktionsgüter von 1932–39 um 219% und der der Investitionsgüter um 334% erhöhte, stieg die Produktion der Konsumgüter nur um 44%.

Ergänzung: Der Hinweis auf die materiellen Lebensbedingungen der Arbeiter kann vom Lehrer durch folgende Zahlenangaben konkretisiert werden. Der Lohn eines städtischen Arbeiters (25 RM pro Woche) in einem fünf Personen-Haushalt verteilte sich im Jahre 1934 auf folgende Posten:

Abzüge: 11%.
Nahrungsmittel: 54%.
Miete, Heizung, Beleuchtung: 30%
Bekleidung: 2% (= 2 RM!)
Zur besonderen Verwendung blieben nur 73 Pf. übrig.
(T. W. Mason, Sozialpolitik im Dritten Reich. Arbeiterklasse und Volksgemeinschaft, Opladen 1978, S. 72 f.; Thomas Berger, NS-Sozialpolitik als ein Mittel der Herrschaftssicherung, in: Meyers/Riesenberger, S. 88 f.)

Frage:
- Für welche Dinge kann kein Geld eingeplant werden?
  (Verkehrsmittel, Bildung, Erholung, Ratenzahlung, Urlaub usw.)

Unterrichtsschritt 6
Die Legende vom nationalsozialistischen Wirtschaftswunder

Folgendes Zitat wird zur Diskussion gestellt: „Von Hitlers Wirtschaftswunder spricht heute keiner mehr. Es hat's aber gegeben, und es war für die Mitlebenden ein größeres Wunder als später die Erhardsche Wiederaufbaukonjunktur." (Sebastian Haffner, Die Deutschen und Hitler, in: Walter Kempowski, Haben Sie Hitler gesehen?, München 1973, S. 111 f.).

Impulse:
- Halten Sie es für angemessen, wenn man in diesem Zusammenhang von einem Wirtschaftswunder spricht?
- Wie erklären Sie sich, daß nicht nur damals viele Deutsche von den wirtschaftlichen Leistungen des NS-Regimes so beeindruckt waren?
- Durch welche Mittel und Maßnahmen gelang es dem Nationalsozialismus, auch viele Arbeiter zu überzeugten Anhängern zu machen? (Vgl. Zeittafel)

Im Unterrichtsgespräch können folgende Einsichten vermittelt werden:
- Durch geschickte Propaganda gelang es, die Arbeitsbeschaffungspoltik als eine besondere Leistung des Nationalsozialismus und ihres Führers herauszustellen. Der Beginn des Autobahnbaus und die Durchführung der Notstandsarbeiten wurden als öffentliche Aktionen inszeniert und als Zeichen des Umbruchs und eines radikalen Neuanfangs propagiert.
- Die Bevölkerung erlebte den Rückgang der Arbeitslosigkeit, aber daß die Aufrüstung der Motor der wirtschaftlichen Erholung war und daß bei der Finanzierung des Aufschwungs mit unseriösen Praktiken gearbeitet wurde, war nur den Eingeweihten bekannt.
- Viele Deutsche erkannten nicht, daß der Rückgang der Weltwirtschaftskrise auch in anderen Ländern die wirtschaftliche Erholung entscheidend begünstigte.
- Die nationalsozialistische Propaganda verkündete die Hochschätzung des Arbeiters („Ehret den Arbeiter", „Solidarität der Arbeiter der Stirn und der Faust" usw.), und die NS-Sozialpolitik war mit Erfolg bemüht, ihn durch die Befriedigung seiner Grundbedürfnisse, durch Wohlfahrts- und Betreuungsmaßnahmen (KdF) für seine politische Entmündigung und für seinen bescheidenen Lebensstandard zu entschädigen.

Das Tafelbild wird vervollständigt.

Erweiterung: Ein hektographierter Bericht eines Teilnehmers einer KdF-Fahrt nach Madeira (1936) macht deutlich, welche Resonanz derartige Unternehmungen bei der Arbeiterschaft fanden:

„Fritz Oldenkamp hat ... noch niemals in seinem Leben so gut und so viel gegessen. Er hat auch bereits so viele Bekanntschaften geschlossen ... Ihm gegenüber sitzt eine bekannte Sängerin ... Sie ist gar nicht stolz ... Jetzt merkt er erst, wie wahr es ist, daß alle Volksgenossen Kameraden sind. ‚Kraft durch Freude' hat dafür gesorgt, daß die Passagiere ihrer Schiffe ein Spiegelbild der wirklichen Volksgemeinschaft bieten. Sie hat daher auch viele Betriebsführer um ihre Teilnahme gebeten. Auch diese haben freudig zugesagt ... (sie) erkannten, daß echte Volksgemeinschaft ... den Menschen ein

Gefühl der inneren Erhebung und Aufrichtung gibt, wie es niemals im Rahmen einer sogenannten Gesellschaftsklasse sein kann.“ (Hans Biallas, Der Sonne entgegen – deutsche Arbeiter fahren nach Madeira, in: Chr. Zentner, Bd. 2, S. 268 ff.)

Fragen:
- Welche Dinge sind Fritz Oldenkamp wichtig?
- Was unterscheidet die nationalsozialistische Gesellschaftsordnung von der alten Klassengesellschaft?

Hausaufgabe

Die schriftliche Auswertung dieses Berichts kann als Hausaufgabe gegeben werden.

14. Stunde: Die Verfolgung der Juden

Vorbemerkungen

Als Hinführung zu diesem Thema dient der Dokumentarfilm: „Der 9. November 1938“. Die Schüler äußern Vermutungen und stellen Fragen zu den Berichten und Informationen des Films, die im Lauf der Stunde beantwortet werden sollen.
Während sich der Film auf das Schicksal der deutschen Juden insgesamt bezieht, werden in den folgenden Unterrichtsschritten die Demütigungen und Leiden, denen die Juden ausgesetzt waren, anhand von Einzelschicksalen für die Schüler nachvollziehbar gemacht. Dem Erlebnisbericht eines Opfers wird die Aussage eines Täters gegenübergestellt, der während der Reichskristallnacht eine alte jüdische Frau aus nichtigem Anlaß erschoß. Dieses Geständnis eines Mörders legt die Frage nahe, wie es dazu kommen konnte, daß ohne ersichtlichen Grund deutsche Juden von den Nazis grausam verfolgt wurden. In Gruppenarbeit, bei der drei Quellen analysiert werden, versuchen die Schüler einer Antwort näherzukommen. Die Schüler erkennen, daß eine raffiniert gesteuerte, planmäßige Judenhetze an primitive Gefühle appellierte und den latenten Antisemitismus aktivierte, der in der deutschen und in der europäischen Geschichte seit dem Mittelalter eine verhängnisvolle Rolle spielte. Aus diesen beiden Quellen, aus der ideologisch begründeten Hetze des Nationalsozialismus und aus den alten antisemitischen Vorurteilen, speiste sich die Feinschaft gegen die Juden im Dritten Reich. Das Verständnis für diese Zusammenhänge soll durch einen umfassenden Lehrervortrag über die Ursachen des Antisemitismus vertieft werden. Die einzelnen eskalierenden Verfolgungsmaßnahmen bis zur physischen Vernichtung entnehmen die Schüler einer Zeittafel. Am Schluß aber kommt wieder ein einzelnes Opfer zu Wort: Anne Frank.
Daß die führenden Nationalsozialisten tatsächlich an ihre Legende vom Judentum glaubten, ist eine Tatsache. „Hitler war von seinem Wahn überzeugt...“, das beweist der letzte Satz seines Testaments, über den die Schüler zu Hause nachdenken sollen. (Erich Goldhagen, Weltanschauung und Endlösung, Vierteljahrshefte für Zeitgeschichte 4, 1976, S. 384; vgl. G. Zivier, Deutschland und seine Juden. Ein Buch gegen Vorurteile, Hamburg 1971; E. G. Reichmann, Die Reichskristallnacht. Der Antisemitismus in der deutschen Geschichte, Köln 1960; G. v. Norden, Nationalsozialistische Judenverfolgung, GWU 21, 1970, S. 660–671; K. Drobisch, Juden unterm Hakenkreuz. Verfolgung und Ausrottung der deutschen Juden 1933–1945, Frankfurt 1973)
„In Deutschland sind die Juden die einzige während aller historischer Perioden auftretende, repräsentative Minderheit. So kommt einer Untersuchung zwischen Majorität und jüdischer Minorität beispielhafter Charakter zu: Die unterschiedlichen Formen von Diskriminierung, Integration und Assimilation lassen sich unter wechselnden historischen

Voraussetzungen erkennen.“ (R. S. Elkar, Jüdische Minderheit und Antisemitismus in Deutschland, in: Sozialwissenschaftliche Informationen für Unterricht und Studium, hrsg. vom Arbeitskreis Sozialwissenschaftliche Informationen, 2, 1975, S. 48).
Diskriminierung und Vorurteil stehen in einem engen Zusammenhang.
Die Aktualität des Antisemitismus im nationalsozialistischen Deutschland hat die Vorurteilsforschung entscheidend geprägt. Das Vorurteil ist „eine spezifische Form der Einstellung, die sich durch besondre Starrheit und Realitätsverzerrung auszeichnet.“ (J. Held, Zur Sozialpsychologie des Vorurteils, in: Sozialwissenschaftliche Informationen für Unterricht und Studium, a. a. O., S. 34). Eine umfassendere Definition verdanken wir dem amerikanischen Psychologen E. E. Davis: „Vorurteile sind negative oder ablehnende Einstellungen einem Menschen oder einer Menschengruppe gegenüber, wobei dieser Gruppe infolge stereotyper Vorstellungen bestimmte Eigenschaften von vornherein zugeschrieben werden, die sich aufgrund von Starrheit und gefühlsmäßiger Ladung selbst bei widersprechender Erfahrung, schwer korrigieren lassen.“ (E. E. Davis, Zum gegenwärtigen Stand der Vorurteilsforschung, in: Vorurteile. Ihre Erforschung und ihre Bekämpfung [= Politische Psychologie, Bd. 3], Frankfurt 1964, S. 53).
Wie können Vorurteile im allgemeinen und besonders auch Vorurteile über die Juden im Unterricht bekämpft werden? „Da Vorurteile ... per definitionem eine starke, wenn nicht gar überwiegende affektive Komponente besitzen, muß die affektive Dimension schon bei der Planung von Unterricht über Vorurteile miteinbezogen werden. Dies kann zwar sicherlich nicht bedeuten, sich für eine Methode des einseitigen „moralischen Appells“ zu entscheiden ..., es ist aber unbedingt erforderlich, solche Unterrichtsarrangements zu planen, die dazu führen, daß der Unterricht die Schüler selbst betrifft, sie emotional „betroffen“ macht.“ (H. D. Schmid, Vorurteile und Feindbilder als Problem der Geschichtsdidaktik, in: Geschichtsdidaktik 2, 1981, S. 141). Diese Forderung soll in der vorliegenden Stunde berücksichtigt werden.

Ziele der Stunde

Die Schüler erkennen
- daß die Nationalsozialisten die Juden aus ideologischen Gründen diffamierten;
- daß sich der nationalsozialistische Rassenantisemitismus auf ein wahnhaftes Feindbild gründete;
- daß die Propaganda die Juden aus der menschlichen Gesellschaft ausschloß;
- einige Ursachen für den historischen Antisemitismus.

Die Schüler erarbeiten
- anhand eines Dokumentarfilms Fragen zum Thema;
- aus Quellen Diffamierungsmethoden der alten und neuen Nationalsozialisten gegenüber den Juden;
- aus einer Zeittafel eskalierende Verfolgungsmaßnahmen gegen die Juden;
- die Absichten des nationalsozialistischen Regimes.

Die Schüler beurteilen
- die Reaktion der deutschen Bevölkerung während der Reichskristallnacht;
- die Vorwürfe der Nationalsozialisten gegen die Juden;
- die Begnadigung des Judenmörders Frey durch die deutsche Justiz;
- die Wirkung eines Feindbildes auf das Verhältnis der Menschen zueinander;
- die Verfolgung der Juden als verbrecherische Aktionen auf dem Hintergrund einer inhumanen und unwissenschaftlichen Rassenlehre.

Verlaufsskizze

Unterrichtsschritt 1
Dokumentarfilm: Der 9. November 1938

Zu Beginn der Stunde wird der Film „Der 9. November 1938“ vorgeführt (erhältlich bei den Kreis- und Landesbildstellen, Dauer 15 Minuten, Nr. 324509). Im Anschluß daran notieren die Schüler ihre Beobachtungen und Fragen zu den gezeigten Vorgängen.
Mögliche Fragen:
- Warum griffen Polizei und Justiz nicht ein, obwohl kriminelle Tatbestände (Landfriedensbruch, Sachbeschädigung, Brandstiftung, Freiheitsberaubung, Körperverletzung usw.) vorlagen?
- Warum lag den Nationalsozialisten so viel daran, daß der Pogrom als spontane Reaktion des deutschen Volkes auf die Ermordung des deutschen Gesandtschaftsrats erscheinen sollte?
- Warum stellte sich die deutsche Bevölkerung nicht schützend vor ihre jüdischen Mitbürger?

Die Schüler äußern Vermutungen (z. B. der Pogrom wurde von der nationalsozialistischen Führung planmäßig inszeniert, die Nazis fürchteten die negative Reaktion des Auslandes, das deutsche Volk war durch die Propaganda verhetzt, alte antisemitische Vorurteile wurden wieder wach, außerdem hatte die Bevölkerung Angst vor Repressalien usw.).
Diese Vermutungen werden im Laufe der Stunde überprüft.

Alternative: Ein Hitlerjunge war Augenzeuge der Ausschreitungen gegen die Juden am 9. November 1938. Dieser Bericht wird vom Lehrer vorgelesen (Fritz Langour, Ein Hitlerjunge erlebt die Reichskristallnacht. Warum rebellierte mein deutsches Blut nicht?, in: Chr. Zentner, Bd. 2, S. 73).

Zusammenfassung: Im Zug nach Darmstadt sitzen ältere Mitschüler. Sie erzählen ganz sachlich von brennenden Synagogen, zerschlagenen Möbeln und zusammengetriebenen Menschen. In der Rheinstraße in Darmstadt sieht dann Langour selbst, wie jüdische Geschäfte geplündert werden, die Synagoge brennt am 10. November immer noch. Die Menschen auf der Straße beobachten die Vorgänge wortlos, die Feuerwehr spritzt nur auf die Nachbarhäuser der Synagoge. Plötzlich kommt ein Gymnasialprofessor vorbei, gibt jedem Schüler eine Ohrfeige und drückt seinen Abscheu über die barbarische Aktion aus, von der der Führer sicher nichts wisse. Die meisten Schüler aber sind davon überzeugt, es geschehe den Juden ganz recht. In den offiziellen Erklärungen zur „Reichskristallnacht“ hören die Schüler unablässig von jüdischem Verrat und jüdischer Sabotage, von Rassenschande, Wirtschaftsvergehen der Juden und von der Verschwörung des Weltjudentums.

Besprechungsvorschläge:
- Beschreiben Sie die verschiedenen Reaktionen der Beteiligten.
- Versuchen Sie, die Gründe für ihr jeweiliges Verhalten herauszufinden.
- Können Sie die Äußerungen der Jugendlichen verstehen?
- Welche Vorwürfe wurden gegen die Juden erhoben?
- Warum wurden diese Anschuldigungen geglaubt?

1. Ergänzung: Ina Rothschild, die Frau des Leiters des jüdischen Waisenheims „Wilhelmspflege“ in Esslingen, berichtet über ihre Erlebnisse in der Nacht vom 9. auf den 10. November 1938; auch dieser Bericht eignet sich zum Vorlesen:

„Am 10. November 1938 zwischen 12 und 1 Uhr erschienen im Speisesaal des Waisenhauses mit Äxten und schweren Hämmern bewaffnete Zivilisten und SA-Leute und zwangen uns unter den Rufen „Raus mit euch“ das Haus zu verlassen. Ein Teil der Kinder floh, die übrigen wurden von der SA bewacht... Während sich ein Teil unbeteiligt in den Gängen und außerhalb aufhielt, zerstörten die anderen, was erreichbar war. Aus den Zimmern der Lehrer und aus unserer Wohnung warf man Bücher, aus dem Betsaal Gebetbücher, Thorarollen und Gedenktafeln auf einen brennenden Scheiterhaufen. Den weinenden Kindern drohte einer dieser Rohlinge, man werde auch sie dort verbrennen. Uhren, Wecker, Ringe und andere Wertgegenstände wurden gestohlen... Wir fanden... Lehrer Fritz Samuel bewußtlos geschlagen mit Keulen aus dem Turnsaal. Lehrer Jonas und mein Mann wurden mißhandelt... Wir wateten durch

Glasscherben und zerrissene Bücher und wurden mit den Kindern in einen der Schulsäle eingeschlossen. Dann kam der Befehl, die Kinder noch vor Einbruch der Nacht wegzubringen ... Wir hatten zu unterschreiben, daß wir, mein Mann und ich, als Letzte das Haus bis 7.30 nächsten Tages zu verlassen hätten, andernfalls man uns in Schutzhaft nehmen werde ... Samuel und Jonas kamen noch in der gleichen Nacht nach Dachau. Wir gingen nach Theresienstadt, wo mein Mann am 10. Juli 1944 starb." (Paul Sauer, Die Schicksale der jüdischen Bürger Baden-Württembergs während der nationalsozialistischen Verfolgungszeit 1933–1945, Stuttgart 1968, S. 420 f., abgedr. in: Hartmut Metzger, Kristallnacht. Dokumente von gestern zum Gedenken heute, Stuttgart 1978 [Calwer Verlag], S. 25 f.).

Gesprächsimpulse:
– Warum mißhandelten die SA-Leute die Insassen des Waisenhauses?
– Welche Dinge wurden von den Nazis verbrannt? Warum?
– An welcher Stelle des sehr sachlichen Berichts zeigt sich die innere Beteiligung der Verfasserin?

(Weitere Literatur zum Thema „Judenverfolgung im Dritten Reich": „... sie hatten noch die Frechheit zu weinen ...", hrsg. von einem Arbeitskreis Reichskristallnacht, Ludwigsburg 1982; H. Kistler, Der Pogrom vom November 1938, hrsg. von der Bundeszentrale für politische Bildung, Bonn 1981; W. Scheffler, Dokumente zum Novemberpogrom 1938, in: Aus Politik und Zeitgeschichte, B 44/78)

2. Ergänzung: Geständnis eines Mörders.
Der Bericht wird vom Lehrer vorgelesen:

„... ich heiße Adolf Heinrich Frey, bin 26 Jahre alt, ledig, Landwirt und Ortsgruppenleiter in Eberstadt. Ich gebe zu, daß ich die in ihrem Hause hier tot vorgefundene Witwe Susanne Stern, geb. Gimpel, heute vormittag kurz vor 8 Uhr durch Revolverschüsse getötet habe. Ich bin heute morgen um 6 Uhr von dem Kreisleiter Ulmer in Buchen fernmündlich angewiesen worden, eine Aktion gegen die Juden in Eberstadt durchzuführen. Der Kreisleiter erklärte mir, ich könne mit den Juden machen, was ich wollte ... Ich habe zunächst an der Haustür angeklopft ... Ich habe der Stern dann gesagt, sie solle die Türe öffnen ... Die Stern hat nun gesagt, wenn wir was von ihr wollten, sollten wir die Gendarmerie holen ... Sie hat ... erklärt: ‚Ich gehe nicht aus meinem Haus heraus, ich bin eine alte Frau' ... In dem Augenblick, als die Frau Stern rief, machen Sie mit mir, was Sie wollen, habe ich den Sicherungsflügel der Pistole herumgedrückt und den ersten Schuß auf die Frau Stern abgegeben ... Ich habe darauf zu meinem Kameraden gesagt, ich sehe gar nicht ein, warum wir hier herumstehen sollten ... Damit ich aber ganz sicher war, daß die Stern tot ist, habe ich auf die Daliegende in einer Entfernung von ungefähr 10 cm einen Schuß in die Mitte der Stirn abgefeuert ..." (Auszug aus einem Protokoll des Amtsgerichts Buchen vom 10. November 1938, zit. nach Hermann Glaser, Aufarbeitung von Vergangenheit, Materialien zu wichtigen Aspekten zeitgeschichtlicher Bildungsarbeit, Aus Politik und Zeitgeschichte B 16/80, S. 5)

Fragen:
– Worauf beruft sich Frey?
– Aus welchem Grund erschoß er die alte Frau?
– Am 16. Oktober 1940 wurde das Verfahren gegen Frey vom Generalstaatsanwalt in Karlsruhe niedergeschlagen. Wie beurteilen Sie diesen Vorgang?

Unterrichtsschritt 2
Die Hetze gegen die Juden

Folgende hektographierte Materialien werden den Schülern gleichzeitig vorgelegt und in einem arbeitsteiligen Verfahren ausgewertet (Vorschlag für ein Arbeitsblatt).

1. Vorspann zu dem Film „Der ewige Jude" von Fritz Hippler (Manfred Dammeyer, Nationalsozialistische Filme im historisch-politischen Unterricht, in: Aus Politik und Zeitgeschichte B 16/77, S. 17)
2. Auszug aus einem antisemitischen Kinderbuch „Der Giftpilz" (Chr. Zentner, Bd. 1, S. 208 f.)
3. Neonazistisches Plakat, hrsg. von der NSDAP/AO, 1978: Ein Adler mit der Hakenkreuzflagge attackiert ein krötenartiges Wesen, das durch eine Hakennase als Jude gekennzeichnet ist (Paul Lersch [Hrsg.], Die verkannte Gefahr, Reinbek bei Hamburg 1981, S. 184).

Jeweils ein Drittel der Klasse wird um eine Stellungnahme und um die Formulierung von

Fragen zu einem der Arbeitsmaterialien gebeten. Im Anschluß daran stellt man die Fragen gemeinsam an der Tafel zusammen (notwendige Ergänzungen durch den Lehrer!).

Mögliche Fragen:

- Durch welches Verfahren werden die Juden diffamiert?
- Welche Folgerungen ergeben sich aus diesem Feindbild?
- Welche Zusammenhänge sehen Sie zwischen der Darstellung des Juden und der nationalsozialistischen Ideologie?

Die Auswertung erfolgt in einer Stillarbeitsphase.

Unterrichtsschritt 3
Ergebnisse der Auswertung

Im anschließenden Unterrichtsgespräch werden die Ergebnisse integriert und im Tafelbild (siehe Stundenblatt) unter den Rubriken „Nationalsozialistische Ideologie" und „Nationalsozialistischer Rassenantisemitismus" festgehalten:

- Die Juden werden verglichen mit Ratten, Kröten und Giftpilzen, dadurch wird ein Feindbild geschaffen, das die Juden aus der menschlichen Gesellschaft ausschließt; sie werden zu Un- und Untermenschen abgewertet.
- Die Folge: damit ist eine wichtige Voraussetzung für die rücksichtslose Bekämpfung der Juden geschaffen, denn ebenso wie der Mensch ohne Skrupel Tiere und Pflanzen, die ihm Schaden zufügen, vernichtet, kann er auch ohne Bedenken den Juden vernichten.
- Diese Haltung erinnert an die Vorstellung, die in der ideologischen Schrift der NSDAP (vgl. 6. Stunde, Unterrichtsschritte 1 und 2) zum Ausdruck kam. Von Natur aus sind die Juden als intelligente und gefährliche Schmarotzer ein Verhängnis besonders für die nordischen Völker, denn sie zerstören alle Werte, die von den Ariern geschaffen wurden. Nach dem Gesetz der Natur aber muß die höhere Rasse die minderwertige mit allen Mitteln bekämpfen.

Unterrichtsschritt 4
Ursachen des Antisemitismus

Im Lehrervortrag (unterstützt durch ein Informationsblatt) wird auf folgende Zusammenhänge hingewiesen:

- Der Begriff „Antisemitismus" wurde von dem Journalisten Wilhelm Marr im Jahre 1879 zum ersten Mal verwendet. Der Ausdruck ist unwissenschaftlich – auch Araber sind Semiten –, gemeint ist einfach „Judenfeindschaft".
- Die Christen haßten die Juden als Christusmörder. Greuelmärchen von Ritualmorden an Kindern und Hostienschändung wurden seit dem hohen Mittelalter verbreitet.
- Der Jude wird als Geldmensch, als Wucherer und Blutsauger abgelehnt. Grund: Die christliche Gesetzgebung des Mittelalters schloß die Juden von der Ständeordnung und damit von vielen Berufen aus. Da sie nicht an das christliche Zinsverbot gebunden waren, wandten sie sich mit Vorliebe dem Bankgeschäft zu.
- Weil sie als Fremde außerhalb der christlichen Ordnung lebten, konnten die Juden bei Seuchen, Hungersnöten und sonstigen Katastrophen als Sündenböcke dienen.
- Die Folgen: Man isolierte sie in „Ghettos" (= Judenviertel); der Haß gegen sie entlud sich immer wieder in Gewalttätigkeiten und Ausschreitungen, in sogenannten „Pogromen" (russ. = Verheerung, Verwüstung).
- Diese historischen Vorurteile gegen die Juden wurden von der nationalsozialistischen Propaganda wieder aufgegriffen und verstärkt.

(W. Scheffler, Judenverfolgung im Dritten Reich, Berlin 1964, S. 6ff.; L. v. Westphalen, Geschichte des Antisemitismus in Deutschland im 19. und 20. Jahrhundert, Klett 4259, Vorwort S. 1–4)
Mit Hilfe dieser Informationen wird das Tafelbild vervollständigt („Historischer Antisemitismus").

Unterrichtsschritt 5
Maßnahmen der Nationalsozialisten gegen die Juden

Den Schülern wird eine Zeittafel in die Hand gegeben, die folgende Daten enthält:

28.3.1933 Anordnung der Parteileitung der NSDAP: Aktionskomitees rufen zum Boykott jüdischer Geschäfte, jüdischer Ärzte und Rechtsanwälte auf.

15.9.1935 Reichsbürgergesetz: nur wer deutschen Blutes ist, kann Reichsbürger mit vollen politischen Rechten sein. Juden sind nur Staatsangehörige minderen Rechts.
„Gesetz zum Schutze des deutschen Blutes und der deutschen Ehre": Eheschließungen zwischen Deutschen und Juden sind verboten.

9./11.11. 1938 Von der nationalsozialistischen Führung organisierter Pogrom („Reichskristallnacht"). Zerstörung von Synagogen und jüdischen Geschäften. Schaden von mehreren 100 Mill. RM, über 26000 Juden kamen ins Konzentrationslager, die Juden mußten 1 Mrd. RM „Buße" bezahlen, Verbot aller jüdischen Organisationen, jüdische Kinder dürfen nur noch jüdische Schulen besuchen.

12.11.1938 Verordnung Görings zur Ausschaltung der Juden aus dem Wirtschaftsleben, Juden dürfen nicht länger Einzelhandelsgeschäfte und Handwerksbetriebe führen, leitenden jüdischen Angestellten kann gekündigt werden.

14.11.1938 Anordnung des Präsidenten der Reichskulturkammer, Goebbels: Juden ist der Zutritt zu Theatern, Kinos, Konzerten, Vorträgen, Varietés, Kabaretts, Zirkusveranstaltungen und Ausstellungen ab sofort verboten.

1.9.1941 Polizeiverordnung über die Kennzeichnung von Juden: Juden vom 6. Lebensjahr an müssen in der Öffentlichkeit einen Judenstern tragen, sie dürfen den Bereich ihrer Wohngemeinde nicht verlassen.

1.10.1941 Auswanderungsverbot für alle Juden.

20.1.1942 „Wannsee-Protokoll", Vorbereitung der sog. Endlösung der Judenfrage in Europa: Die Juden werden zum Arbeitseinsatz nach Osten geschickt, „wobei zweifellos ein Großteil durch natürliche Verminderung ausfallen wird"; die übriggebliebenen sollen planmäßig vernichtet werden. Schon ab Herbst 1941: Vernichtung der Juden in den Vernichtungslagern Auschwitz, Belzec, Sobibor, Treblinka, Majdanek. Sechs Millionen Juden wurden ermordet.

Die Zeittafel wird in Partnerarbeit ausgewertet.
Aufgaben:
– Nennen Sie die Rechte, die den Juden von den Nationalsozialisten aberkannt wurden.
– Nehmen Sie zu der zeitlichen Abfolge Stellung.

– Welche Absicht verfolgte das NS-Regime mit diesen Maßnahmen?
– Welche Folgen hatte die Vertreibung und Vernichtung des deutschen Judentums für das deutsche Volk? (Erinnern Sie sich bitte an den ersten Teil des Dokumentarfilms).

Die eskalierenden Maßnahmen gegen die Juden werden im Tafelbild festgehalten. „Man hat ihnen die Berufe genommen, das Besitztum gestohlen, sie durften nicht erben oder vererben, sie durften nicht auf Parkbänke sitzen oder einen Kanarienvogel halten, keine öffentlichen Verkehrsmittel benutzen, keine Restaurants, keine Konzerte, Theater oder Kinos besuchen, für sie galten bestimmte Rassengesetze, ihnen wurden sämtliche staatsbürgerlichen Rechte entzogen, die Freizügigkeit wurde ihnen genommen, ihre Menschenrechte und ihre Menschenwürde wurden in den Staub getreten, bis sie ins Konzentrationslager deportiert wurden und in die Gaskammern kamen." (Robert M. W. Kempner in der Einführung zu: Joseph Walk, Das Sonderrecht für die Juden im NS-Staat. Eine Sammlung der gesetzlichen Maßnahmen und Richtlinien – Inhalt und Bedeutung, Heidelberg 1981).

Unterrichtsschritt 6
Die 15jährige Anne Frank
über das Schicksal des jüdischen Volkes

Kurze Information durch den Lehrer: Anne Frank war die Tochter einer jüdischen Familie, die 1933 Deutschland verlassen mußte und in einem Hinterhaus in Amsterdam untertauchte. Nachdem die Polizei den Schlupfwinkel entdeckt und die ganze Familie verhaftet hatte, fanden zwei Holländer in der leerstehenden Wohnung das Tagebuch des Mädchens. Anne Frank starb im März 1945 im KZ Bergen-Belsen, zwei Monate vor der Befreiung Hollands von den Nationalsozialisten. Ihr Tagebuch besteht aus Briefen an eine erfundene Freundin, namens Kitty.

Zum Abschluß der Stunde liest der Lehrer den Tagebucheintrag vom 9. Oktober 1942 vor. Sinnvoller als eine Besprechung scheint uns eine Pause des Schweigens:

„Liebe Kitty, Freitag, 9. Okt. 1942.
Heute habe ich nur traurige und deprimierende Nachrichten. Unsere jüdischen Freunde und Bekannten werden in Mengen weggeholt... Sie werden in Viehwagen geladen und nach dem Judenlager Westerhork gebracht. Westerhork muß grauenhaft sein. Für die Tausende von Menschen sind viel zuwenig Waschgelegenheiten und WCs vorhanden... Flüchten ist unmöglich. Die meisten Leute aus den Lagern sind gebrandmarkt durch ihre kahlgeschorenen Köpfe... Wenn es hier in Holland schon so schlimm ist, wie furchtbar wird es dort in der Ferne sein, wohin sie verschickt werden? Das englische Radio berichtet von Gaskammern, aber vielleicht ist das noch die schnellste Vernichtungsmethode... Welch ein Volk diese Deutschen! Und dazu gehörte ich auch einmal. Nun hat Hitler uns schon lange staatenlos erklärt. Und eine größere Feindschaft als zwischen *diesen* Deutschen und den Juden gibt es nicht auf der Welt!" (Das Tagebuch der Anne Frank, 12. Juni 1942 – 1. August 1944, 12. Aufl. Heidelberg 1981 [Verlag Lambert Schneider], S. 52 ff.)

Hausaufgabe

Was schließen Sie aus der Tatsache, daß Hitler am 29. 4. 1945 kurz vor seinem Tode als letzten Satz in seinem Testament folgende Aufforderung niederschrieb: „... Vor allem aber verpflichte ich die Führung der Nation und die Gefolgschaft zur peinlichsten Einhaltung der Rassengesetze und zum unbarmherzigen Widerstand gegen den Weltvergifter aller Völker, das internationale Judentum." (zit. nach Martin Broszat, Der Nationalsozialismus, Weltanschauung, Programm und Wirklichkeit, Stuttgart 1960, S. 35).

Vorschlag für ein Arbeitsblatt (14. Stunde, Unterrichtsschritt 2)

Gruppe 1
Vorspann zum Film „Der ewige Jude“

„Diese Juden wollen nicht arbeiten, sondern schachern... Sie drängen sich zum Handel, weil er ihrem Charakter und ihrer natürlichen Veranlagung entspricht... Sie tragen die jahrtausendalte Züge des ewigen Schmarotzertums im Gesicht, die Züge des Ewigen Juden... Eine verblüffende Parallele zu dieser jüdischen Wanderung durch die ganze Welt bieten uns die Massenwanderungen eines ebenso ruhelosen Tieres – der Ratten. Die Ratten begleiten als Schmarotzer den Menschen von den Anfängen an. Ihre Heimat ist Asien. Von dort wandern sie in riesigen Scharen über Rußland und die Balkanländer nach Europa... Wo Ratten auch auftauchen, tragen sie Vernichtung ins Land, zerstören sie menschliche Güter und Nahrung. Auf diese Weise verbreiten sie Krankheiten, Pest, Lepra, Typhus, Cholera usw. usw. Sie sind hinterlistig, feige und grausam und treten meist in großen Scharen auf. Sie stellen von den Tieren das Element der heimtückischen und unterirdischen Zerstörung dar – nicht anders, als die Juden unter den Menschen. Das Parasitenvolk der Juden stellt einen großen Teil des internationalen Verbrechertums...“ (Manfred Dammeyer, Nationalsozialistische Filme im historisch-politischen Unterricht, in: Aus Politik und Zeitgeschichte B 16/77, S. 17).

Gruppe 2
Antisemitisches Kinderbuch „Der Giftpilz“

„‚Schau Franz, genau so, wie es bei den Pilzen im Walde ist, so ist es bei den Menschen auf der Erde. Es gibt gute Pilze, und es gibt gute Menschen. Es gibt giftige, also schlechte Pilze, und es gibt schlechte Menschen... Und weißt du auch, wer nun diese schlechten Menschen, diese Giftpilze der Menschen sind?‘ fragte die Mutter weiter. Franz warf sich stolz in die Brust. ‚Jawohl Mutter! Das weiß ich. Es sind – die Juden. Unser Lehrer hat das schon oft in der Schule gesagt...‘ ‚Recht so‘, lobte die Mutter. Und dann spricht sie weiter...‘ Also, hör zu! Da gibt es zum Beispiel den Hausierjuden... Ihm darf man nicht trauen! Und genau so ist es bei den Viehjuden, bei den Warenhausjuden... bei den Judenärzten, bei den getauften Juden... Sie sind nun einmal Juden und bleiben Juden. Sie sind giftig für unser Volk!‘ ‚Wie die Giftpilze‘, sagte Franz. ‚Ja, mein Kind! Wie ein einziger Giftpilz eine ganze Familie töten kann, so kann ein einziger Jude ein ganzes Dorf, eine ganze Stadt, ja sogar ein ganzes Volk vernichten... Schon unsere Buben und Mädels müssen den Juden kennenlernen.‘“ (Chr. Zentner [Hrsg.], Das III. Reich. Ein Volk, ein Reich, ein Führer. Eine historische Collage über den erregendsten Abschnitt deutscher Geschichte in Wort, Bild und Ton, Bd. 1, Hamburg 1975, S. 208 f.).

Gruppe 3
Neonazistisches Plakat, herausgegeben von der NSDAP / AO, 1978

Aus: Paul Lersch (Hrsg.), Die verkannte Gefahr, Reinbek bei Hamburg 1981, S. 184

15. Stunde: Widerstand

Vorbemerkungen

„Der Darstellung des Widerstands als Teil der demokratischen Tradition in Deutschland gebührt schon deshalb ein besonderer Platz, weil er der Kontinuitätslinie der Kriege und Obrigkeiten die Kontinuität des Eintretens für den Frieden und die Demokratie zur Zeit ihrer schwersten Bedrohung in der deutschen Geschichte entgegenstellt." (Detlev Peukert, Der deutsche Arbeiterwiderstand 1933–1945, in: Aus Politik und Zeitgeschichte B 28–29/79, S. 35).

Der Textauszug eines Briefes an A. Knoop, der den Schülern zu Beginn der Stunde vorgelegt wird, berührt eine schwierige Problematik, die man wohl auf dieser Altersstufe nur andeuten kann, nämlich die Frage: Wann hat der einzelne ein Recht auf Widerstand gegen der Staat? (Zu dieser Problematik: Staatslexikon, Recht, Wirtschaft, Gesellschaft, hrsg. von der Görres-Gesellschaft, Freiburg 1963, Bd. 8, S. 670–683) Der Hinweis auf Artikel 20, Abs. 4 des Grundgesetzes, der im Grund genommen „die Übertragung des § 54 aus dem Strafgesetzbuch, des sogenannten ‚Notstandsparagraphen' in den politischen Bereich" ist (Informationen zur politischen Bildung 160, Der deutsche Widerstand 1933–1945, Neudruck 1981, S. 2), soll den Schülern deutlich machen, welche Voraussetzungen das Grundgesetz für das Recht auf Widerstand anerkennt: „Wenn eine Staatsführung den Boden des Rechts verläßt, das Unrecht zum Prinzip des Handelns macht und letztlich in wahnsinniger Verblendung eine gegenwärtig drohende Gefahr für Leib und Leben der Staatsbürger und damit für die Existenz eines ganzen Volkes heraufbeschwört, dann besteht ein sogenannter Staatsnotstand" (der Münchener Oberstaatsanwalt Hölper in einer Diskussion über die juristische und moralische Beurteilung des Widerstands, zit. nach: Informationen zur politischen Bildung, a. a. O., S. 2).

In einem demokratisch legitimierten Staat, der Recht, Verfassung und Menschenrechte achtet und schützt, gibt es ein Recht auf Opposition; das angemaßte Recht auf „bürgerlichen Ungehorsam" außerhalb der Legalität führt zur einer „schleichenden Anarchie" (Th. Eschenburg). Wie es aussieht, wenn ein Staat den Boden des Rechts verläßt, kann den Schülern bei der Auswertung einer antinazistischen Karikatur, deren Thema die Reglementierung und Unterdrückung der Jugendlichen durch den HJ-Streifendienst ist, einsichtig gemacht werden. Damit ist auch der Schwerpunkt der Stunde angedeutet: Der Widerstand der Jugend gegen den Nationalsozialismus steht im Vordergrund. Diese Blickrichtung soll „... den Lernenden näher an eine ihm vertraute soziale Lebenswirklichkeit heranführen und damit vermeiden helfen, daß die Geschichte des Widerstands in einer Art legitimatorischer Hagiographie erstarrt." (Detlev Peukert, a. a. O., S. 35). Die Texte, die in Gruppenarbeit ausgewertet werden, zeigen, daß der Widerstand der Jugend Arbeiterjugend, konfessionelle und bündische Jugend umfaßte. „Die beachtliche Breite junger Opposition... widerlegt auch einen Irrtum... Da wird nämlich die Meinung verbreitet, als sei Opposition gegen das NS-Regime Sache einer kleinen, durch hohe gesellschaftliche Positionen ausgezeichnete Elite gewesen..." (A. Klönne, Gegen den Strom, S. 152).

„Bei dem Wort ‚Widerstand' dürfen wir uns keine Organisationen vorstellen, die mit ihrem Apparat alle Mitarbeiter in Gefahr gebracht hätten. Der Widerstand in Deutschland bestand vorwiegend aus kleinen Gruppen und Individuen, die als Zellen in einem größeren Ganzen, meistens ohne gegenseitigen Kontakt und deshalb in großer Vereinzelung, ihre Arbeit taten. Denn sobald Gruppen miteinander Kontakt aufnahmen und zusammenarbeiten wollten, wuchs die Gefahr, daß die Gestapo ihnen auf die Spur kam, um ein Vielfaches. Auch war es dann einfacher, Spitzel in diese Gruppen einzuschleusen... Dieser Isolationscharakter war für den deutschen Widerstand bezeichnend..." (G. van Roon, Widerstand im Dritten Reich, München 1979, S. 15).

Widerstand, wie er in unserem Entwurf verstanden wird, reicht von der passiven Verweigerung, dem Festhalten an sittlich-religiösen Normen, verbotener, privater Gruppenbildung, antifaschistischer Agitation, bis hin zu Attentatsversuchen und den Staatsstreichplänen der hohen Militärs. Man hat versucht, das Gemeinsame, das in diesen Verhaltensweisen zum Ausdruck kommt, im Begriff der „Gegenexistenz" zu fassen (H. J. Schultz im Gespräch mit Erich Fromm, Hitler, wer war er und was heißt Widerstand gegen diesen Menschen, in: Der zwanzigste Juli. Alternativen zu Hitler, hrsg. von H. J. Schultz, Stuttgart, Berlin 1974).

Die ausführliche Beschäftigung mit dem Jugendwiderstand bringt es mit sich, daß die Aktivitäten der bekannten Widerstandsgruppen aus der Arbeiterbewegung, aus den Kreisen der Kirchen, des Bürgertums und des Militärs nur in einem knapp informierenden Überblick dargestellt werden können. Aber die weitgehende Beschränkung auf den Jugendwiderstand scheint uns deshalb gerechtfertigt zu sein, weil sich die 15- bis 16jährigen Schüler mit dieser Gruppe identifizieren können.

Ziele der Stunde

Die Schüler erkennen,
- daß Widerstand gegen ein Unrechtsregime gerechtfertigt ist;
- daß Widerstand verschiedene Formen der Verweigerung und der Gegenaktionen umfaßte;
- daß alle Bevölkerungskreise am Widerstand gegen das NS-Regime beteiligt waren;
- daß verschiedene Jugendgruppen Widerstand leisteten;
- die gemeinsamen Ziele aller Widerstandsgruppen;
- Gründe für das Scheitern der Widerstandsaktionen.

Die Schüler erarbeiten
- anhand einer antifaschistischen Karikatur, welche Grundrechte den Jugendlichen im Dritten Reich vorenthalten wurden;
- aus Berichten über den Jugendwiderstand Motive, Methoden und Ziele ihrer Aktionen;
- mit welchen Folgen der einzelne Gegner des NS-Systems rechnen mußte.

Die Schüler beurteilen
- ob die Aufforderung zum Widerstand gegen die Bundesrepublik Deutschland gerechtfertigt sein kann;
- die Situation junger Menschen im Dritten Reich, die sich nicht den Vorschriften der HJ fügten;
- die gegen das NS-Regime gerichteten Aktivitäten der einzelnen Jugendgruppen im Vergleich;
- die moralische und politische Bedeutung des Widerstands trotz seiner Erfolglosigkeit.

Verlaufsskizze

Unterrichtsschritt 1
Widerstand und Opposition

Zu Beginn wird den Schülern ein hektographierter Brief eines 21jährigen Studenten vorgelegt, der an Anneliese Knoop gerichtet war. Der Lehrer weist darauf hin, daß die Empfängerin eine Schwester Willi Grafs ist, der als Mitglied der studentischen Widerstandsgruppe „Weiße Rose“ von den Nationalsozialisten 1945 hingerichtet wurde (Informationen zur politischen Bildung 160, Der deutsche Widerstand 1933–1945, Neudruck 1981, hrsg. von der Bundeszentrale für politische Bildung Bonn, S. 2).

„Wie erklärst Du es, daß die meisten von Euch nach 1945 irgendwann von der ‚Weißen Rose‘ abgesprungen sind? Hattet Ihr denn wirklich die Illusion, daß mit dem Ende der Naziherrschaft auch das Ende der Unterdrückung des Menschen gekommen sei?... Es war Euch wohl schon genug, daß es keinen Hitler, keine Gestapo, keine SS und SA mehr gab – Ihr wolltet Eure Ruhe! Angenommen, der Faschismus hätte sich damals schon auf subtilere Herrschaftsformen verstanden – wäret Ihr dann auch Antifaschisten geworden? Daß man Euch ‚toleriert‘, das ist Euch wohl schon ein Indiz der Freiheit, oder?“

Die Auswertung erfolgt im Unterrichtsgespräch.

Gesprächsimpulse:
- Welchen Standpunkt vertritt der Schreiber des Briefes?
- Was halten Sie von dieser Ansicht?

Im Unterrichtsgespräch wird herausgearbeitet, daß hier die Bundesrepublik Deutschland mit einem totalitären Staat gleichgesetzt wird, gegen den in ähnlicher Weise Widerstand geleistet werden müsse wie damals gegen das NS-Regime. Die Frage, unter welchen Umständen und Bedingungen Widerstand gerechtfertigt sei, leitet über zum nächsten Unterrichtsschritt.

Ergänzende Information durch den Lehrer: Nach Artikel 20,4 des Grundgesetzes gibt es in der Bundesrepublik nur ein Widerstandsrecht zum Schutz der Verfassung gegen diejenigen, die diese Verfassung abschaffen wollen („Gegen jeden, der es unternimmt, diese Ordnung zu beseitigen, haben alle Deutschen das Recht zum Widerstand, wenn andere Abhilfe nicht möglich ist.“).

Unterrichtsschritt 2
Widerstand gegen den Unrechtsstaat

Einige ausgewählte Dias aus der Reihe „Widerstand gegen den Nationalsozialismus“ (FWU 102579, 12 Dias) zeigen illegale Flugschriften, darunter eine Karikatur aus der illegalen Jugendzeitschrift „Kameradschaft“ (Dia Nr. 5), die die totale Erfassung der Jugendlichen durch das NS-Regime von 1936 an anprangert. Mitglieder des HJ-Streifendienstes verhaften mit vorgehaltenen Gewehren Jugendliche, die sich auf Wanderfahrt befinden. Im Hintergrund sieht man eine Ritterburg und eine Mühle. Überschrift: „Deutsche Landschaft 1937“ (abgedr. in: Arno Klönne, Gegen den Strom, Bericht über den Jugendwiderstand im Dritten Reich, Hannover/Frankfurt o. J., S. 124).
Besprechungsvorschläge:
- Beschreiben Sie die dargestellte Szene.
- Wie sind die Mitglieder der HJ und wie sind ihre Opfer dargestellt?
- Welche Bedeutung hat wohl die Landschaft im Hintergrund?
- Die Zeitung erschien in Brüssel, Amsterdam und London. Überlegen Sie sich, welche Folgen es für die Herausgeber, bündische und jungkatholische Führer, gehabt hätte, wenn diese Karikatur in Deutschland erschienen wäre.
- Welche Grundrechte wurden den jungen Menschen verwehrt?
  (Recht auf Freizügigkeit GG Art. 11, Vereinigungsfreiheit Art. 9, Freiheit der Person Art. 2, Versammlungsfreiheit Art. 8, Schutz vor willkürlicher Verhaftung Art. 104)

Alternative: Ein antifaschistischer Handzettel aus dem Jahre 1936 „Drei Jahre Deutsche Freiheit“ wird mit Hilfe des Episkops projiziert (Peter Altmann u. a. [Hrsg.], Der deutsche antifaschistische Widerstand 1933–1945 in Bildern und Dokumenten, Frankfurt 1975, S. 113).

Ergänzung: In diesem Zusammenhang kann der Lehrer auf folgende Zahlen hinweisen: Nach amtlichen Gestapoberichten wurden 1937 17 168

Verfahren wegen „heimtückischer Angriffe" gegen das Nazi-Regime eingeleitet, zwischen 1933 und 1939 wurden ca. 1 Mill. Deutsche aus politischen Gründen verhaftet, davon 15–20% Frauen (Nitsche / Kröber, Grundbuch 3, S. 108).

Unterrichtsschritt 3
Jugendwiderstand

In Gruppenarbeit werden vier Texte ausgewertet (Vorschlag für ein Arbeitsblatt).

1. Bericht über den Widerstand der bündischen Jugend
2. Die Aktionen der Arbeiterjugend
3. Der Führer der katholischen Sturmschar widersetzt sich
4. Das Risiko

Alternative: Einige Schüler berichten über Leben und Sterben junger Menschen, die den Forderungen der Nationalsozialisten Widerstand entgegensetzten (Quelle: Annedore Leber, Das Gewissen steht auf, 64 Lebensbilder aus dem deutschen Widerstand 1933–1945, Frankfurt/Berlin 1954; für ein Referat eignen sich folgende Lebensbeschreibungen: Anton Schmaus, Helmuth Hübener, Jonathan Stark, Sophie Scholl, Friedrich Karl Klausing).

Unterrichtsschritt 4
Ergebnisse der Gruppenarbeit

Die Sprecher der einzelnen Gruppen tragen die Ergebnisse der Gruppenarbeit nacheinander vor.

Gruppe 1

- Die bündische Jugend – 1924 aus der Verbindung von Wandervogel und Pfadfindertum entstanden – betonte das Prinzip der Freiwilligkeit und Selbstverantwortung und suchte in der Wendung zu Brauchtum, Landschaft und Geschichte einen Ausgleich zur industriellen Massengesellschaft in einer eigenen Jugendkultur.
- Im Gegensatz dazu forderten die Nationalsozialisten bedingungslose Unterordnung unter die staatliche Autorität und Hingabe an die nationalsozialistischen Propagandaideen.
- Die geschilderten Aktivitäten gegen den Nationalsozialismus erschöpften sich in der Lektüre verbotener Schriften und Kontakten mit ausländischen Zwangsarbeitern.
- Der NS-Staat bedrohte jede nichtnationalsozialistische Gruppenbildung mit Strafen.

Gruppe 2

- Die antifaschistische Arbeiterjugend konnte mit ihren Widerstandsmethoden das Regime nicht gefährden, aber sie wollte demonstrieren, daß nicht das ganze deutsche Volk bedingungslos den Nationalsozialisten ergeben war; sie hoffte auf eine allmähliche Bewußtseinsänderung der Bevölkerung.
- Daß Hitler von Anfang an auf einen Krieg hinarbeitete, zeigt schon seine Weltanschauung; deutlicher wird dies in der nationalsozialistischen Wirtschaftspolitik, die im Dienst einer forcierten Aufrüstung stand, und in der Einführung der allgemeinen zweijährigen Wehrpflicht.

Gruppe 3

- Das Idealbild des Soldatischen war ein bestimmender Faktor der nationalsozialistischen Ideologie; militärische Strukturen und militärische Vorstellungen bestimmten den Aufbau der nationalsozialistischen Massenorganisationen und vor allem die Erziehung der Jugend. Deswegen war Wehrdienstverweigerung gleichbedeutend mit der Ablehnung des Nationalsozialismus überhaupt.
- Becker war aus seiner konsequenten religiösen Überzeugung heraus ein unbedingter Gegner der Nationalsozialisten, ein Eingehen auf ihre Forderungen wäre ihm als Nachgiebigkeit gegenüber dem Bösen erschienen („Versuchung").

Gruppe 4

- Die Strafen, die auch junge Menschen zu erwarten hatten, wenn sie sich gegen Ziele und Methoden des NS-Regimes zur Wehr setzten, waren drakonisch. Die Gestapo schreckte auch vor schweren Folterungen nicht zurück. Während des Krieges wurden die Strafen verschärft, auf „Wehrkraftzersetzung“ stand Todesstrafe.

Im anschließenden Unterrichtsgespräch werden die Aktivitäten der einzelnen Jugendgruppen miteinander verglichen. Es ist offensichtlich, daß die Arbeiterjugend „der bedeutendste und auch zahlenmäßig bei weitem wichtigste Träger politischen Widerstands junger Leute gleich nach dem 30. Januar 1933 war“ (A. Klönne, a. a. O., S. 26). Die Gründe: Diese Jugend war politisch geschult und als Jugendgruppe der ehemaligen Arbeiterparteien SPD und KPD gut organisiert.

Ergänzung: In den vier Zeilen des „Widerstandslieds“ kommt das Lebensgefühl der jungen Antifaschisten zum Ausdruck:
„Wir sind Verbrecher in eurem Staat
Und sind stolz auf unser Verbrechen,
Wir sind die Jugend des Hochverrats,
An uns wird die Knechtschaft zerbrechen...“
(A. Klönne, S. 37)

Frage:
– Worauf gründet sich ihr Stolz?

Die Ergebnisse werden in einem Tafelbild unter den Rubriken „Widerstandsgruppen“ und „Methoden“ festgehalten.

Unterrichtsschritt 5
Überblick über die wichtigsten Widerstandsgruppen in Deutschland

Die Schüler erhalten ein Informationsblatt, das folgende Angaben enthält:

Widerstandsgruppen
I. Widerstand aus der Arbeiterbewegung
1. „Roter Stoßtrupp“: junge Arbeiter, Angestellte und Studenten sammelten und verbreiteten Informationen, vertrieben eine illegale Zeitung unter dem gleichen Titel, gewährten Hilfe für politisch Verfolgte durch gefälschte Papiere, unterstützten deren Angehörige, malten Widerstandsparolen auf Mauern und Häuserwände.
2. „Neu Beginnen“: Leiter Walter Löwenheim („Miles“), junge Kommunisten und Sozialdemokraten im gemeinsamen Kampf gegen die Nationalsozialisten (Mitglieder der verbotenen Arbeiterparteien SPD und KPD wandten sich von Anfang an gegen die Nationalsozialisten, ebenso wie die Gewerkschaften, allerdings hatten sich SPD und KPD lange Zeit auch gegenseitig bekämpft.)

II. Widerstand der Christen beider Konfessionen
1. Kampf der Katholiken gegen das „Neuheidentum“.
Bischof Graf von Galen erstattete Anzeige wegen Mord, als er von der staatlich angeordneten Tötung von Geisteskranken und Behinderten erfuhr („Euthanasie“).
2. Die Bekennende Kirche (Pastor Niemöller) wandte sich gegen die Verfälschung des Evangeliums durch die Einführung von Führerprinzip und Arierparagraphen in der evangelischen Kirche.

III. Bürgerliche Widerstandskreise
1. „Kreisauer Kreis“
Konservative, Sozialisten, Gutsbesitzer und Gewerkschaftler erarbeiteten Grundsätze für die Neuordnung Deutschlands nach der Beseitigung des NS-Regimes. (Ablehnung des Rassegedankens, Betonung der christlichen und sozialen Verantwortung des einzelnen, politische Beteiligung des Bürgers, Forderung nach Mitbestimmung)
2. Die „Weiße Rose“
Hans und Sophie Scholl, Willi Graf und andere Münchner Studenten forderten in Flugblättern die Beendigung des Krieges. Die Nationalsozialisten wurden als Verbrecher angeklagt, Imperialismus und Militarismus wurden verdammt. Ihre Ziele: Ein neues Eu-

ropa, Freiheit und Menschenwürde, Garantie der Menschenrechte.

Am 18.2.1943 wurden Hans und Sophie Scholl beim Verteilen ihrer Flugblätter in der Münchner Universität verhaftet. Im Lauf des Jahres wurden alle Mitglieder der „Weißen Rose“ hingerichtet.

IV. Der Widerstand der Militärs

Generaloberst Beck versuchte 1938 vor dem Einfall Hitlers in die CSR vergeblich, die gesamte Generalität zum Rücktritt zu bewegen, um einen Weltkrieg zu verhindern.

Die Generale v. Witzleben, v. Brockdorff und Hoepner planten einen Staatsstreich gegen Hitler und drängten die Engländer ohne Erfolg zu einer harten Haltung gegenüber der deutschen Führung in der Sudetenfrage.

Ergänzung: Georg Elser (1903–1945), ein Widerstandskämpfer, der keiner Gruppe angehörte, kann in einem Schülerreferat vorgestellt werden. Elser erkannte deutlicher als viele andere, daß Hitler schuld war an der Verschlechterung der sozialen Lage der Arbeiterschaft, an der Unterdrükkung der Deutschen und an der planmäßigen Vorbereitung eines Krieges. Am 8.11.1939 explodierte seine selbstgebastelte Bombe im Münchner Bürgerkeller. Der „Führer“ aber hatte vorher das Lokal verlassen. (Anton Hoch/Lothar Gruchmann, Georg Elser, Der Attentäter aus dem Volke, Der Anschlag auf Hitler im Münchner Bürgerbräu, Ftb 3485; Willi Berthold, Die 42 Attentate auf Adolf Hitler, München 1981)

Das Tafelbild wird ergänzt (Widerstandsgruppen und ihre Methoden).

Unterrichtsschritt 6
Auswertung des Informationsblattes

Die Auswertung erfolgt im Unterrichtsgespräch

Gesprächsimpulse:

- Welche gemeinsamen Ziele verfolgten die verschiedenen Widerstandsgruppen?
- Von welchen Voraussetzungen hängt das Recht auf Widerstand ab?
- Warum sind alle Widerstandsaktionen letztlich gescheitert?
- Waren dann die Versuche, Widerstand zu leisten, sinnlos?

Folgende Einsichten können vermittelt werden:

- Alle Widerstandsgruppen wollten die Beseitigung der Naziherrschaft, die Beendigung des Krieges und die Wiederherstellung der Menschenrechte erreichen.
- Ihre Handlungen waren darauf gerichtet, trotz schwerster Strafandrohungen „dem totalitären Staat in den Arm zu fallen“ (F. Zipfel, Die Bedeutung der Widerstandsforschung für die allgemeine zeitgeschichtliche Forschung, in: Stand und Problematik der Erforschung des Widerstands gegen den Nationalsozialismus, Godesberg 1965, S.3).
- Ihr Widerstand richtete sich gegen einen Unrechtsstaat, der Freiheit und Menschenwürde mißachtete. In einem demokratisch legitimierten Staat kann es, solange diese Werte respektiert werden, nur ein Recht auf Opposition geben.
- „Es gab unter dem Nazisystem ... nicht die geringste Aussicht für den Erfolg einer unbewaffneten Bewegung, weder für eine Revolution im Barrikadenstil, für einen Volksaufstand ... noch für eine Revolution von oben ... Was immer die vorbereitende Bedeutung der frühen Widerstandszentren war, das nächste Erfordernis mußte sein, die Ketten der Gestapo und der SS zu zerbrechen. Das konnte nur durch die ‚Waffenträger‘ der Nation geschehen.“ (Hans Rothfels, Die deutsche Opposition gegen Hitler, Ftb 198, S.63).
- Trotz ihrer Erfolglosigkeit dokumentierten die Widerstandsgruppen, daß es auch damals eine breite Schicht von Deutschen gab, die bereit waren, ihrem Gewissen zu folgen und das Unrecht zu bekämpfen. Sie verkörperten in einem barbarischen Nazi-Staat das „andere Deutschland“, mit

dem die Völker nach dem Krieg wieder Kontakt aufnehmen konnten.

Das Tafelbild wird vervollständigt („Ziele“).

Alternative: Wenn die Zeit nicht reicht, können die Gesprächsimpulse von Unterrichtsschritt 6 als Fragen diktiert und von den Schülern als Hausaufgabe beantwortet werden.

Hausaufgabe

Alle Schüler orientieren sich in ihrem Lehrbuch über die nationalsozialistische Außenpolitik in der Zeit von 1933–1936. Fünf Schüler befassen sich als „Experten“ mit folgenden Fragen, die sie mit Hilfe ihres Lehrbuchs schriftlich beantworten. Die Fragen werden hektographiert und am Schluß der Stunde an die betreffenden Schüler ausgeteilt.

1) Okt. 1933: Warum verließ Hitler den Völkerbund?
2) Jan. 1934: Hitlers Polenpolitik und seine Motive
3) Juni 1935: Welchen Vorteil brachte Deutschland das deutsch-englische Flottenabkommen?
4) Okt. 1935 – Mai 1936: Wie verhielt sich Deutschland im Abessinien-Konflikt? Welche Ziele verfolgte die nationalsozialistische Führung?
5) 1936: Welche internationalen Verträge hat Hitler in der Zeit von 1933–1936 gebrochen?

Fundstellen zu
1) erinnern und urteilen 4, S. 88; Zeiten und Menschen 4, S. 143; Staatensystem und Weltpolitik, S. 110; Zeitaufnahme 3, S. 89; Grundzüge der Geschichte 4, S. 184
2) Zeiten und Menschen 4, S. 144; Geschichtliche Weltkunde 4, S. 137; Staatensystem und Weltpolitik, S. 110; Grundzüge der Geschichte 4, S. 185
3) Spiegel der Zeiten 4, S. 104; Zeiten und Menschen 4, S. 144; Geschichtliche Weltkunde 4, S. 138; Grundzüge der Geschichte 4, S. 186
4) Spiegel der Zeiten 4, S. 144; erinnern und urteilen 4, S. 89; Die Reise in die Vergangenheit 4, S. 141; Zeiten und Menschen 4, S. 144; Geschichtliche Weltkunde 4, S. 139; Staatensystem und Weltpolitik, S. 111
5) Spiegel der Zeiten 4, S. 104; erinnern und urteilen 4, S. 88; Zeiten und Menschen 4, S. 144 f.; Geschichtliche Weltkunde 4, S. 138; Fragen an die Geschichte 4, S. 69.

Ergänzende Literatur für die Hand der Schüler:

R. A. C. Parker, Das Zwanzigste Jahrhundert, Fischer, Weltgeschichte, Ftb. Bd. 34;
H. A. Jacobsen, Nationalsozialistische Außenpolitik 1933–1938 Frankfurt 1968;
W. Ripper, Die nationalsozialistische Außenpolitik und der Zweite Weltkrieg, Diesterweg 7505;
W. Conze, Der Nationalsozialismus, Teil II, Klett 42431;
W. Hofer, Der Nationalsozialismus, Dokumente 1933–1945, Ftb. Nr. 6084.

Vorschlag für ein Arbeitsblatt (15. Stunde, Unterrichtsschritt 3)

Gruppe 1
Widerstand der bündischen Jugend

„Irgendwo in einer Berufsschulklasse finden sich etliche Jungen aus verschiedenen früheren bündischen Gruppen zusammen... Die Jungen aus Frankfurt beschäftigen sich systematisch mit antinazistischer politischer Literatur. Auf der Hütte im Taunus wurden... Gestapoverhöre durchgeprobt... Ende 1938 ... wird... die... Gruppe in Frankfurt aufgedeckt... In der Urteilsschrift über einen der Verhafteten heißt es: Der Angeklagte wird... zu 6 Monaten Gefängnis verurteilt... Durch den Zusammenschluß Gleichgesinnter in Geheimorganisationen besteht die große Gefahr, daß diese zum Sammelbecken staatsfeindlicher Elemente werden... Die Frankfurter erhalten nach Entlassung aus der Haft ihre Gruppe aufrecht... In den letzten Monaten des Krieges wird noch einer aus der Gruppe wegen Wehrkraftzersetzung und Verbindung mit Fremdarbeitern bei seiner Einheit inhaftiert und soll ins KZ kommen..."
(A. Klönne, Gegen den Strom, Hannover/Frankfurt o. J. [Norddeutsche Verlagsanstalt], S. 7 ff.)

Arbeitsaufträge:
- Orientieren Sie sich über die Ziele der bündischen Jugend (Lexikon).
- Erörtern Sie die Gründe, die zur Verfolgung der bündischen Jugend durch den NS-Staat führten.
- Worin bestand ihre illegale Arbeit?

Gruppe 2
Aktivitäten der Arbeiterjugend

„... eine ganze Reihe von großen Kundgebungen der Partei konnten wir auf eine solche Weise stören, daß einem Großteil der Zuhörer klar wurde: Nicht alle Leute haben sich von den Nazis einwickeln lassen!... Dann gab es die Schallplattenaktion (Schallplatten mit dem Anfang einer Hitlerrede brachten anschließend im selben Tonfall antinazistische Texte), die ‚Münzaktion' (selbstgeprägte Münzen mit Antihitler-Inschriften wurden unauffällig auf der Straße fallen gelassen...) oder die ‚Kofferaktion' (unter einem Koffer war ein Säurestempel angebracht, der überall dort auf der Straße, wo man den Koffer einen Moment absetzen konnte, eine Parole gegen das System hinterließ)... an Litfaßsäulen brachten wir Klebemarken des Inhalts ‚Hitler = Krieg'; an ein Symbol, das von unseren Gruppen überall verwandt wurde, war ein Galgen mit einem daran baumelnden Hakenkreuz."
(A. Klönne, a. a. O., S. 39)

Arbeitsaufträge:
- Beschreiben Sie die Widerstandsmethoden der Arbeiterjugend.
- Wie beurteilen Sie den Nutzen solcher Aktionen?
- Welche Tatsachen, die die Parole „Hitler = Krieg" als begründet erscheinen lassen, sind Ihnen bis jetzt bekannt?

Gruppe 3
Der Führer der katholischen „Sturmschar" widersetzt sich

„Führer dieser Gruppe ist Bernhard Becker, ein junger Maler und Student am Staedelschen Kunstinstitut in Frankfurt... Als einziger von 720 Studenten verweigert er damals, noch vor dem Kriege, den Wehrdienst... Er sammelte diejenigen aus den katholischen Jugendgruppen der Pfarrei um sich, die bis dahin dem Zwang, der Hitlerjugend beizutreten, widerstanden hatten. Er sagte ihnen: ‚Widersteht weiter! Gebt nichts auf! Erliegt nicht der Versuchung!' Das endgültige Verbot der katholischen Jugendbünde im Jahre 1937 hatte den Zusammenkünften der Gruppe im Heim der Pfarrei ein Ende gemacht. Aber Bernhards Gruppe kam weiterhin heimlich zusammen, in Bernhards Ate-

lier... Bis die Gestapo eines Tages zugriff... Wie Bernhard in der Untersuchungshaft ‚behandelt' wurde, dafür gibt es keine Zeugen... Ob die Mitteilung der Gestapo über seinen Selbstmord eine Lüge war, oder ob Bernhard tatsächlich soweit gebracht wurde, daß er sich in der Ausweglosigkeit selber das Leben nahm – so oder so war sein Tod kein ‚Freitod'..."
(Hessische Jugend, Heft 6, 1955, S. 6 ff., zit. nach A. Klönne, a. a. O., S. 12 f.).

Arbeitsaufträge:
- Warum mußten die Nationalsozialisten die Verweigerung des Wehrdienstes als ganz besondere Provokation empfinden?
- Überlegen Sie sich, welche Motive den Jugendführer geleitet haben könnten.
- Wie reagierte die Gestapo?

Gruppe 4
Das Risiko

1. „Einen... Jungen – er war damals wohl 16 Jahre alt – wollte der Leiter unserer Gruppe in F. über die Grenze bringen. Der Junge... war so stark belastet, daß er fliehen mußte... Als unser Mann den betreffenden Jungen schon über die Grenze gebracht hatte, verlief dieser sich und geriet durch Zufall wieder auf deutsches Gebiet und damit in die Fänge der Gestapo. Nachdem er ein halbes Jahr lang auf jede erdenkliche Weise gefoltert worden und u. a. auch mit Drogen bearbeitet worden war, war er so erledigt, daß er sich den Namen unseres Mannes herauspressen ließ. Daraufhin wurde der Leiter unserer Gruppe verhaftet; der Junge war durch die Gestapobehandlung so zerbrochen, daß er ins Irrenhaus mußte."
(Klönne, a. a. O., S. 40)
2. „Walter Klingenbeck, der mit einigen Freunden versucht hatte, einen antinazistischen Kurzwellensender aufzubauen, schrieb vor seiner Hinrichtung an einen Kameraden: ‚Lieber Jonny! Vorhin habe ich von Deiner Begnadigung erfahren. Gratuliere! Mein Gesuch ist allerdings abgelehnt. Ergo geht's dahin. Nimm's net tragisch. Du bist ja durch. Das ist schon viel wert. Ich habe soeben die Sakramente empfangen und bin jetzt ganz gefaßt. Wenn Du etwas für mich tun willst, bete ein paar Vaterunser. Lebe wohl – Walter.'"
(Klönne, a. a. O. S. 151)

Arbeitsaufträge:
- Mit welchen Methoden erpreßte die Gestapo das Geständnis des Jungen?
- Wie beurteilen Sie das Urteil gegen den neunzehnjährigen Klingenbeck?
- Was empfinden Sie, wenn Sie seinen letzten Brief lesen?

16. Stunde: Die Anfänge der nationalsozialistischen Außenpolitik und der Anschluß Österreichs (mit Kopiervorlage)

Vorbemerkungen

Die meisten europäischen faschistischen Bewegungen forderten die territoriale Vergrößerung ihres Staates. „Volk war nicht das gleiche wie Nation, sondern umfaßte alle Menschen gleichen Blutes und gleicher Sprache, unabhängig von den bestehenden politischen Grenzen." (Axel Kuhn, Hitlers außenpolitisches Programm, Stuttgarter Beiträge zur Geschichte und Politik, Stuttgart 1970, S. 19). Hitler aber ging weiter, er forderte neuen Lebensraum auf Kosten der Sowjetunion, und er sprach von der Weltmachtstellung Deutschlands. „Jedes Wesen strebt nach Expansion, und jedes Volk strebt nach der Weltherrschaft", sagte er in einer Rede vor Professoren und Studenten an der Universität Erlangen am 13. 11. 1930 (H. Preis [Herausgeber], Adolf Hitler in Franken, Reden aus der Kampfzeit, München 1939, S. 171; vgl. auch Speer, Erinnerungen, S. 120ff., und Günter Moltmann, Weltherrschaftsideen Hitlers, in Festschrift für Egmont Zechlin [1961], S. 197–240).
Der vorliegende Stundenentwurf geht aus vom außenpolitischen Programm Hitlers – wobei die in der Forschung kontrovers diskutierten Weltherrschaftsideen des Führers nicht weiter verfolgt werden –, informiert über die außenpolitischen Aktionen des Dritten Reiches von 1933–1938, erörtert die politisch-diplomatischen und propagandistischen Abschirmungstaktiken Hitlers und geht schließlich auf Voraussetzungen, Durchführung und Folgen des „Anschlusses" ein. Zur Strukturierung und Raffung des umfangreichen Stoffes dienen folgende Verfahren:
Durch eine gezielt gestellte Hausaufgabe in der vorhergehenden Stunde erwerben sich die Schüler Informationen über die 1. Phase der nationalsozialistischen Außenpolitik, wobei sich fünf Schüler jeweils mit einem genau umrissenen Teilaspekt befassen, die sie dann bei der Deutung der Low-Karikatur „Trittsteine zum Ruhm" und bei der Auswertung einer vorbereiteten Folie einsetzen. Diese Folienskizze dient als Grundlage für die Antwort auf die Frage nach den defensiven und nach den aggressiven Aktionen des NS-Staates und nach der Funktion der „friedensstiftenden" Maßnahmen im Verhältnis zu den kriegsfördernden Operationen. Die Auswertung zweier sehr verräterischer Auszüge von Hitler-Texten macht die taktische Natur seiner Friedensreden deutlich. Nachdem die Nationalsozialisten durch diese Methode ihre Expansionspolitik abgesichert hatten, schien ihnen das Risiko eines Einmarsches in Österreich gering, zumal da die Westmächte aus verschiedenen Gründen an ihrer Appeasement-Politik festhielten. Die Frage nach dem Zusammenhang zwischen Hitlers außenpolitischen Zielen und dem Anschluß Österreichs verbindet den Anfang mit dem Schluß der Stunde.

Falls in weniger interessierten Klassen das vorgeschlagene Verfahren als zu aufwendig und zeitraubend empfunden wird, schlagen wir die Beschränkung auf Hitlers außenpolitisches Programm vor, dann kann mit einer Zeittafel über die Ereignisse von 1933–1938 knapp informiert werden, schließlich wird das Hauptgewicht auf die Vorgänge des Jahres 1938 gelegt und der Anschluß Österreichs in anschaulicher Weise geschildert.

Ziele der Stunde

Die Schüler erkennen
– daß in Hitlers außenpolitischem Programm ein universaler Antisemitismus mit

dem Lebensraum-Gedanken verbunden war;
- daß Hitler durch seine außenpolitischen Aktionen von 1933–1938 eine Reihe internationaler Verträge brach;
- daß Hitler seine aggressiven Aktionen durch defensive Maßnahmen abzusichern versuchte;
- daß auch seine Friedensreden dem gleichen Zweck dienten;
- daß Englands Appeasement-Politik z.T. politische, militärische und wirtschaftliche Gründe hatte;
- daß das Selbstbestimmungsrecht für eine Eingliederung Österreichs in das Deutsche Reich geltend gemacht werden konnte.

Die Schüler erarbeiten
- aus einem Redeauszug die außenpolitischen Ziele Hitlers, deren Begründung und die Methoden zur Erreichung dieser Ziele;
- durch die Analyse einer Karikatur die 1. Phase der nationalsozialistischen Außenpolitik;
- durch die Auswertung einer Skizze die Methode der politisch-diplomatischen Abschirmung der geplanten Expansionspolitik;
- aus Redeauszügen die Funktion der nationalsozialistischen Friedensbeteuerungen.

Die Schüler beurteilen
- Hitlers Argumente, in denen er die Notwendigkeit seines außenpolitischen Programms begründete;
- sein politisches „Doppelspiel";
- die Reaktion der Westmächte auf Hitlers Einmarsch in Österreich;
- den Zusammenhang zwischen seinen außenpolitischen Plänen und dem Anschluß Österreichs.

Verlaufsskizze

Unterrichtsschritt 1
Hitlers außenpolitische Ziele

Den Schülern wird ein Textauszug (siehe Kopiervorlage, Arbeitsblatt) aus Hitlers „Mein Kampf" in einer Hektographie vorgelegt und in Stillarbeit ausgewertet (Hitler, Mein Kampf, S. 742f.; das Zitat findet man auch in: Hofer, S. 175; Ripper, Die nationalsozialistische Außenpolitik und der Zweite Weltkrieg, S. 12f.; Krieger, Handbuch V, S. 248f.; Meyer/Langenbeck, Quellenband II, S. 256; Hey/Radkau, Politische Weltkunde II, Nationalsozialismus und Faschismus, S. 95; Fragen an die Geschichte 4, S. 62; Staatensystem und Weltpolitik, S. 98 [gekürzt]; Zeiten und Menschen 4, S. 141 [gekürzt]).

Alternative: Die erste Ansprache Hitlers vor der Generalität am 3.2.1933 zeigt ganz unverhüllt seine außenpolitischen Ziele:
1. Eroberung neuen Lebensraums im Osten und dessen „rücksichtslose Germanisierung"
2. Die Furcht vor einem Eingreifen Frankreichs zusammen mit seinen Verbündeten im Osten hindert Hitler nicht am Aufbau seiner Wehrmacht.

(Fundstellen: Hofer, S. 180f.; Conze, Der Nationalsozialismus, Teil II, S. 39f.; Krieger, Handbuch V, S. 250; Meyer/Langenbeck, Quellenband II, S. 257f.; Kosthorst, Das Nationalsozialistische Regime, S. 59; Fragen an die Geschichte 4, S. 63; Zeiten und Menschen 4, S. 142; Menschen in ihrer Zeit 4, S. 100.)

Frage:
- Welche Voraussetzungen müssen geschaffen werden, damit eine Eroberungspolitik möglich wird? (Macht im Innern, Wiederaufrüstung)

Ergebnisse:
- Deutschland braucht einen größeren Siedlungsraum als Existenzgrundlage und als Basis für seine angestrebte Weltmachtstellung.
- In Fortsetzung der mittelalterlichen Ostkolonisation soll die deutsche Politik auch

durch militärische Mittel neues Land, das bis jetzt noch zu Rußland und zu anderen osteuropäischen Staaten gehört, in deutschen Besitz bringen.
- Die Gelegenheit scheint günstig zu sein, denn die staatszerstörenden Kräfte des Judentums werden den Zerfall Rußlands herbeiführen.

Im Tafelbild wird Hitlers außenpolitisches Programm festgehalten.

Unterrichtsschritt 2
Einige Erfolge der nationalsozialistischen Außenpolitik und die Reaktion der westlichen Demokratien

D. A. C. Lows bekannte Karikatur „Stepping stones to glory" (Trittsteine zum Ruhm) vom 8. Juli 1936 (siehe unten und H. Krüger/W. Krüger, Geschichte in Karikaturen, Stuttgart 1981, Reclam 9566, S. 157) wird mit Hilfe des Episkops projiziert. Über die tiefgebeugten Rücken von demokratischen Politikern marschiert Hitler im Stechschritt zielstrebig auf das Ziel der Weltherrschaft zu. Nachdem die englischen Bezeichnungen gemeinsam erklärt wurden (spineless leaders of democracy = demokratische Führer ohne Rückgrat, rearmament = Wiederbewaffnung, Rhineland fortification = militärische Besetzung des Rheinlands), wird die Klasse aufgefordert, sich über den Sinn der Karikatur Gedanken zu machen. Dabei sollen die Schüler auf die Informationen zurückgreifen, die sie als Hausaufgabe erarbeitet haben.

Gesprächsimpulse:
- Auf welche Ereignisse spielt Low an?
- Welche Kritik äußert er?
- Welche Befürchtung war 1936 noch nicht akut?
- Was könnten die Frage- und Ausrufezeichen auf den gebeugten Rücken bedeuten?
- Welches Ziel strebt Hitler nach Lows Meinung an?

Frage an den „Experten" (Aufgabe 5):
- Welche internationalen Verträge hat Hitler in der Zeit von 1933–1936 gebrochen?

Erwartete Schülerantworten (notwendige Ergänzungen durch den Lehrer):
Das Verhalten der demokratischen Politiker gegenüber Hitlers Politik der vollendeten Tatsachen wird kritisch dargestellt. Die Schritte auf dem Ruhmesteppich erinnern an folgende Ereignisse:
- März 1935 Wiedereinführung der allgemeinen Wehrpflicht
- März 1936 Deutsche Truppen besetzen das entmilitarisierte Rheinland. Die Westmächte protestieren.
- Danzig (Freie Stadt unter der Verwaltung des Völkerbundes gemäß Art. 100–108 des Versailler Vertrags) wurde erst am 1.9.1939 wieder deutsch.

Antwort des „Experten":
- Die allgemeine Wehrpflicht wurde im Widerspruch zu Art. 173 des Versailler Vertrags eingeführt, die Besetzung der Rheinlande verstieß gegen Art. 42 und 43 dieses Vertrags und gegen den Locarno-Vertrag von 1925, in dem Deutschland sich gegenüber Frankreich und Belgien zur Einhaltung der Entmilitarisierungsbestimmungen verpflichtet hatte.
- Die Bedeutung der Frage- und Ausrufezeichen könnte den Schülern beim Blick auf eine Karte klar werden (Atlas zur Weltgeschichte, Mitteleuropa und der 1. Weltkrieg, Klett, S. 32): Gemäß der Propagandaparole „Heim ins Reich" (vgl. Punkt 1 des Parteiprogramms der NSDAP) beansprucht das nationalsozialistische Deutschland Gebiete, in denen Deutsche außerhalb des Reichsverbandes wohnen (Österreich, Sudetenland, Memelgebiet).

Unterrichtsschritt 3
Die politisch-diplomatische Abschirmung der nationalsozialistischen Außenpolitik

Mit Hilfe einer Folie (vgl. Vorschlag für eine Folie) werden die außenpolitischen Aktivitäten in den Jahren von 1933–1936 auf dem Hintergrund internationaler Verflechtungen und Spannungen deutlich gemacht.
Folgende Fragen nach den Bedingungen und Hintergründen der nationalsozialistischen Außenpolitik werden zuerst von den „Experten" in der angegebenen Reihenfolge beantwortet:

1. Warum verließ Hitler den Völkerbund?
2. Was beabsichtigt Hitler mit dem Abschluß des deutsch-polnischen Nichtangriffspakts?
3. Welchen Vorteil brachte Deutschland das deutsch-englische Flottenabkommen?
4. Wie verhielt sich Deutschland im Abessinienkonflikt? Welche Ziele verfolgte die nationalsozialistische Führung?

Mögliche Antworten:
- Durch den Austritt aus dem Völkerbund entzog sich Deutschland jeder Kontrolle oder Beschränkung seiner Rüstung, es verweigerte sich jetzt dem System der kollektiven Sicherheit zugunsten einer Politik der Absicherung durch zweiseitige Verträge.
- Hitler wollte durch den Pakt mit Polen seinen „Friedenswillen" beweisen und das französische Bündnissystem schwächen.
- Das deutsch-britische Flottenabkommen sanktionierte die Verletzungen des Versailler Vertrags und zeigte Hitler als „respektablen, maßvollen Staatsmann".
- Als Italien Abessinien eroberte, protestierten die Westmächte und verhängten wirtschaftliche Sanktionen. Deutschland gewährte Italien politische und wirtschaftliche Unterstützung, dadurch wurde die deutsch-italienische Zusammenarbeit eingeleitet. Die internationalen Spannungen in Abessinien nutzte Hitler für seinen Einmarsch in das entmilitarisierte Rheinland aus.

An die ganze Klasse gerichtet sind folgende Auswertungsfragen, die anhand der vorgegebenen Skizze die „friedensstiftenden" und die kriegsfördernden Maßnahmen der nationalsozialistischen Außenpolitik bewußtmachen:
- Durch welche Aktionen wurden die ehemaligen Siegermächte herausgefordert?
- Wie versuchte Hitler seine aggressive Außenpolitik abzusichern?
- Welche außenpolitischen Verwicklungen erleichterten Hitler den Abschluß zweiseitiger Verträge?

Erwartete Schülerantworten:
- Der Austritt Deutschlands aus dem Völkerbund, die Besetzung des Rheinlands und vor allem die Wiedereinführung der allgemeinen Wehrpflicht, aber auch die militärische Beteiligung am Spanischen Bürgerkrieg mußten von England, Frankreich und Rußland als Provokation empfunden werden.
- Die nationalsozialistische Führung versuchte, diese Maßnahmen durch einen Ausgleich mit Polen, durch ein Abkommen mit England und durch eine Annäherung an Italien abzuschirmen.
- Italien war durch sein abessinisches Abenteuer dem politischen und wirtschaftlichen Druck der Völkerbundsstaaten ausgesetzt, auch Japan hatte sich durch seinen Überfall auf China politisch isoliert, England wollte im Interesse seines Empire ein politisches Gleichgewicht in Europa schaffen; ein begrenzt aufgerüstetes Deutschland konnte als Gegengewicht gegen die UdSSR dienen.

Ergänzende Information durch den Lehrer:
In Großbritannien verfolgte das konservative Kabinett Baldwin gegenüber Hitler-

Deutschland eine Politik des „Appeasement“ (d.h. Nachgiebigkeit, Beschwichtigung durch Interessenausgleich). Für diese Politik gab es mehrere Gründe: Das Land war für eine kriegerische Auseinandersetzung noch nicht genügend gerüstet, es mußte auf die Dominions Rücksicht nehmen, auch die wirtschaftlichen Interessen Englands auf dem Kontinent spielten eine Rolle, ein Krieg hätte außerdem die britischen Positionen in Ostasien und im Mittelmeer bedroht, und schließlich fürchtete man das Vordringen der Sowjetunion als Folge eines gemeinsamen Krieges gegen Deutschland (vgl. Oswald Hauser, England und das Dritte Reich. Eine dokumentierte Geschichte der englisch-deutschen Beziehungen von 1933 bis 1939 auf Grund unveröffentlichter Akten aus dem britischen Staatsarchiv, Stuttgart 1972, Bd. I, S. 11; H. Herzfeld, Zur Problematik der Appeasement-Politik, in: Aus Politik und Zeitgeschichte 1963, 16; G. Niedhart, Britische Deutschlandpolitik vor dem 2. Weltkrieg, ebenda 1977, 13).

Erweiterung: Englische und französische Presseberichte, die im Anschluß vorgelesen werden können, zeigen, daß das Hitler-Regime mindestens in der ersten Zeit im Ausland mit einem gewissen Wohlwollen rechnen konnte.

1. „Homme Libre“ am 1.2.1934 unter der Überschrift „Sieger auch in Frankreich?“
„Vergleichen wir die innenpolitischen Schwierigkeiten und die Budgetkrisen in der Republik mit der Lage in Deutschland, der völligen Umwandlung Deutschlands, dann können wir zweifellos diese Daten nicht ohne eine gewisse Bitterkeit gegenüberstellen. Deutschland kann anläßlich dieses Jahrtags mit Befriedigung auf den durchlaufenen Weg zurückblicken, Frankreich hat dagegen ein gequältes und schwieriges Jahr hinter sich.“

2. „Daily Telegraph“ vom 1.2.1934
„Ein Jahr Herr Hitler
Heute muß anerkannt werden, daß in Deutschland ein starker und entschlossener Reiter im Sattel sitzt... Überdies, ... ist der Weg, den sich der Meister Deutschlands vorgezeichnet hat, ein Weg des guten Willens gegenüber seinen Nachbarn, sofern sie Deutschland die Zugeständnisse machen, die es verlangt. Auch sind Hitlers Worte nicht ohne bedeutende politische Taten geblieben. Der kürzlich mit Polen abgeschlossene Pakt wäre noch vor sechs Monaten für unmöglich gehalten worden...“
(zit. nach: Chr. Zentner, Bd. 2, S. 121).

Unterrichtsschritt 4
Propagandistische Abschirmung durch Friedensbeteuerungen

In einer Stillarbeitsphase (Partnerarbeit) beschäftigen sich die Schüler mit zwei Textauszügen aus Hitlerreden. Die erste Passage stammt aus der Reichstagsrede, die Hitler am 7.3.1936, am Tag der Besetzung des entmilitarisierten Rheinlands, hielt (siehe Kopiervorlage, Arbeitsblatt und: Hohlfeld, Dokumente der deutschen Politik, Bd. 4, S. 121 f.; Conze, Der Nationalsozialismus, Teil II, S. 39; Fragen an die Geschichte 4, S. 63 [gekürzt]). Der zweite Text ist ein Auszug aus einer (geheimgehaltenen) Rede vor Verlegern und Schriftleitern am 10. November 1938, (siehe Kopiervorlage, Arbeitsblatt und Ripper, Die nationalsozialistische Außenpolitik und der Zweite Weltkrieg, S. 41 f.; Hey/Radkau, Politische Weltkunde II, Nationalsozialismus und Faschismus, S. 97; Kosthorst, Das nationalsozialistische Regime, S. 62 f.; Menschen in ihrer Zeit 4, S. 100 f.; Zeiten und Menschen 4, S. 142 [gekürzt]; diese Rede liegt ebenso in einer Schallplattenaufnahme vor: Diesterweg Schallplattensammlung, dokumentarische Reihe, Dem Krieg entgegen).

Ergebnisse:
- Wieder zeigt es sich, daß Hitler – diesmal nach seinem eigenen Eingeständnis – ein heuchlerisches Doppelspiel getrieben hat. Seine Friedensbeteuerungen sollten das deutsche Volk und die internationale Öffentlichkeit über seine wahren Absichten hinwegtäuschen.
- Von Anfang an hat er einen Eroberungskrieg geplant, aber die Kriegsvorbereitun-

gen waren zu diesem Zeitpunkt noch nicht abgeschlossen.

- Unter dem Schutz dieser Beschwichtigungspropaganda konnte die nationalsozialistische Führung aufrüsten und die Revision des Versailler Vertrags einleiten.
- Die außenpolitische Handlungsfreiheit des NS-Regimes, die angeblich nur mit Gewalt erreichbar sei, setzt Hitler mit der Freiheit des deutschen Volkes gleich.

Im Tafelbild kann jetzt die Rubrik „Abschirmung der geplanten Expansionspolitik" ausgefüllt werden.

Unterrichtsschritt 5
Der Anschluß Österreichs

Geschichtserzählung: Der deutsche Botschafter in Wien, Franz v. Papen, hatte den österreichischen Bundeskanzler, Kurt v. Schuschnigg, zu einem Treffen mit Hitler überredet. Am 12. Februar trifft Schuschnigg auf dem Obersalzberg ein. Hitler kommt rasch zur Sache, er überhäuft seinen Gast mit schweren Vorwürfen, Österreich habe Verrat begangen am deutschen Volk, die nationale österreichische Leistung sei immer gleich „null" gewesen. Immer heftiger wird der Zornausbruch des „Führers", in scharfem Ton fährt er fort: „Ich sage Ihnen, ich werde die sogenannte österreichische Frage lösen, und zwar so oder so!" Unverhüllt droht er mit dem Einmarsch deutscher Truppen nach Österreich und mit blutiger Rache an seinen Feinden in diesem Land. In ultimativer Form – Verhandlungen lehne er grundsätzlich ab – fordert er den eingeschüchterten Gast auf, einen Nationalsozialisten, Seyß-Inquart, als Innenminister in die österreichische Regierung aufzunehmen, eine Amnestie für verhaftete Nazis zu erlassen und die nationalsozialistische Bewegung in Österreich zu legalisieren. Die zeitweilige Anwesenheit des deutschen Generals von Keitel soll dem österreichischen Bundeskanzler den Ernst der Lage deutlich machen (Aus den Erinnerungen des österreichischen Bundeskanzlers, zit. nach H. Krieger, Handbuch V, S. 52 ff.).

Schuschnigg gibt nicht so schnell auf, nach seiner Rückkehr entschließt er sich zu einem verzweifelten Mittel. Durch eine Volksabstimmung soll die Souveränität und Unabhängigkeit seines Landes vor aller Welt dokumentiert werden („für ein freies und deutsches, unabhängiges und soziales, für ein christliches und einiges Österreich!"). Hitler ist wütend, als er von diesem Plan erfährt. Am 11. 3. 1938 stellt er ein Ultimatum: Schuschnigg soll sofort zurücktreten und binnen zwei Stunden Seyß-Inquart zu seinem Nachfolger ernennen lassen, andernfalls würden deutsche Truppen einmarschieren. Um 19.50 tritt Schuschnigg zurück, er will Blutvergießen verhindern. Sein Hilfeersuchen an die Adressen Frankreichs und Englands war ausweichend beantwortet worden. In einem Telefongespräch verlangt Göring, Seyß-Inquart solle ein fingiertes Telegramm nach Berlin schicken, in dem die Hilfe der deutschen Wehrmacht erbeten werde. Als sich der österreichische Bundespräsident Miklas zuerst weigert, Seyß-Inquart zum Bundeskanzler zu ernennen, gibt Hitler – inzwischen ist es 20.45 – seinen Truppen den Befehl zum Einmarsch in Österreich. Befehlsgemäß leisten die österreichischen Soldaten keinen Widerstand, die Bevölkerung empfängt die Deutschen mit Jubel, die Kirchtürme sind mit Hakenkreuzfahnen geschmückt, und die Glocken läuten. Noch vor den deutschen Soldaten waren 6700 Gestapobeamte nach Wien gekommen, die Verfolgung der Nazi-Gegner und der Juden wurde planmäßig eingeleitet.

Am 13. März 1938 ist der Anschluß Österreichs an das Deutsche Reich vollzogen. Schon 1919 erklärte sich die Mehrheit der Österreicher für ein Zusammengehen mit Deutschland, aber damals hatten die Alliier-

ten den Zusammenschluß beider Staaten aus Furcht vor einer deutschen Machtsteigerung untersagt.
(Nach H. Grosche, Der Nationalsozialismus und der Zweite Weltkrieg, Diesterweg 7215, S. 31 f.)

1. Ergänzung: Ein Stimmungsbild von der Reaktion der österreichischen Bevölkerung auf den Einmarsch der deutschen Wehrmacht ist der Augenzeugenbericht von Christabel Bielenberg.

„... der Zufall hatte es so gewollt, daß Peter und ich unter den ersten deutschen Zivilisten waren, die nach den deutschen Truppen die Grenze passierten. Ein ganz normales Wochenende. ‚Achtung! Achtung! Extrablatt! Die deutschen Truppen sind in Österreich einmarschiert!' Die Zeitungsverkäufer auf den Bahnsteigen hatten uns noch vor Tagesanbruch aus dem Schlaf gerissen, offenbar entschlossen, unseren langersehnten hakenkreuzfreien Ferien am Arlberg ein vorzeitiges Ende zu bereiten. Aber bevor wir uns anziehen konnten, fuhr der Zug pünktlich ab und hätte zweifellos sein Ziel auf die Minute erreicht, wenn uns nicht hinter der österreichischen Grenze lachende, tanzende Menschen aufgehalten hätten, die improvisierte Hakenkreuzfähnchen schwenkten und zum Wagenfenster heraufgriffen, um uns die Hand zu schütteln. Von ‚Vergewaltigung' konnte keine Rede sein, das ganze Land feierte ja ein Volksfest."
(Christabel Bielenberg, Als ich Deutsche war 1934–1945, München 1972, S. 30)

2. Ergänzung: Auch der Bericht des „Völkischen Beobachters" vom 15. 3. 1938 dürfte ausnahmsweise der Wahrheit ziemlich nahegekommen sein. Dieser Bericht eignet sich zum Vorlesen.

„Die Massen vor dem Hotel Imperial wanken und weichen nicht. Immer wieder branden die Sprechchöre zum Fenster des Führers empor: ‚Wir wollen unseren Führer sehen, wir wollen unseren Führer sehen!' ‚Ein Volk, ein Reich!' ‚Führer wir danken Dir!' ‚Wien grüßt den Führer!' – So endet vorläufig der Weg des Führers durch Österreich mitten im Herzen seiner Hauptstadt, und es ist wirklich gewesen ein Weg der Liebe, ein Weg des Vertrauens, ein Weg der unendlichen Freude, ein Weg des deutschen Herzens. Es war der Weg in das Großdeutsche Reich."
(Facsimile Querschnitt durch den Völkischen Beobachter, hrsg. von Sonja Noller und Hildegard von Kotze, München, Bern, Wien, 1967, S. 154 f.)

Besprechungsvorschläge:
- Charakterisieren Sie die Methoden, die Hitler gegenüber Schuschnigg anwandte.
- Gab es eine Chance, die Unabhängigkeit Österreichs gegen Deutschland zu behaupten?
- Welche Gründe hatten die Westmächte für ihr Verhalten in diesem Konflikt?
- Ist die Reaktion der österreichischen Bevölkerung verständlich?
- Sehen Sie einen Zusammenhang zwischen Hitlers außenpolitischen Zielen und dem Anschluß Österreichs?

Das Unterrichtsgespräch könnte zu folgenden Resultaten führen:
- Für die öffentliche Meinung in den westeuropäischen Ländern war der Anschluß Österreichs die Verwirklichung des Selbstbestimmungsrechts, der Jubel der Österreicher schien dem vorherrschenden Willen des Volkes Ausdruck zu geben.
- Unter diesen Umständen waren die Westmächte nicht bereit, für die Unabhängigkeit Österreichs Krieg zu führen, wenn auch manche Politiker Hitlers Friedensbeteuerungen mit zunehmender Skepsis hörten.
- Viele Österreicher erhofften sich durch ein Aufgehen im „Großdeutschen Reich", eine Neubelebung der heimischen Wirtschaft.
- Die Schaffung eines Gesamtstaates machte Bismarcks kleindeutsche Lösung in gewisser Weise rückgängig und entsprach den politischen Vorstellungen vieler Österreicher.
- Durch die Einbeziehung der „Ostmark" vergrößerte sich die Zahl der Deutschen auf 80 Millionen. Entsprechend gewachsen war das Menschenreservoir für die Aufstellung neuer Divisionen im Kriegsfall.

– Bei dem geplanten Eroberungskrieg in Richtung Sowjetunion sicherte ein nationalsozialistisches Österreich die Südostflanke des Deutschen Reiches.

Das Tafelbild wird vervollständigt.

Hausaufgabe

Informieren Sie sich in Ihrem Lehrbuch über Teilnehmer und Beschlüsse der Konferenz von München.

Karikatur zur 16. Stunde, Unterrichtsschritt 2

David Alexander Cecil Low: Stepping stones to glory (Trittsteine zum Ruhm), 8. Juli 1936.

Vorschlag für eine Folie (16. Stunde, Unterrichtsschritt 3)

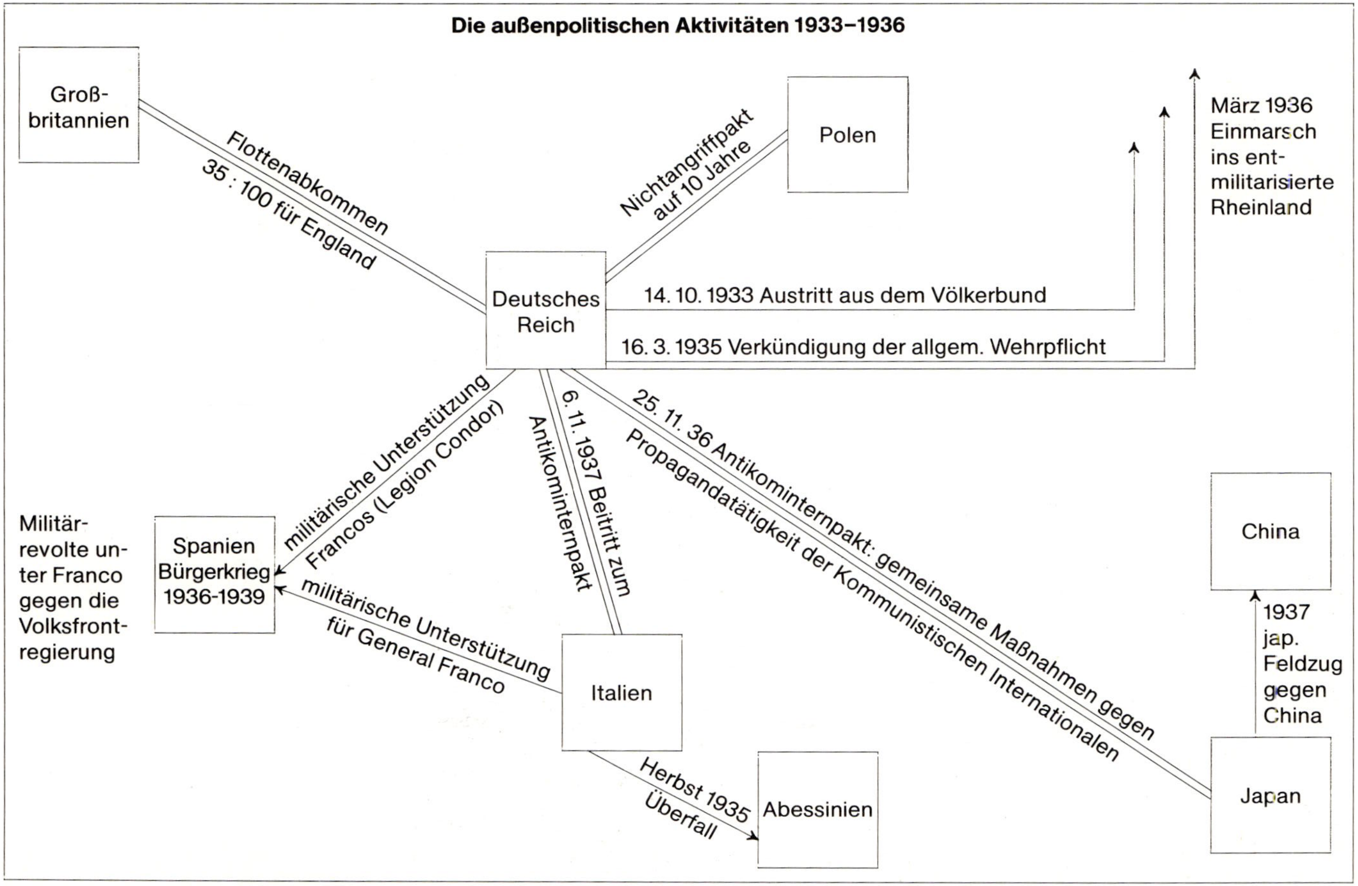

17. Stunde: Die „Zerschlagung" der Tschechoslowakei – Wendepunkt der europäischen Politik

Vorbemerkungen

Folgende Themen stehen im Vordergrund:

– Die Regierung der CSR rückte von ihrem Vorschlag von 1919 ab; ursprünglich sollte das Problem der Minderheiten nach Schweizer Vorbild gelöst werden. Die Minderheiten, vor allem die Deutschen, wurden politisch und wirtschaftlich benachteiligt.
– Nach dem Anschluß Österreichs wollten einflußreiche sudetendeutsche Kreise die Eingliederung des Sudetengebiets ins Deutsche Reich erreichen.
– Die Münchener Regelung wurde von der nationalsozialistischen Regierung als Zwischenlösung angesehen, die „Zerschlagung" der Rest-Tschechei war längst geplant.

Das entscheidende Ziel der Stunde ist dann erreicht, wenn die Schüler erkannt haben, warum der Einmarsch Hitlers in Prag zum Wendepunkt der europäischen Politik wurde. „Die Besetzung Prags war der eklatante Bruch einer freiwillig von Hitler eingegangenen Regelung. Hitler hatte während der Sudetenkrise feierlich vor der Weltöffentlichkeit versichert, daß er über das Sudetenland hinaus keine territoriale Forderung mehr erhebe. Jetzt wurde es offenkundig, daß Hitlers Ziele nicht nationalstaatlich-großdeutsch begrenzt waren." (K. D. Erdmann, a. a. O., S. 258) England entschloß sich jetzt, Hitlers Expansionsplänen mit allen Mitteln entgegenzutreten.

Die Stunde beginnt mit dem Vergleich zweier Fotos (Einzug motorisierter deutscher Truppen in Prag und Hitlers Empfang in Österreich) und mit der Schilderung des Einmarsches der deutschen Truppen in der tschechischen Hauptstadt. Anschließend wird in einer Art Rückblende Ursprung und Verlauf des deutsch-tschechischen Konfliktes rekonstruiert. Durch diesen kommentarlosen Beginn mit dem Höhepunkt der Auseinandersetzungen soll den Schülern das Befremdliche des Überfalls auf die CSR bewußtgemacht werden; gleichzeitig werden sie angeregt, Fragen zu stellen, die zum Verständnis der geschilderten Ereignisse notwendig sind. Bei Zeitmangel ist auch der Beginn mit Unterrichtsschritt 2 (die CSR und das Problem der Minderheiten) denkbar. Über den Einmarsch der deutschen Truppen in Prag könnte dann im vorletzten Unterrichtsschritt im Lehrervortrag berichtet werden, wobei durch den Vergleich der beiden Fotos die Reaktion der tschechischen Bevölkerung im Gegensatz zum Jubel der Österreicher deutlich gemacht werden kann.

(Literatur: H. Mommsen und H. Slapnicka, Münchener Abkommen, in: Sowjetsystem und demokratische Gesellschaft, 4, Freiburg 1971, S. 597–614; H. Rönnefarth, Die Sudetenkrise in der internationalen Politik. Entstehung, Verlauf, Auswirkung, Wiesbaden 1961; V. Král, Die Tschechoslowakei und München, Zeitschrift für Geschichtswissenschaft 7, 1959, S. 23–59)

Ziele der Stunde

Die Schüler erkennen

– daß das Staatsvolk der Tschechen den anderen Volksgruppen zahlenmäßig knapp unterlegen war;
– daß die CSR das Minderheitenproblem nicht gelöst hatte;
– daß die Sudetendeutsche Partei unter Henlein auf einen Zusammenschluß des Sudetengebiets mit Deutschland hinarbeitete;

- daß Hitler die Sudetenkrise als Hebel für die geplante Annexion benutzte;
- daß der CSR die Abtretung des Sudetengebiets von ihren Verbündeten aufgezwungen wurde;
- daß Hitler die Rest-Tschechei unter Drohung annektierte;
- daß dieser Vorgang das Ende der Appeasement-Politik bedeutete.

Die Schüler erarbeiten
- aus statistischem Material die Minderheitenprobleme der CSR;
- aus einem Auszug aus einer Rede die Kehrtwendung der englischen Politik gegenüber Hitler, die Bewertung des deutschen Einmarsches in Prag durch Chamberlain, seine Befürchtungen über den weiteren Weg der nationalsozialistischen Außenpolitik, die Maßnahmen, die England androhte.

Die Schüler beurteilen
- die Auswirkungen des Anschlusses Österreichs auf die politischen Vorstellungen der Sudetendeutschen;
- die tschechische Politik gegenüber der deutschen Minderheit;
- die Rolle der Sudetendeutschen Partei im deutsch-tschechischen Konflikt;
- das Verhalten der Großmächte gegenüber der CSR;
- die Gründe für die Neuorientierung der englischen Politik.

Verlaufsskizze

Unterrichtsschritt 1
Der Einmarsch der deutschen Truppen in Prag

In den meisten Lehrbüchern ist eine Fotografie vom Einzug motorisierter deutscher Truppen in die tschechische Hauptstadt abgebildet (erinnern und urteilen IV, S. 93; Fragen an die Geschichte 4, S. 65; Staatensystem und Weltpolitik, S. 118; Zeiten und Menschen 4, S. 153; Geschichtliche Weltkunde 3, S. 152; Die Reise in die Vergangenheit 4, S. 127; Spiegel der Zeiten 4, S. 109; Menschen in ihrer Zeit 4, S. 109; Zeitaufnahme 3, S. 91; Grundzüge der Geschichte 4, S. 197). Die Schüler werden aufgefordert, dieses Bild mit den Fotografien zu vergleichen, die Hitlers Empfang in Österreich (Wien, Klagenfurt, Salzburg) zeigen, und vor allem die jeweilige Reaktion der Bevölkerung zu beschreiben (erinnern und urteilen IV, S. 91; Fragen an die Geschichte 4, S. 64; Zeiten und Menschen 4, S. 149; Geschichtliche Weltkunde 3, S. 149; Spiegel der Zeiten 4, S. 106; Menschen in ihrer Zeit 4, S. 107). Nach diesem Einstieg liest der Lehrer den Augenzeugenbericht des Journalisten Werner Koch vor, der den Einmarsch deutscher Truppen in Prag am 16. März 1939 schildert. (Werner Koch, Deutschland, Deutschland nimmt sich alles, 16. März 1939. Ein Journalist erlebt den Einmarsch deutscher Truppen in Prag, in: Chr. Zentner, Bd. 2, S. 60f.):
„Wagen hinter Wagen..., die sich langsam vorwärtsbewegten, hinauf zum Hradschin, ins Militärviertel... jenseits der Burg und auf die strategisch wichtigen Höhen über Prag. Vom jenseitigen Ende des Grabens tönte Jubel. Dort... hatten sich Deutsche... versammelt... Auf der anderen Seite des Grabens standen Tschechen hinter einem Kordon schwarzgekleideter Polizisten. Viele weinten, einige ballten die Fäuste, und ein paar Jugendliche warfen Schneebälle gegen die Wehrmachtsfahrzeuge... Am entgegengesetzten Ende des Grabens – dort wo der Wenzelsplatz mündete – kam es zu Tumulten. Es hieß, Arbeiter aus den Vororten Smichow und Zizkow hätten sich dort gesammelt. Sie warfen nicht nur mit Schnee, sie schleuderten auch Flaschen und Steine. Plötzlich rückten... Einheiten der tschechischen Gendarmerie vor. Bajonettbestückte Karabiner im Arm und ellenlange Gummi-

knüppel am Koppel... Anders als die... Armee, war diese... Ordnungstruppe bereit, jedem Befehl zu gehorchen. Ich volontierte beim ‚Prager Tagblatt', einem liberalen Blatt, das sich noch immer in ‚jüdischem Besitz' befand... Zu meinem Erstaunen sah ich zwei Redaktionskollegen in SS-Uniform... Aus dem liberalen ‚Tagblatt' war der braune ‚Neue Tag' geworden...
Ich ging ins ‚Fenix' zum Oberkellner Soukup und fragte ihn nach seiner Meinung. Soukup flüsterte: ‚Das ‹Deitschland, Deitschland nimmt sich alles› geht ja noch, doch dieses schreckliche ‹Horst Wenzel-Lied›! Ich kann's nicht heern.'"

Die Auswertung erfolgt im Unterrichtsgespräch.

Besprechungsvorschläge:
- Wie war die Stimmung damals in Prag?
- Beschreiben Sie das Verhalten der verschiedenen tschechischen Gruppen.
- Auf welcher Seite stand der Verfasser?
- Welche Zusammenhänge sind Ihnen unklar, welche Fragen müssen noch beantwortet werden?

Erwartete Antworten:
- Die Deutschen jubelten, einige Tschechen weinten voller ohnmächtigem Zorn über den Verlust ihrer nationalen Unabhängigkeit. Die entschiedensten Gegner des deutschen Faschismus aus den Arbeitervorstädten versuchten, mit primitiven Mitteln gegen die Besatzungstruppen Widerstand zu leisten. Die tschechische Gendarmerie aber führte schon widerspruchslos die Befehle der neuen Herren aus.
- Der Oberkellner gibt der weitverbreiteten Volksmeinung Ausdruck: Deutschland ist unersättlich in seinem Eroberungsdrang.
- Der Verfasser war Mitarbeiter eines liberalen jüdischen Blattes gewesen und hatte als erklärter Nazigegner guten Kontakt zur tschechischen Bevölkerung.

Folgende Fragen könnten von den Schülern gestellt werden:
- Wie kam Hitler dazu, mitten im Frieden die Hauptstadt eines ausländischen Staates zu besetzen?
- Haben die anderen europäischen Staaten nichts gegen diesen Überfall unternommen?

Unterrichtsschritt 2
Die Tschechoslowakei und das Problem der Minderheiten

Beim Vergleich zweier Karten (Europa im 1. Weltkrieg 1914–1918. Atlas zur Weltgeschichte, S. 31; Putzger, S. 119 und Mitteleuropa nach dem 1. Weltkrieg. Atlas zur Weltgeschichte, S. 32; Putzger, S. 120) stellen die Schüler fest, aus welchen ehemals österreichischen Landesteilen die CSR im Jahre 1919 zusammengefügt wurde: Böhmen, Mähren, Slowakei.
Eine Folie weist auf ein besonderes Problem des neuentstandenen Staates hin:
Tschechen 7,2 Millionen; Deutsche 3,5; Slowaken 2,5; Ungarn 0,7; Karpaten-Ukrainer 0,5; Polen 0,1.
(nach: Fragen an die Geschichte 4, S. 66).

Gesprächsimpulse:
- In welcher Situation befanden sich die Tschechen von Anfang an?
- Warum ist der Zusammenhalt des 5-Völker-Staats gefährdet?
- Welche Möglichkeiten hatte die Zentralregierung, um ein erträgliches Zusammenleben der verschiedenen Völker zu garantieren?
- Inwiefern war der Anschluß Österreichs an Deutschland eine Gefahr für die CSR? (Karte!)
- Welche Hoffnungen wurden dadurch bei vielen Sudetendeutschen geweckt?

Das Unterrichtsgespräch kann folgende Einsichten vermitteln:

– Das Staatsvolk der Tschechen war zahlenmäßig den anderen Volksgruppen knapp unterlegen (7,2:7,3 Mill.).
– Ein weitgehender Schutz für die nichttschechischen Minderheiten bis hin zu einer begrenzten Autonomie nach dem Modell der Schweiz hätte die innenpolitischen Spannungen abbauen können.
– Nach dem Anschluß waren Böhmen und Mähren von Deutschland umklammert.
– Viele Sudetendeutsche erhofften sich die Angliederung ihres geschlossenen Siedlungsgebiets an das Deutsche Reich.

Unterrichtsschritt 3
Hitler und die Sudetendeutschen

Lehrervortrag (zur Unterstützung des Lehrervortrags dient eine Zeittafel, die den Schülern in die Hand gegeben wird, s. Vorschlag für eine Zeittafel):
– Der tschechoslowakische Ministerpräsident Benesch hatte den Sudetendeutschen zuerst weitgehende Autonomie zugesichert, aber dann wurden diese Versprechungen nicht eingehalten. Die Deutschen wurden von den Tschechen politisch und wirtschaftlich benachteiligt.
– Der Führer der Sudetendeutschen Partei (SdP), Konrad Henlein, bekannte sich seit 1937 offen zum Nationalsozialismus und strebte die „Heimkehr" des Sudetenlandes ins Reich an.
– Im Zusammenspiel mit der deutschen Regierung stellte er an die tschechische Regierung immer weitergehende Forderungen, deren Erfüllung den Zusammenhalt des tschechischen Staates gefährdet hätte (Wiedergutmachung, Selbstverwaltung).
– „Dieser von Berlin immer wieder als ‚Flugzeugmutterschiff der Sowjetunion' apostrophierte Staat war jetzt auch strategisch in eine ungünstige Lage geraten. Das Instrument aber, mit dem Hitler dieses Problem zu lösen gedachte, waren die Sudetendeutschen." (Hans-Adolf Jacobsen, Nationalsozialistische Außenpolitik 1933–1938, Frankfurt a.M., Berlin 1968, S.441)
– Die nationalsozialistische Presse in Deutschland schürte die Auseinandersetzungen durch die Veröffentlichung von zahlreichen Greuelmärchen nach folgendem Muster: „Beispiellose Greuel tschechischer Mordbanditen – Prager Demokratie versinkt in Blut und Grauen – Unglaubliche Bestialitäten – Gemeine Racheakte: Die Eltern Geflüchteter erschossen – Verbrecher Benesch verbietet SdP – Spießrutenlaufen durch Bajonette – Deutsche Frau gesteinigt." (Überschriften des „Völkischen Beobachters" vom 17. September, zitiert nach: Walter Anger, Das Dritte Reich in Dokumenten, Stuttgart 1957, S.91)
– Hitler drohte, die Angliederung des Sudetenlands durch einen Krieg zu erzwingen. In Berlin, Prag, Paris und London begannen die Kriegsvorbereitungen.
– Frankreich, das als Bundesgenosse der CSR verpflichtet war, dem bedrohten Land beizustehen, konnte oder wollte ohne die Unterstützung durch England nichts unternehmen. Seit 1935 gab es auch einen Beistandspakt zwischen der Sowjetunion und der Tschechoslowakei. Allerdings war die Sowjetunion nur dann zur Hilfe verpflichtet, wenn auch Frankreich zu seinen Garantien stand.
– In letzter Minute versuchte der englische Premierminister Chamberlain, die Krise durch ein persönliches Gespräch mit Hitler auf dem Obersalzberg zu entschärfen.

Ergänzung: Tagebucheinträge des Kommentators des Columbia Broadcasting System, William L. Shirer, die vorgelesen werden können, vermitteln einen anschaulichen Eindruck von der Stimmung und von den Verhältnissen im Sudetenland in den Septembertagen des Jahres 1938:

„Der Krieg ist wieder sehr nahe ... Schießereien im Sudetenland ... Ein paar Tschechen und Sudetendeutsche getötet. Die Deutschen plündern tschechische und jüdische Geschäfte. Die Tschechen verhängten darauf berechtigterweise den Belagerungszustand über fünf Sudetenbezirke... Wir fuhren 320 km durch das Sudetenland. Die Kämpfe sind bereits beendet. Die von Deutschland inspirierte und mit deutschen Waffen unterstützte Revolte wurde niedergeschlagen. Tschechische Polizei und Militär handelten dabei mit unglaublicher Zurückhaltung und erlitten auf diese Weise mehr Verluste als die Sudetendeutschen... Nach dem Abendessen stürzte ein Zeitungsjunge in die Halle des ‚Ambassador' mit Extrablättern einer deutschsprachigen Zeitung. Die Schlagzeilen verkünden: Chamberlain wird morgen nach Berchtesgaden fliegen, um sich mit Hitler zu treffen. Die Tschechen sind vor Erstaunen sprachlos. Sie argwöhnen einen Ausverkauf... (Zeitungsjungen) riefen mit lauten Stimmen: ‚Extrablatt, Extrablatt, lest alle, wie der großmächtige Regierungschef des Britischen Empire zu Hitler betteln geht!' Einen besseren Kommentar habe ich an diesem Abend nicht gehört..." (William L. Shirer, Berlin Diary, Ost und West, Jg. 1, 1947, Heft 3, S. 35 ff.; Krieger, Handbuch V, S. 261 f.).

Fragen:
- Wem weist der Verfasser die größere Schuld am Konflikt zwischen Deutschen und Tschechen zu?
- Halten Sie diese Meinung für begründet?
- Wie beurteilten viele Tschechen Chamberlains Reise zu Hitler?

Alternative: In einer Lesephase informieren sich die Schüler über das Thema „Hitler und die Sudetendeutschen" in ihrem Lehrbuch.

Unterrichtsschritt 4
Die Konferenz von München und die „Zerschlagung" der CSR

Die ausführliche Besprechung der Hausaufgabe wird durch folgende Fragestellungen strukturiert:

- Was wurde in München beschlossen?
- Wie wurde die Tschechoslowakei behandelt?
- Können Sie sich denken, warum die Sowjetunion nicht zur Konferenz geladen wurde?

Im Unterrichtsgespräch werden folgende Sachverhalte herausgearbeitet (ergänzende Informationen durch den Lehrer):
- Durch die Vermittlung Mussolinis war im September 1938 die Münchener Konferenz zustande gekommen. Hitler, Chamberlain, Daladier und Mussolini einigten sich über die Abtretung des Sudetengebiets an das Deutsche Reich. Der tschechische Rumpfstaat sollte dann von allen beteiligten Mächten garantiert werden.
- Die CSR wurde von ihren Verbündeten schmählich im Stich gelassen und mußte die Abtretung der sudetendeutschen Gebiete wohl oder übel akzeptieren. Die tschechischen Vertreter, die in einem Flugzeug nach München gekommen waren, wurden nicht einmal angehört, sie mußten sich dem Diktat der Großmächte beugen.
- Man mißtraute den Russen, von denen man befürchtete, sie wollten die Westmächte in einen Krieg mit Deutschland verwickeln. Durch die Selbstzerfleischung der kapitalistischen Staaten hätten sich dann die Chancen zur Ausbreitung des Kommunismus entscheidend verbessert.
- Hitler ermunterte das Selbständigkeitsstreben der Slowaken, die schließlich aus dem Staatsverband der CSR ausschieden. Damit war für ihn das Problem der Garantie für den tschechischen Rumpfstaat gelöst. „Die Frage (der Garantie für die Rest-Tschechei) wurde so lange in der Schwebe gehalten, bis Hitler durch die von ihm erzwungene Ausrufung der slowakischen ‚Selbständigkeit' und dem Überfall vom 15. März 1939 dafür gesorgt hatte, daß es nichts mehr zu garantieren gab." (Johann Wolfgang Brügel, Tschechen und Deutsche 1919–1938, München 1967, S. 505)
- Der nach Berlin zitierte tschechische Ministerpräsident Hacha, ein älterer, herzkranker Mann, der früher Verwaltungsrichter gewesen war, stimmte unter der

Drohung Hitlers, wenn er sich weigere, werde Prag von der deutschen Luftwaffe bombardiert, der Annexion seines Landes durch das Deutsche Reich zu.
- Am 15. März 1939 marschierten deutsche Truppen in Prag ein, am 16. März kam das Land als „Protektorat Böhmen und Mähren" an Deutschland.

Eine Kartenskizze (Vorschlag für einen Foliensatz) zeigt die schrittweise Ausdehnung der deutschen Herrschaft in der Zeit von 1936–1939.

Ergänzung: Die Stellungnahme des tschechoslowakischen Außenministers nach der erzwungenen Annahme der Münchener Beschlüsse, 30. September 1938, kann anschließend vorgelesen werden (Menschen in ihrer Zeit 4, S. 109):

„Für uns ist es eine Katastrophe, die wir nicht verdient haben. Wir fügen uns und werden bestrebt sein, unserem Volke ein ruhiges Leben zu sichern. Ich weiß nicht, ob dieser in München gefaßte Beschluß Ihren Ländern zum Nutzen gereichen wird. Aber auf jeden Fall, wir sind nicht die letzten. Nach uns wird auch andere dasselbe Schicksal ereilen."

Mögliche Fragen:
- Warum waren die Folgen von München für die CSR katastrophal? (Karte!)
- Welche zukünftige politische Entwicklung sieht der Außenminister voraus?

Unterrichtsschritt 5
Die Annexion der Rest-Tschechei – das Ende der Appeasement-Politik

Den Schülern wird ein hektographierter Auszug aus einer Rede vorgelegt, die Chamberlain am 17. 3. 1938 in Birmingham hielt (Vorschlag für ein Arbeitsblatt; Ripper, Die nationalsozialistische Außenpolitik und der Zweite Weltkrieg, S. 35 ff.; Conze, Der Nationalsozialismus, Teil II, S. 54 [gekürzt]; Krieger, Handbuch V, S. 270; Fragen an die Geschichte 4, S. 67; Akten zur deutschen auswärtigen Politik, Serie D, Bd. 6, S. 23). Die Auswertung erfolgt in Partnerarbeit.

Die Ergebnisse der Auswertung werden im anschließenden Unterrichtsgespräch präzisiert und an der Tafel festgehalten (siehe Tafelbild, Stundenblatt). Folgende Gesichtspunkte sind wichtig:
- Chamberlain macht Hitler klar, daß dieser mit seinem Einfall in Prag die Vertrauensbasis zwischen der deutschen Regierung und den Regierungen der Westmächte endgültig zerstört habe. Hitler kann sich bei seiner außenpolitischen Aktion dieses Mal nicht auf das Selbstbestimmungsrecht berufen, er hat den entscheidenden Schritt über die Volkstumsgrenze getan.
- Der englische Premierminister befürchtet weitere Überfälle der Deutschen auf kleinere Länder und läßt die Frage offen, ob das Ziel des nationalsozialistischen Imperialismus nicht die Weltherrschaft ist.
- England und die Völker des Empire, zusammen mit anderen befreundeten Nationen, sind fest entschlossen, eine weitere deutsche Expansionspolitik auch mit militärischen Mitteln zu verhindern.

Hausaufgabe

Aufgaben und Fragen zum geheimen Zusatzprotokoll zum deutsch-sowjetischen Nichtangriffspakt vom 23. 8. 1939. (Der Text des Protokolls ist abgedruckt in: Hofer, S. 230 f.; Mickel / Kampmann / Wiegand, Politik und Gesellschaft 2, S. 173; Rönnefarth, Vertrags-Ploetz, Bd. II, S. 110; Quellenband II, S. 262; Wulf, Weltgeschichte 1919–1939, S. 107; Elmar Krautkrämer, Internationale Politik im 20. Jahrhundert, Diesterweg 5181, Bd. 1, S. 155 f.; Jacobsen-Jochmann, Ausgewählte Dokumente zur Geschichte des Nationalsozialismus, F, S. 1 f.; Ripper, Die nationalsozialistische Außenpolitik und der Zweite Weltkrieg, S. 38; Krieger, Handbuch V, S. 279; Fragen an die Geschichte 4, S. 68; Spiegel der Zeiten 4, S. 110; Zeitaufnahme 3, S. 88).

Aufgaben:

- Vergleichen Sie auf Ihrem Geschichtsatlas die Abgrenzung der Interessensphären 1939 mit dem Verlauf der sowjetischen Ostgrenze 1945. Schlußfolgerung?
- Nennen Sie die Gebiete, die 1939 zur deutschen Interessensphäre gehörten.
- Was verbirgt sich hinter der Formulierung: „Für den Fall einer territorial-politischen Umgestaltung"?

Vorschlag für eine Zeittafel (17. Stunde, Unterrichtsschritt 3)

1914	Das Königreich Böhmen gehört als Kronland zum cisleithanischen Teil der Habsburger Doppelmonarchie; Slowakei und Ruthenien bilden einen Teil Transleithaniens
28.9.1918	Die französische Regierung erkennt den tschechoslowakischen Nationalrat als Provisorische Regierung an.
14.10.1918	Benesch proklamiert die Provisorische Regierung der Tschechoslowakei mit dem vorläufigen Sitz in Paris.
15.–23.10.1918	Formelle Anerkennung dieser Regierung durch Frankreich, UdSSR, USA, Italien, Großbritannien
14.11.1918	Die tschechoslowakische Nationalversammlung erklärt das Haus Habsburg für abgesetzt und proklamiert die Republik. Masaryk wird Staatsoberhaupt der CSR.
Mai 1919	Benesch verspricht in einer Denkschrift, er wolle die „Grundsätze der Schweizer republikanischen Verfassung als Grundlage der Nationalitätenrechte" in der CSR einführen (J. K. Hoensch, Geschichte der Tschechoslowakischen Republik 1918–1965, Stuttgart 1966, S. 32)
10.9.1919	Friede von St. Germain: das sudetendeutsche Siedlungsgebiet wird ohne Volksabstimmung der CSR zugeteilt.
25.1.1924	Abschluß eines französisch-tschechoslowakischen Defensivpakts
18.5.1935	Russisch-tschechoslowakisches Verteidigungsbündnis. (Das Eingreifen der UdSSR ist nur gemeinsam mit Frankreich vorgesehen.)
21.4.1938	Hitlers Anordnung an die Wehrmachtführung: Vorbereitung eines bewaffneten Vorgehens gegen die CSR
24.4.1938	Forderungen der Sudetendeutschen Partei unter Henlein an die Regierung der CSR („Karlsbader Programm"): volle Gleichberechtigung der Deutschen, Autonomie, nur deutsche Beamte im Sudetenland
Sept. 1938	Chamberlain trifft Hitler
29.9.1938	Münchner Konferenz: Eingliederung der sudetendeutschen Gebiete ins Deutsche Reich, französisch-englische Garantie der Rest-Tschechei
14.3.1939	Unter dem Druck Deutschlands erklärt die Slowakei ihre Unabhängigkeit.
15.3.1939	Deutsche Truppen besetzen Prag.
16.3.1939	Das „Protektorat Böhmen und Mähren" wird in das Deutsche Reich eingegliedert.

Vorschlag für einen Foliensatz (17. Stunde, Unterrichtsschritt 4)

NS-Annexionspolitik 1936–1939 (März)

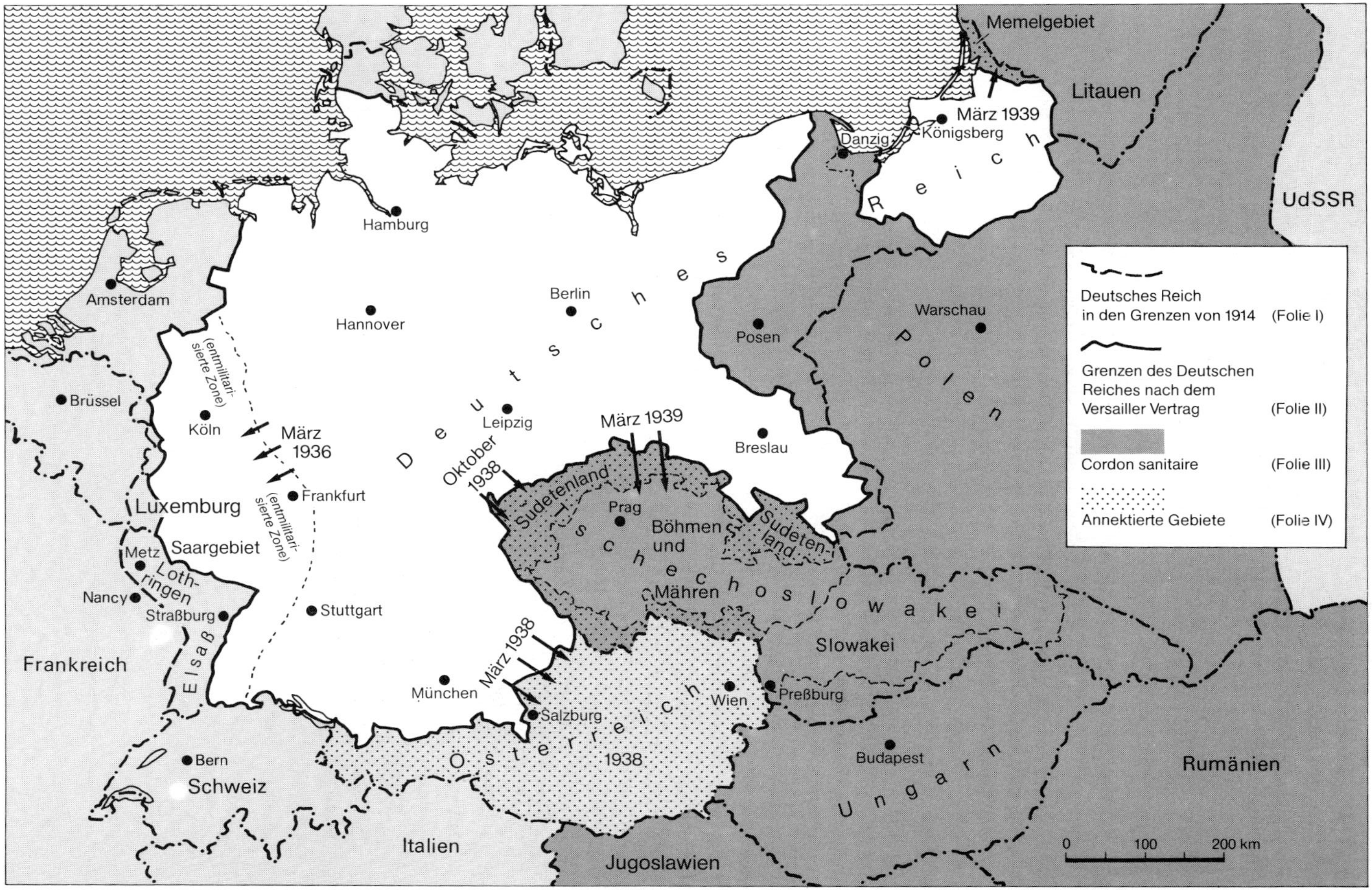

Vorschlag für ein Arbeitsblatt (17. Stunde, Unterrichtsschritt 5)

Aus der Rede Chamberlains in Birmingham am 17. 3. 1939

„Was ist aus der Erklärung ‚Keine territorialen Ansprüche mehr‘ geworden? Wieviel Rücksicht hat man genommen auf den Grundsatz der Selbstbestimmung, worüber Herr Hitler in Berchtesgaden mit mir so heftig diskutierte, als er die Trennung des Sudetengebietes von der Tschechoslowakei und dessen Einverleibung in das Reich forderte?... wieviel Vertrauen kann man... noch in die übrigen Zusicherungen setzen, die aus derselben Quelle stammen?
Deutschland hat der Welt unter seinem jetzigen Regime eine Serie von unangenehmen Überraschungen bereitet. Das Rheinland, der Anschluß Österreichs, die Lostrennung des Sudetengebiets – alle diese Dinge erregten und empörten die öffentliche Meinung der ganzen Welt. Jedoch..., etwas ließ sich doch sagen – entweder wegen der rassemäßigen Zugehörigkeit oder wegen allzulang mißachteter gerechter Ansprüche – ... zugunsten der Notwendigkeit einer Änderung der vorhandenen Lage.
Aber die Dinge, die sich diese Woche unter völliger Mißachtung der von der deutschen Regierung selbst aufgestellten Grundsätze ereignet haben, scheinen zu einer anderen Kategorie zu gehören... Ist dies das Ende eines alten Abenteuers oder ist es der Anfang eines neuen? Ist dies der letzte Angriff auf einen kleinen Staat, oder sollen ihm noch weitere folgen? Ist dies sogar ein Schritt in der Richtung auf den Versuch, die Welt durch Gewalt zu beherrschen?... Ich fühle mich verpflichtet, zu wiederholen,... daß... kein größerer Fehler begangen werden könnte als der, zu glauben, unsere Nation habe, weil sie den Krieg für eine sinnlose und grausame Sache hält, so sehr ihr Mark verloren, daß sie nicht... einer solchen Herausforderung entgegentreten werde... ich werde auch die Zustimmung des gesamten britischen Weltreichs und aller andern Nationen haben, die zwar den Frieden hoch schätzen, aber die Freiheit noch höher.“
(Ripper, Die nationalsozialistische Außenpolitik und der Zweite Weltkrieg, Frankfurt, S. 35 ff.)

Arbeitsaufträge:
- Was ist neu an dieser Meinungsäußerung?
- Erklären Sie den Satz: „... die Dinge, die sich diese Woche ereignet haben, scheinen zu einer anderen Kategorie zu gehören.“
- Erörtern Sie die Befürchtungen Chamberlains hinsichtlich der zukünftigen Politik Hitlers.
- Welche Drohung wird ausgesprochen?
- Warum ist England nicht schon früher der aggressiven Politik Hitlers entgegengetreten?

18. Stunde: Der Hitler-Stalin-Pakt und der Ausbruch des Zweiten Weltkrieges

Vorbemerkungen

Im Mittelpunkt der Stunde steht die Erarbeitung der verschiedenen Motive, die die beiden Diktatoren bewogen, das deutsch-sowjetische Abkommen abzuschließen. Seit dem Erscheinen der Arbeit von G. Gafencu (Vorspiel zum Krieg im Osten, Zürich 1944) herrscht in der westlich orientierten Geschichtswissenschaft die Vorstellung, daß Stalin von zwei Beweggründen geleitet wurde; er wollte sich aus einem kommenden Krieg heraushalten und im Sinn des alten russischen Imperialismus Gebiete im Westen gewinnen. In der „Geschichte der kommunistischen Partei der Sowjetunion", herausgegeben von einem Autorenkollektiv, Moskau 1969, liest man es allerdings anders: „Die Sowjetregierung gewann durch den Vertrag einige Zeit, sich auf die Verteidigung (gegen Hitler-Deutschland) vorzubereiten... Die Sowjetregierung hatte...die Pflicht, die reaktionären Umtriebe der Vertreter der Münchener Politik zu durchkreuzen. Der Nichtangriffspakt mit Deutschland diente der Lösung dieser Aufgabe." (Zitat nach Chr. Zentner, Bd. 2, S. 98; vgl. auch G. v. Rauch, Der deutsch-sowjetische Nichtangriffspakt und die sowjetische Geschichtsforschung, GWU 17, 1966; M. Braubach, Hitlers Weg zur Verständigung mit der UdSSR im Jahre 1939, Bonn 1960; Ph. W. Fabry, Der Hitler-Stalin-Pakt 1939 – 1941. Ein Beitrag zur sowjetischen Außenpolitik, Darmstadt 1962.)

Für Hitler war der Vertrag die entscheidende Vorbereitung für seinen Überfall auf Polen. Der deutsch-polnische Konflikt, der zum Ausbruch des Großen Krieges führte, wird in unserem Stundenentwurf nur kurz angedeutet.

Zu Beginn der Stunde zeigen zwei prägnante Zitate die ideologisch begründete Feindschaft zwischen Bolschewismus und Faschismus. Der Lehrervortrag über den Abschluß des deutsch-sowjetischen Nichtangriffspaktes wird im zweiten Unterrichtsschritt ganz unvermittelt dieser entscheidenden Aussage gegenübergestellt. Diese Konfrontation ist als Impuls gedacht, der die Schüler veranlassen soll, sich darüber Gedanken zu machen, wie es zu einem Abkommen zwischen den verfeindeten Mächten kommen konnte. Bevor diese Frage näher erörtert wird, beschäftigen sich die Schüler mit einer Karikatur von Low, die das Erstaunen zum Ausdruck bringt, das die deutsch-sowjetische Zusammenarbeit in der internationalen Öffentlichkeit auslöste. Zwei kurze Texte zeigen die Fassungslosigkeit russischer Kommunisten und die Empörung eines überzeugten Nazis über den Abschluß dieses Vertrags.

Zum Abschluß der Unterrichtsstunde sehen die Schüler den Dokumentarfilm „Hitlers Weg in den Krieg". Dieser Film soll nicht nur als wiederholende Zusammenfassung verstanden werden: Die Zeit des Nationalsozialismus ist die erste Epoche der neueren Geschichte, die in größerem Umfang mit Hilfe von Filmdokumenten vergegenwärtigt werden kann.

Den Schülern sollen am Beispiel dieses Films Kategorien zur Beurteilung an die Hand gegeben werden, die sie in die Lage versetzen, Filmdokumente kritisch zu bewerten. Gleichzeitig erhalten sie Gelegenheit, ihre Einsichten und ihre Kenntnisse, die sie in den vergangenen Stunden erworben haben, bei der Beurteilung der dargestellten Vorgänge anzuwenden.

Ziele der Stunde

Die Schüler erkennen
- daß Bolschewisten und Nationalsozialisten ideologische Feinde waren;
- daß Stalin sich durch den Abschluß des deutsch-sowjetischen Nichtangriffspaktes aus einem erwarteten Krieg der kapitalistischen Staaten heraushalten und im Westen Beute gewinnen wollte;
- daß Hitler die UdSSR von einem Bündnis mit den Westmächten abhalten und die Gefahr eines Zweifrontenkrieges bannen wollte;
- daß er sich durch diesen Pakt freie Hand für den Überfall auf Polen verschaffen wollte;
- daß er das Risiko eines Weltkrieges einging.

Die Schüler erarbeiten
- aus zwei Zitaten einige Gründe für die Feindschaft zwischen Bolschewismus und Faschismus;
- aus einer Geschichtserzählung Leitfragen;
- aus zwei Texten die Reaktion von Kommunisten und eines Nationalsozialisten auf den Vertragsabschluß;
- aus Quellen die Motive Stalins und Hitlers für den Vertragsabschluß;
- anhand eines Fragenkataloges eine Filmanalyse.

Die Schüler beurteilen
- die Beweggründe Stalins;
- die Motive Hitlers;
- den Dokumentarfilm „Hitlers Weg in den Krieg".

Verlaufsskizze

Unterrichtsschritt 1
Ideologische Feindschaft zwischen Bolschewismus und Faschismus

Der Lehrer zeigt mittels Folie zwei Zitate:

1. „Der Faschismus ist die offene terroristische Diktatur der am meisten reaktionären, chauvinistischen (= fanatisch nationalistischen) Elemente des Finanzkapitals."
XIII. Plenum des Exekutivkomitees der Komintern (= Kommunistische Internationale unter sowjetrussischer Führung) (zit. nach: Wolfgang Schieder, Faschismus, in: Sowjetsystem und demokratische Gesellschaft, hrsg. von C. D. Kernig, Freiburg 1968, Bd. 2, Sp. 457f., abgedr. in: Ripper, Der europäische Faschismus und das Dritte Reich, S. 25)

2. „Daß ich aber in den Augen der bolschewistisch-internationalen Weltunterdrücker als einer der größten Feinde gelte, ist für mich nur eine große Ehre..."
Hitler, Reichstagsrede vom 7.3.1936 (Verhandlungen des Reichstags, Stenographische Berichte, IX, Wahlperiode 1933, Bd. 458, S. 69, zit. nach: Hofer, S. 232)

Besprechungsvorschläge:
- Warum lehnen die Kommunisten den Faschismus entschieden ab?
- Inwiefern war Hitler immer schon ein unversöhnlicher Feind des Bolschewismus?

Erwartete Schülerantworten:
- In den Augen der Kommunisten ist der Faschismus eine besonders gefährliche, aggressive Form des Kapitalismus (vgl. 4. Stunde, Unterrichtsschritt 1).
- Hitler sah im Bolschewismus eine Verschwörung des Weltjudentums zur Unter-

drückung der Völker. Schon früh hatte er den Lebensraumkrieg gegen die Sowjetunion zu einem seiner wichtigsten Ziele erklärt.

Unterrichtsschritt 2
Der Abschluß des deutsch-sowjetischen Nichtangriffspakts

Geschichtserzählung:
Monatelang hatten die Vertreter Großbritanniens und Frankreichs mit der sowjetischen Regierung verhandelt, um sich der Hilfe der Sowjets beim Schutz der osteuropäischen Staaten vor einer Aggression durch die Nazis zu versichern. Doch die betroffenen Staaten – Polen, Rumänien und die baltischen Staaten – wollten weder deutsche noch sowjetische Truppen in ihrem Land haben; die Verhandlungen scheiterten.
Am 23. August 1939 um 11 Uhr landet Hitlers viermotoriges Kondor-Flugzeug auf dem Moskauer Flugplatz. Der deutsche Außenminister von Ribbentrop mit seiner Delegation wird vom sowjetischen Protokollchef und hohen sowjetischen Beamten empfangen. An zwei Fahnenstangen wehen die Hakenkreuzflagge und die rote Sowjetflagge mit Hammer und Sichel einträchtig nebeneinander. Nachmittags, um 15.30 Uhr, beginnen die Verhandlungen im Kreml. Stalin ist guter Laune und gibt sich jovial, die Besprechungen kommen zügig voran. Eine gewisse Meinungsverschiedenheit wird rasch beseitigt, als Hitler telefonisch seine Zustimmung zur Ausdehnung der russischen Einflußsphäre auf zwei Hafenstädte im Baltikum erteilt. Nach einer Pause beginnen die zweiten Besprechungen abends um 22 Uhr. Die Vertragstexte sind inzwischen vorbereitet worden. In dem Nichtangriffspakt verpflichten sich Deutschland und die Sowjetunion, sich nicht „an irgendeiner Mächtegruppierung" zu beteiligen, „die sich mittelbar oder unmittelbar gegen den anderen Teil richtet". Ohne weitere Schwierigkeiten haben sich die beiden Delegationen auf den endgültigen Vertragstext geeinigt. Mit Trinksprüchen wird das Abkommen als Anbruch einer neuen Ära in den beiderseitigen Beziehungen begrüßt. Stalin erhebt sich und bringt einen Toast auf Hitler aus: „Ich weiß, wie sehr das deutsche Volk seinen Führer liebt. Ich möchte deshalb auf seine Gesundheit trinken". Dann, in den Morgenstunden, unterzeichnen Ribbentrop und der sowjetische Außenminister Molotow die Urkunden; die Zeremonie wird fotografiert. Zum Abschluß erklärt Stalin: „Die Sowjetregierung nimmt den neuen Pakt sehr ernst. Ich kann auf mein Ehrenwort versichern, daß die Sowjetunion ihren Partner nicht betrügen wird." Noch am gleichen Vormittag fliegt die deutsche Delegation nach Berlin zurück. Die Nachricht vom Abschluß des deutsch-sowjetischen Vertrags wirkt wie ein Donnerschlag in den Hauptstädten der Welt.
(Nach H. Grosche, Der Nationalsozialismus und der Zweite Weltkrieg, S. 43 ff.)

Gesprächsimpulse:
- Vergleichen Sie die Informationen, die Sie zu Beginn der Stunde erhielten mit den Ereignissen in Moskau vom August 1939.
- Welche Fragen müssen beantwortet werden, damit die Zusammenhänge einsichtiger werden?

Folgende Fragen könnten von den Schülern gestellt werden:
- Wie konnte es zu einem Abkommen zwischen zwei Mächten kommen, die ideologisch gesehen Todfeinde waren?
- Welche Rolle spielte dabei das „Geheime Zusatzprotokoll? (Auswertung der Hausaufgabe)

Unterrichtsschritt 3
Die Resonanz auf den Hitler-Stalinpakt

Mit Hilfe des Episkops oder als Hektographie wird die berühmte Karikatur von C. C. Low gezeigt, die die Begegnung Hitlers mit

Stalin nach der Niederlage Polens darstellt. Hitler: „Der Abschaum der Erde, nehme ich an?" Stalin: „Der blutige Mörder der Arbeiter, wie ich vermute?" (abgebildet in: Geschichtliche Weltkunde 3, S. 153; Spiegel der Zeiten 4, S. 111; Grundzüge der Geschichte 4, S. 199; auch in der Diaserie „Der Nationalsozialismus in der Karikatur" zu finden, FWU 100609, 22 Dias).

Frage:
– Was hält Low von der Zusammenarbeit zwischen Nazi-Deutschland und Sowjetrußland?

Anschließend werden auf Folien zwei Texte projiziert:
1. Die Wirkung des Hitler-Stalinpaktes auf junge Kommunisten in der UdSSR (Wolfgang Leonhardt, Die Revolution entläßt ihre Kinder, Köln 1955, S. 56f.; Quellenband II, S. 263f.)
2. Die Handlung einer Zwangslage (Das politische Tagebuch Alfred Rosenbergs, hrsg. von H. G. Seraphim, dtv 219, S. 92f., abgedr. in: Hofer, S. 236)

„... Wir haben einen Nichtangriffspakt mit Deutschland abgeschlossen! Wir starren (den Politleiter) mit offenem Munde an. Alles hatten wir erwartet, aber nicht das... Wir waren wie vom Donner gerührt. Fassungslos und schweigend saßen wir da. Das war ja nicht nur ein Nichtangriffspakt, das war eine völlige Änderung der gesamten sowjetischen Außenpolitik... Das konnte ja nur eine endgültige Absage an alle Formen des Kampfes gegen die faschistische Aggression bedeuten! Eine Diskussion wollte nicht recht in Gang kommen, denn niemand, eingeschlossen unser Politleiter, konnte für den Pakt eine Erklärung abgeben." (Wolfgang Leonhardt)

„Ich habe das Gefühl, als ob sich dieser Moskau-Pakt irgendwann am Nationalsozialismus rächen wird. Das war nicht ein Schritt aus freiem Entschluß, sondern die Handlung einer Zwangslage, ein Bittgesuch seitens einer Revolution gegenüber dem Haupt einer anderen, die niederzukämpfen das vorgehaltene Ideal eines 20jährigen Kampfes gewesen ist. Wie können wir noch von der Rettung und Gestaltung Europas sprechen, wenn wir den Zerstörer Europas um Hilfe bitten müssen... Mußte die polnische Frage jetzt gelöst werden und in dieser Form?" (Alfred Rosenberg)

Gesprächsimpulse:
– Wie beurteilten die jungen Kommunisten diesen Vertrag?
– Warum empfand Rosenberg diesen Pakt als Verrat?

Erwartete Schülerbeiträge:
– Die Kommunisten stehen fassungslos vor dieser entscheidenden Kurskorrektur der sowjetischen Politik, für die unvermittelte Zusammenarbeit der Sowjetregierung mit dem Erzfeind, dem faschistischen Aggressor, fehlt ihnen jedes Verständnis. Selbst der Politleiter ist ratlos.
– Rosenberg empfindet den Pakt zwischen Hitler und Stalin als Verrat am Ideal des antibolschewistischen Kampfes, als unverzeihlichen ideologischen und politischen Fehler der NS-Regierung. Nach seiner Überzeugung sind die Bolschewiken nicht an einer konstruktiven Zusammenarbeit interessiert, sie wollen die Zerstörung Europas.

Unterrichtsschritt 4
Die jeweiligen Motive der Vertragspartner

In einer Stillarbeitsphase beschäftigt sich jeweils die Hälfte der Klasse mit einem der folgenden Texte:
1. Aus einer Rede Stalins vom 19.8.1939 (Vorschlag für ein Arbeitsblatt I; Krieger, Handbuch V, S. 278)

2. Aus einer Rede Hitlers vor den Befehlshabern der Wehrmacht am 22.8.1939 (Vorschlag für ein Arbeitsblatt; Krieger, Handbuch V, S. 278 f.; Freund, Bd. III, Nr. 69, S. 196 f.; Fragen an die Geschichte 4, S. 67 f.; Wulf, Weltgeschichte 1919–1939, S. 106)

Ergebnisse:
- Stalin befürchtete eine Koalition der faschistischen und kapitalistischen Staaten gegen die Sowjetunion. Durch den Vertrag glaubt sich Rußland gegen die deutsche Expansionspolitik gesichert; die Sowjetunion kann ihrerseits ihre Einflußsphäre entscheidend nach Westen vorschieben.
- Der Vertrag besiegelte die vierte Teilung Polens. Finnland, Estland, Lettland, Ostpolen bis unmittelbar vor Warschau und Bessarabien wurden dem Zugriff der Sowjets preisgegeben, dadurch öffnete Hitler der Sowjetunion das Tor nach Westen.
- Die Unzuverlässigkeit der Westmächte (München!) schien den Sowjets ein Abkommen mit Deutschland nahezulegen.
- Die Erschöpfung der kriegführenden Staaten nach einem langen Krieg könnte der unbeteiligten Sowjetunion den Weg zur Vorherrschaft in Osteuropa eröffnen.
- Hitler gelang es, die Sowjetunion von einem Bündnis mit den Westmächten abzuhalten.
- Außerdem wurde durch dieses Abkommen die Gefahr eines Zweifrontenkriegs gebannt.
- Bei einer wirtschaftlichen Blockade im Kriegsfall rechnete Hitler mit wirtschaftlicher Hilfe durch die Sowjetunion.
- Damit glaubte er, freie Hand für den deutschen Überfall auf Polen zu haben.
- Da er bereits zu einer gewaltsamen Lösung dieser Frage entschlossen war, hätte ein Vermittlungsvorschlag in letzter Minute seine langgehegten Pläne durchkreuzen können.

Ergänzung: Der Lehrer trägt ein Zitat aus Hitlers „Mein Kampf“ vor, das deutlich machen kann, unter welchen Aspekten Hitler jede Art von Bündnispolitik betrachtete: „Ein Bündnis, dessen Ziel nicht die Absicht zu einem Krieg umfaßt, ist sinn- und wertlos. Bündnisse schließt man nur zum Kampf. So liegt schon in der Tatsache des Abschlusses eines Bündnisses mit Rußland die Anweisung für den nächsten Krieg...“ (Mein Kampf, S. 749 ff.; Quellenband II, S. 264).

Impuls:
- Erörtern Sie die problematischen Folgen einer solchen Auffassung.

Unterrichtsschritt 5
Die deutsch-polnischen Spannungen führen zum Kriegsausbruch

Lehrervortrag (evtl. Schülerreferat)
- Nach dem Fall der CSR wendet sich das Interesse der nationalsozialistischen Außenpolitik verstärkt Polen zu. Deutschland fordert die Rückkehr Danzigs zum Reich und eine Verbindung nach Ostpreußen durch eine exterritoriale Eisenbahnlinie und eine Autobahn.
- Polen lehnt die deutschen Forderungen ab und ordnet eine Teilmobilmachung an.
- Am 31.3.1939 gibt Chamberlain auch im Namen Frankreichs eine Garantieerklärung für Polen ab; Hitler sollte vor einer Weiterführung seiner Expansionspolitik gewarnt werden.
- England versucht vergeblich, zwischen Deutschland und Polen zu vermitteln. Hitler glaubt nicht, daß England und Frankreich zu ihren vertraglichen Verpflichtungen gegenüber Polen stehen werde. Hitler, der von sich selbst sagte: „Ich habe in meinem Leben immer va-banque gespielt“ (L. E. Hill, Die Weizsäcker-Papiere 1933–1950, Berlin 1974, S. 162), geht das Risiko eines großen Krieges ein.
- Angehörige des Sicherheitsdienstes der SS dringen in die Räume des Senders Gleiwitz ein, fesseln das Personal und verbreiten einen Aufruf in polnischer Sprache, in dem es heißt, der Sender befinde sich bereits in

polnischer Hand. Durch diese gut getarnte Aktion sollte ein Überfall der Polen vorgetäuscht werden. Sie „lieferte den von Hitler den Generalen angekündigten ‚propagandistischen Anlaß‘ zum Kriege.“ (J. Runzheimer, Der Überfall auf den Sender Gleiwitz im Jahre 1939, in: Vierteljahrshefte für Zeitgeschichte, 4, 1962, S. 426).

- Am 1. September 1939 morgens 4.45 überschreiten deutsche Truppen die polnische Grenze.
- Zwei Tage später erklären England und Frankreich den Krieg an Deutschland.

Unterrichtsschritt 6
Filmanalyse: Hitlers Weg in den Krieg

Zum Abschluß der Unterrichtseinheit wird der Film vorgeführt: „Hitlers Weg in den Krieg“ (FWU 320559, Dauer 15 Minuten).

Alternative: Als Abschluß und Zusammenfassung eignen sich auch folgende Filme. „Und morgen die ganze Welt“, Jünger-Verlag 3603, Dauer 20 Minuten und besonders „Am Beispiel Polen (1939)“, Jünger-Verlag 3604, Dauer 20 Minuten.

Ein vorstrukturiertes Arbeitsblatt gibt den Schülern ein Hilfsmittel zur kritischen Analyse des Films in die Hand (Vorschlag für ein Arbeitsblatt II).
Die Auswertung erfolgt in Stillarbeit. Die Ergebnisse werden durch ein Tafelbild festgehalten.

Ergebnisse:

- Der Film berichtet zusätzlich über den Röhm-Putsch, die Blomberg-Fritsch-Krise und über den Bau des Westwalls.
- Wichtig ist, daß am Beispiel des Autobahnbaus, der KdF-Schiffe, des Arbeitsdienstes und der Hitlerjugend das Doppelgesicht des NS-Regimes deutlich gemacht wird, durch das sich Millionen Menschen täuschen ließen.
- Der Film zeigt nicht die politisch-diplomatischen Hintergründe der NS-Außenpolitik (Hitler-Stalinpakt, Polenpolitik, Achse Italien-Deutschland usw.), er beschränkt sich weitgehend auf die Darstellung von Fakten und Ereignissen, die mit Hilfe von Wochenschaumaterial optisch umgesetzt werden konnten.
- Die einzelnen Ausschnitte wurden nach dem Prinzip der Reihung zusammengesetzt, der Höhepunkt wird durch dramatische Bilder vom polnischen Kriegsschauplatz markiert (in Brand geschossene Dörfer, bombardierte Städte, vorrückende deutsche Einheiten).
- Besonders eindrucksvoll und gleichzeitig besonders beklemmend ist das Bild des deutschen Soldaten, der den polnischen Reichsadler von einer Mauer abmontiert.
- Folgende Mittel werden zur Informationsübermittlung eingesetzt: 1. Kommentar, 2. Zeitungsausschnitte, 3. Landkarte mit Trickaufnahmen (Zerstückelung und Annexion der CSR), 4. eingeblendeter Text (Hitler spricht anläßlich seines 50. Geburtstags).
- Von den Naziführern kommen außer Hitler, Goebbels, Göring und Himmler zu Wort.
- Der Kommentartext ist sachlich gehalten, allerdings könnte der Satz: „Hitler hat sich endgültig für die Gewalt entschieden“ (Anschluß Österreichs) mißverstanden werden. Vertraute er nicht von Anfang an auf die Gewalt? Hat er nicht die Notwendigkeit eines Eroberungskriegs von Anfang an zu seiner obersten Maxime erhoben?
- Kommentar und Bildmaterial – darin liegt eine Schwäche des Films – sind häufig nicht synchron, d. h. die Bilder zeigen nicht immer, was der Sprecher sagt.
- Der Grund: Alle Aufnahmen wurden von deutschen Wochenschauleuten und von Mitgliedern deutscher Propagandakompanien gedreht, deswegen stehen Bilder von gutorganisierten Aufmärschen und Versammlungen, von realistischen Manö-

vern und schlagkräftigen Kriegsoperationen im Vordergrund.

- Nur einmal sieht man etwas von den dunklen Seiten des Krieges, auf der Straße einer polnischen Stadt werden Zivilisten mißhandelt.
- Im übrigen wird vorwiegend die glanzvolle Fassade des Nationalsozialismus ins Bild gebracht und durch den kritischen Kommentar als schöner Schein entlarvt.
- Bilder von Soldatenfriedhöfen am Schluß des Films sind ein wichtiger, überlegt gesetzter Kontrapunkt, sie zwingen den Betrachter noch einmal zum Nachdenken über den inneren Zusammenhang zwischen vorgetäuschtem Glanz und dem tatsächlichen Elend der nationalsozialistischen Herrschaft.

Vorschlag für ein Arbeitsblatt I (18. Stunde, Unterrichtsschritt 4)

I Aus einer Rede Stalins
Sowjetische Beweggründe für den Paktabschluß mit Deutschland

„Wir müssen das deutsche Angebot annehmen und die französisch-englische Mission mit einer höflichen Ablehnung in ihre Länder zurückschicken. Ich wiederhole, daß es in euerem Interesse ist, wenn der Krieg zwischen dem Reich und dem anglo-französischen Block ausbricht. Es ist wesentlich für uns, daß der Krieg solange als möglich dauert, damit die beiden Gruppen sich erschöpfen. Aus diesem Grunde müssen wir den von Deutschland vorgeschlagenen Pakt annehmen und darauf hinarbeiten, daß der Krieg, wenn er einmal erklärt ist, solange als möglich dauert. In der Zwischenzeit müssen wir die politische Arbeit in den kriegführenden Ländern intensivieren, damit wir gut vorbereitet sind, wenn der Krieg sein Ende nehmen wird."
(Krieger, Handbuch V, S. 278)

II Aus einer Rede Hitlers
Die Motive Hitlers
„Die Gegner hatten noch die Hoffnung, daß Rußland als Gegner auftreten würde nach Eroberung Polens... Unsere Gegner sind kleine Würmchen. Ich sah sie in München... Die persönliche Verbindung mit Stalin ist hergestellt; v. Ribbentrop wird übermorgen den Vertrag schließen. Nun ist Polen in der Lage, in der ich es haben wollte. Wir brauchen keine Angst vor Blockade zu haben. Der Osten liefert uns Getreide, Vieh, Kohle, Blei, Zink... Ich habe nur Angst, daß mir noch im letzten Moment irgendein Schweinehund einen Vermittlungsplan vorlegt..."
(Krieger, Handbuch V, S. 278 f.)

Arbeitsaufträge:

I

1. Warum ist es für die Sowjetunion vorteilhaft, wenn ein langer Krieg zwischen den Westmächten und Deutschland ausbricht?
2. Was wird die Sowjetunion unternehmen, wenn der Krieg zu Ende ist?
3. Welche Ereignisse könnten das Vertrauen der Sowjets in die Zuverlässigkeit der Westmächte erschüttert haben?

II

1. Welche Gefahren für Deutschland sind mit dem Vertrag ausgeschaltet?
2. Wie schätzt Hitler seine Gegner ein?
3. Warum hat er Angst vor einem Vermittlungsplan?

Vorschlag für ein Arbeitsblatt II (18. Stunde, Unterrichtsschritt 6)

Fragen zur Filmanalyse

1. Welche Informationen sind neu für Sie?
2. Welche Einsichten, die Sie im Verlauf dieser Unterrichtseinheit gewonnen haben, versucht auch dieser Film zu vermitteln?
3. Worüber informiert der Film nicht?
4. Wie ist der Film aufgebaut?
5. Welches ist der Höhepunkt?
6. Welche Aufnahmen sind besonders eindrucksvoll?
7. Welche Motive stehen im Vordergrund?
8. Auf welche Weise werden Informationen vermittelt?
9. Welche technischen Mittel werden verwendet?
10. Welche Rolle spielen Original-Tondokumente?
11. Wie ist der Text des Kommentars zu beurteilen?
12. Worin sehen Sie die Stärken und die Schwächen des Films?

(Gerhart Maier, Neue Aufgaben beim Einsatz audiovisueller Hilfsmittel im Unterricht, in: AV-Praxis 12/1972, S. 5 ff.)